TERRA PROMETIDA

Uma história da Questão Agrária no Brasil

Maria Yedda Linhares
Francisco Carlos Teixeira da Silva

TERRA PROMETIDA

Uma história da Questão Agrária no Brasil

1ª edição
Expressão Popular
São Paulo – 2021

Revisão: *Dulcinéia Pavan, Aline Piva, Lia Urbini*
Projeto gráfico e diagramação: *ZAP Design*
Capa: *Rafael Stedile*
Impressão e acabamento: *Cromosete*

Dados Internacionais de Catalogação-na-Publicação (CIP)

L755t

Linhares, Maria Yedda
Terra prometida: uma história da questão agrária no Brasil / Maria Yedda Linhares, Francisco Carlos Teixeira da Silva -- 1.ed.-- São Paulo : Expressão Popular, 2021.
275 p. ; tabs.

ISBN 978-65-5891-011-4

1. Questão agrária – História – Brasil. I. Linhares, Maria Yedda. II. Silva, Francisco Carlos Teixeira da. III. Título.

CDU 333.013.6(81)

Catalogação na Publicação: Eliane M. S. Jovanovich CRB 9/1250

Publicado originalmente pela Editora Campus, Rio de Janeiro, 1999.

1ª edição pela Expressão Popular: fevereiro de 2021

EDITORA EXPRESSÃO POPULAR
Rua Abolição, 201 – Bela Vista
CEP 01319-010 – São Paulo – SP
Tel: (11) 3112-0941 / 3105-9500
livraria@expressaopopular.com.br
www.expressaopopular.com.br
ed.expressaopopular
editoraexpressaopopular

SUMÁRIO

NOTA EDITORIAL 7

NOTA À EDIÇÃO DE 2021 13

PREFÁCIO 23
Ciro Flamarion Cardoso

INTRODUÇÃO 27

O CAPITALISMO E O SURGIMENTO DA QUESTÃO AGRÁRIA 33
- A Europa dos séculos XVII ao XIX 33
- O campo nas sociedades agrárias: o caso francês 35
- A cidade na sociedade agrária europeia e a Revolução Francesa .. 40
- Campesinato, agricultura e o nascimento do capitalismo: o caso inglês 43
- Terra e trabalho na nova sociedade industrial 48
- A hegemonia do capital e as vias de desenvolvimento agrário 51

AS GRANDES TEORIAS EXPLICATIVAS DA QUESTÃO AGRÁRIA 55
- Agricultura, população e pobreza 56
- Ricardo e Malthus: o debate sobre agricultura e pobreza 57
- Agricultura e pressão demográfica 63
- Chayanov: o camponês continua na história 66

A QUESTÃO AGRÁRIA NO NOVO MUNDO 79
- Questão agrária, uma herança comum 79
- Terra e trabalho no Novo Mundo 87
- Terra, prestígio e poder na sociedade colonial 92
- As formas de organização compulsória do trabalho e as reformas liberais 100

A QUESTÃO AGRÁRIA NO BRASIL, UMA DÍVIDA NÃO RESGATADA ... 111
Da Abolição até a reorganização conservadora da terra e do trabalho na República ... 112
As bases do conservadorismo agrário republicano: o controle da terra ... 120
A domesticação do bugre: o disciplinamento do trabalho ... 128
Os anos de estabilidade: a hegemonia agrário-conservadora (1912-1930) ... 139
A resistência à ordem agrário-conservadora ... 144
A Revolução de 1930: o rompimento com o ordenamento agrário-conservador ... 154
A construção do mercado interno: o fordismo possível ... 158
O imaginário rural brasileiro: a dignificação autoritária do trabalho ... 167
A crise do regime autoritário e o campo ... 178

TERRA E DEMOCRACIA NA CONSTRUÇÃO DO BRASIL MODERNO (1945-1998) ... 193
As visões da esquerda ... 197
As visões conservadoras ... 199
A Questão Agrária como problema nacional ... 205
Reforma agrária e crise política no Brasil (1950-1964) ... 218
Questão agrária e exclusão social no Brasil contemporâneo ... 245
A Nova República e o novo movimento de luta pela terra ... 258
Os povos da floresta: a acelerada extinção dos indígenas no Brasil ... 268
O Brasil não conhece o Brasil ... 270

NOTA EDITORIAL

Às vésperas de comemorar 40 anos, em fevereiro de 2020, o ANDES-SN (Sindicato Nacional dos Docentes das Instituições de Ensino Superior) estabelece uma parceria com a Editora Expressão Popular para fortalecer a perspectiva da produção clássica e crítica do pensamento social.

O movimento docente das instituições de Ensino Superior no Brasil teve início em um ambiente hostil para a liberdade de expressão e associação do(a)s trabalhadore(a)s, pois era o período de enfrentamento à ditadura civil-militar (1964-1985). Foi nesse período que a Associação Nacional dos Docentes de Ensino Superior, a ANDES, nasceu. Um processo de criação calcado em uma firme organização na base, a partir das Associações Docentes (AD), que surgiram em várias universidades brasileiras a partir de 1976. Após a Constituição Federal de 1988, com a conquista do direito à organização sindical do funcionalismo público, a ANDES é transformada em o ANDES-SN, sindicato nacional. Toda a sua história é marcada pela luta em defesa da educação e dos direitos do conjunto da classe trabalhadora, contra os autoritarismos e os diversos e diferentes ataques à educação e à ciência e tecnologia públicas. Também é marca indelével de sua história a defesa da carreira dos/as professores/as e de condições de trabalho dignas para garantir o tripé ensino-pesquisa-extensão.

A luta da ANDES e, posteriormente do ANDES-SN, sempre foi marcada por uma leitura materialista e dialética da realidade. As análises de conjuntura que sistematicamente guiaram as ações tanto da associação quanto do sindicato sempre assumiram como base os grandes clássicos da crítica à Economia Política. Valorizá-los neste momento não é olhar o passado, muito ao contrário, significa fortalecer as bases que nos permitem fazer prospecções sobre a conjuntura e preparar-nos para a ação vindoura.

Em tempos de obscurantismo e de ascensão da extrema-direita, de perseguição à educação pública e aos/às educadores/as, de mercantilização da educação e da ciência e tecnologia, de desvalorização do pensamento crítico, de tentativa de homogeneização da ciência e de criminalização dos que lutam, ousamos resistir, ousamos lutar, nas ruas e também na disputa de corações e mentes. Por isso, ao celebrar os 40 anos de luta do ANDES-SN, a realização dessa parceria, que divulga e revigora a contribuição de pensadores/as clássicos/as, fortalece nossa perspectiva crítica e potencializa nossas lutas.

Reafirmar nosso compromisso com a defesa intransigente da educação pública, gratuita, laica, de qualidade, socialmente referenciada, antipatriarcal, antirracista, anticapacitista, antimachista, antilgbtfóbica é uma das tarefas centrais do atual tempo histórico. Não há melhor forma de reafirmar nosso compromisso do que lançar luz às questões centrais do capitalismo dependente, dar visibilidade à luta de classes e à necessária construção de um projeto de educação emancipatório.

***

Nesse sentido, trazemos a reedição de *Terra Prometida: uma história da Questão Agrária no Brasil*. Escrita por dois dos mais comprometidos historiadores com os estudos que fundamentam a luta por reforma agrária e justiça no campo – Maria Yedda Linhares e Francisco Carlos Teixeira da Silva –, a obra, publicada originalmente em 1999, recebe nota e prefácio com atualizações. Ela segue como um compilado fundamental sobre os diversos momentos históricos do Brasil e as tais "mudanças que conservam" o principal: uma estrutura fundiária regida e perpetuada pela lógica do capital.

O escovar a contrapelo da história realizado pelos autores, no entanto, revela a força da resistência popular a cada ofensiva privatista e excludente, munindo a luta de hoje com a inspiração e a coragem de tantos outros que, nas gerações passadas, ousaram dizer não e cultivar o terreno do solo comum.

Diretoria Nacional do ANDES-SN
(Gestão 2018-2020)
Expressão Popular
Brasília/São Paulo, 2020.

À memória de dois brasileiros
que viveram para mudar o país:

Carlos Delgado de Carvalho (1884-1980), nascido em Paris, viveu no Rio de Janeiro, onde morreu e onde foi o introdutor dos estudos de história contemporânea; acreditava que um sistema educacional democrático e com mestres competentes conduziria à transformação;

Josué de Castro (1908-1973), nasceu em Recife e morreu, exilado, em Paris; denunciou a fome e as condições de miséria no campo, resultantes de estruturas agrárias retrógradas.

NOTA À EDIÇÃO DE 2021

Para Yonne Leite, Linguista, Museu Nacional, 1935-2014.
(que estudou e amou os índios tapirapé)

"À sua descendência darei esta terra".
Gênesis, 12:7

Vinte anos após a publicação original de "Terra Prometida: uma história da Questão Agrária", e contando com 40 anos da emergência do Movimento dos Trabalhadores Sem Terra (MST), tomando como marco a ocupação das Fazendas de Brilhante e Macali, em 1979/1980, podemos apontar para a permanência de uma brutal Questão Agrária no Brasil enquanto dívida histórica.

Após um interregno de democratização no diálogo entre Estado e Movimentos Sociais, entre 2003 e 2016, quando avançamos na estruturação de assentamentos, na cooperativização e organização da pequena produção familiar como uma via de superação da pobreza e da desigualdade, a retomada, por via da força, de políticas ultraliberais enseja a volta massiva da miséria e, acima de tudo, da violência no campo.

Já em 2018, após dois anos intensos de abandono e desconstrução de programas sociais e de desemprego, o Brasil voltava a atingir os patamares da alta pobreza, com 13,5 milhões de pessoas com renda mensal *per capita* inferior a 145 reais, ou 1,9 dólares por dia (critério adotado pelo Banco Mundial para a condição de pobreza extrema), equivalente a 6,5% dos brasileiros e maior que a população de países como Bolívia, Bélgica, Cuba, Grécia e Portugal.[1] Grande parte desta população está no campo ou é proveniente do campo ou de processos de expulsão de áreas rurais.

A História do Brasil, em especial a História Agrária do Brasil, nos ensina que o país se construiu estruturalmente sobre a desigualdade, e que sua estrutura fundiária nada mais é que a projeção das relações de classe transposta para a distribuição de terras. Não se tratou, como não se trata até hoje, de um país pobre. Na realidade, como sempre afirmava Maria Yedda Linhares: o Brasil não é um país pobre, é, sim, um país essencialmente desigual. A estruturação de uma imensa colônia baseada no trabalho escravo – instituído pela escravização do índio e, em seguida, a partir do tráfico negreiro, fonte de lucro do capital comercial, e poder desestruturador das sociedades africanas.

Primeiro foram destruídas as sociedades indígenas locais, a um ponto que no litoral atlântico, por volta de 1640, já não havia mais populações indígenas disponíveis para a escravização – mortos, desestruturados em sua vida social e cultural, por exploração, guerras e epidemias, os sobreviventes operaram a "Grande Retirada" para os sertões e matas do interior, transformando de forma definitiva suas sociedades. No mais das vezes, com perdas culturais profundas. Assim, o tráfico negreiro, elemento central definidor dos interesses da burguesia comercial europeia e norteador da colonização, aponta a reestruturação colonial em direção ao escravismo colonial africano,

---

1 VEJA, Brasil alcança recorde de 13,5 milhões de miseráveis, aponta IBGE. *Veja*, 6 nov. 2019. Disponível em: https://veja.abril.com.br/economia/brasil-alcanca-recorde-de-135-milhoes-de-miseraveis-aponta-ibge/ Acesso em: 10 mar. 2020.

substituindo a primeira escravidão "vermelha" pela escravidão africana, que se generalizará pelos séculos seguintes, até os anos de sua extinção nos marcos de 1850 e 1888. O indígena não lutou contra a escravidão por preguiça ou indolência, mas porque seu modo de vida e sua cultura estavam a ser extintos, e nesta luta seus povos – cerca de ao menos 5 milhões por volta de 1500 – foram reduzidos a até 140/180 mil por volta de 1900. Somente agora, nos anos de 2010, voltamos a ter um avanço da população indígena, para cerca de 860 mil pessoas. No entanto, infelizmente, em 2020, novamente observa-se o risco dos assassinatos, da mortalidade infantil – pela retirada de programas como "Mais Médicos" – e dos suicídios de jovens índios por tristeza e desespero; a população indígena volta a ser ameaçada.

A extinção do escravismo, entre nós, no final do século XIX, foi cruel, tardia e reforçou o tremendo egoísmo de classes vigente no Brasil.

Os projetos de Reforma Agrária, pensados por Ruy Barbosa e Rodolfo Dantas, que deveriam desamortizar os imensos latifúndios das ordens religiosas, foram ignorados, e a massa da população negra recém-liberta foi deixada ao largo, abandonada. Era como se a pretensa liberdade apagasse uma longa História de injustiças inscrita na cor, como no dizer de Hebe Castro.[2]

Outros milhares de "homens livres", pobres, mestiços de todos os tipos, expulsos de suas terras – posses, ocupações, "moradias", parcelas, heréus, ou outros nomes que tivessem, em especial no Nordeste do Agreste e do Sertão, onde as secas faziam com que os senhores e coronéis cercassem as terras para o gado – se juntavam a esses milhares de sem-terras da História.

---

[2] Castro, Hebe. *As cores do silêncio*. Campinas: Editora da Unicap, 1993.

Com o avanço da fronteira, essa mão de obra disponível foi lançada "à frente", desbravando sertões, abrindo terras novas, derrubando matas, limpando terrenos, capoeiras e faxinas, em especial nas fronteiras do Centro-Oeste e da Amazônia, e novamente sendo expulsos, em ciclos que se reptem. Daí emergiam brutais atos de violência e selvageria. De Canudos ao Contestado, da Cabanagem a Eldorado dos Carajás, a História Agrária do Brasil foi escrita como a história de violentos conflitos pela terra.

Em 2019, cerca de 39,425 milhões de hectares, ou seja, 4,6% da área total do país, encontram-se sob forte disputa, com episódios de intensa violência agrária, envolvendo pelo menos 960 mil pessoas, e 28 assassinatos em 2018, conforme a Comissão Pastoral da Terra/CPT.[3]

Em meio a tal conflito, e envolvidos na mesma lógica, embora transpassados por questões específicas, encontraram-se os índios brasileiros: a luta pela sobrevivência da condição indígena no Brasil é, em larguíssima medida, uma luta pelas terras indígenas.

Garantir a terra, as florestas, a água boa, o acesso aos recursos naturais e a inviolabilidade do seu modo de existência tornou-se uma luta fundamental pela própria existência indígena no Brasil. A chamada "Questão das Terras Indígenas" é o centro de referência para a sobrevivência, não só física como cultural e civilizacional, dos povos indígenas. A retomada demográfica indígena, de 1980 para cá, revertendo a curva declinante das populações indígenas brasileiras, infelizmente foi interrompida desde 2017.

---

3 Redação RBA. Quase 1 milhão de pessoas são afetadas por 1.500 conflitos no campo em 2018. *Portal da Rede Brasil Atual*, 12 abr. 2019. Disponível em: https://www.redebrasilatual.com.br/cidadania/2019/04/quase-1-milhao-de-pessoas-e-1-500-conflitos-no-campo-em-2018/. Acesso em: 10/03/2020.

Deste ano em diante, a condição indígena no Brasil tornou-se altamente vulnerável: 110 indígenas foram assassinados no país, segundo informação da Secretaria Especial de Saúde Indígena (Sesai) e do Conselho Indigenista Missionário (Cimi). Os estados com maiores índices de violência foram Roraima (33), Amazonas (28) e Mato Grosso do Sul (17). Outro lado da tragédia do índio brasileiro é a mortalidade infantil. Em 2016, 735 óbitos de crianças indígenas menores de 5 anos foram registrados, enquanto em 2017 foram computadas 702 mortes.

O mais trágico viria em 2019, com o assassinato seletivo de lideranças indígenas: conforme a Comissão Pastoral da Terra (CPT),[4] em 2019, sete lideranças indígenas foram vítimas de tocaias e mortas: cacique Francisco de Souza Pereira, 58 anos, da etnia tukano; cacique Willames Machado Alencar; 42 anos, da etnia mura; Emyra Wajãpi, 69 anos, líder da etnia waiãpi; Carlos Alberto Oliveira de Souza, tuxaua (chefe) da etnia apurinã; Paulo Paulino Guajajara, liderança e integrante do grupo Guardiões da Floresta; cacique Firmino Prexede Guajajara e Raimundo Benício Guajajara.

Devemos destacar que todas as sete lideranças indígenas acima eram "guerreiros" e faziam frente a invasores e grileiros de terras.[5] Na última década, 26 líderes indígenas envolvidos na luta pela demarcação ou pela inviolabilidade das Terras Indígenas (TI) foram mortos em conflitos com grileiros e in-

---

4 Cólon, Marcos. Número de líderes indígenas mortos em 2019 é o maior da década. *Conexão Planeta*, 19 dez. 2019. Disponível em: http://conexaoplaneta.com.br/blog/numero-de-lideres-indigenas-mortos-em-2019-e-o-maior-da-decada/ Acesso em: 10/03/2020.

5 Nunes, Mônica. "Mais dois indígenas Guajajara são assassinados no Maranhão; no atentado, outros dois ficaram feridos". Disponível em: http://conexaoplaneta.com.br/blog/mais-dois-indigenas-guajajara-sao-assassinados-no-maranhao-no-atentado-outros-dois-ficaram-feridos/. Acesso em: 10/03/2020.

vasores, explicitando a íntima relação entre condição indígena e Questão Agrária.

Entre os meses de janeiro e setembro de 2019, o "Relatório da Violência Contra os Povos Indígenas no Brasil", do Cimi, contabilizou 160 casos de invasão a 153 terras indígenas de 19 estados. A política de liberação de armas no campo – Decreto Presidencial n. 9.785, de 7 de maio de 2019 –, a flexibilização das regras ambientais e a negativa de novas demarcações de Terras Indígenas (TI), bem como a ofensiva para a exploração e mineração em Terras Indígenas já demarcadas, são nítidos incentivos à violência no atual governo.[6]

A entrega da Funai a pessoas estranhas ao longo debate sobre o indigenismo no Brasil e, ainda pior, os permanentes preconceitos dos próprios políticos sobre uma pretensa e desejável "normalidade" dos índios brasileiros anunciam um recrudescimento da violência no campo, da intensificação de mortes e da precarização da condição indígena no Brasil.

A atual edição de *Terra Prometida,* portanto, é parte do debate sobre a atualidade da Questão Agrária no Brasil. Depois da rápida industrialização, transformando-se em uma das dez maiores economias do país – malgrado a presente tentativa de desmonte do Projeto Nacional pelo bolso-fascismo dominante –, a questão do acesso e do trabalho na terra continua viva e pungente. Desde a redemocratização do país, em 1988, cerca de 1.300.000 famílias, contingente fabuloso de pessoas, foram assentadas em 88 milhões de hectares de terras. Para tal, tornou-se fundamental a organização dos

---

[6] CIMI. Relatório Sobre a Violência Contra os Povos Indignos no Brasil. Dados 2018. Disponível em: https://cimi.org.br/wp-content/uploads/2019/09/relatorio-violencia-contra-os-povos-indigenas-brasil-2018.pdf. Acesso em 10/03/2020.

trabalhadores sem-terra, a pressão política, a solidariedade, a formação e a educação para o trabalho social.

Pelo menos outras 120 mil famílias aguardam "sob a lona preta" as decisões de uma burocracia empedernida, hoje simbiótica e estruturalmente ligada ao próprio agronegócio e ao poder político dos que querem armar os negacionistas da Questão Agrária contra a necessidade da mudança no campo. Daí a atualidade de uma nova edição de um livro que continua a chamar-se *Terra Prometida*. Embora a população rural seja, percentualmente, a menor que o Brasil possua na sua história –, 15,2% do seu total, por volume é um imenso contingente, e no seu interior estão milhares de assalariados, meeiros, arrendatários, moradores, parceiros, heréos, e tantas outras denominações que encobrem trabalhadores sem terras que esperam realizar seus sonhos. E ainda uma imensa franja de pobres amontados nas periferias das grandes cidades que podem, e devem, como Franklin Roosevelt o fez no "New Deal", ao seu tempo, com reflorestamento e de terras perdidas, recuperá-las, para amplos projetos de uma nova agricultura de reciclagem, reconversão e produção de novas energias.

No entanto, o processo de concentração de terras, riquezas e renda só avança, em especial após o golpe de 2016, com a paralisia dos assentamentos, das ações do Incra, com o desmonte do Inpe, do ICMBio, Ibama e outros. A um ponto que 50% de todas as terras agricultúraveis do país encontram-se hoje nas mãos de apenas 1% de proprietários, expressando uma brutal concentração de renda. Esse é um ponto central deste livro: a estrutura fundiária é a constante projeção, sobre a terra, da estrutura de classes de uma sociedade! No caso brasileiro, vemos a estruturação, no campo, da mais iníqua estrutura social do mundo, que além de tudo não produz empregos, renda e ainda expulsa os trabalhadores do campo para as periferias miseráveis das cidades caóticas.

O que destacamos – nessa *História da Questão Agrária no Brasil* – é sua atualidade, evidenciada na reprodução contínua e imperante da violência. Optamos por uma chave explicativa de tipo comparativa, com a América Latina, com os países que fizeram a "Reforma", e os países cujas elites optaram por uma "modernização" sem tocar nas estruturas sociais, destruindo as formas de cooperação e de solidariedade da pequena produção familiar/camponesa. Não buscamos "atualizar" dados desta edição, posto ser um trabalho de história da Questão Agrária, uma forma de explicitar sua longa trajetória no tempo, sua repetição e sua constância. Mas, acima de tudo, a Questão Agrária como questão política e social muito além de um problema econômico ou procedimento técnico.

O livro em pauta compõe o último volume – ao lado dos dois volumes da *História do Abastecimento*[7] e *História da Agricultura Brasileira*[8] – de uma trilogia na qual Maria Yedda Linhares (1921-2011) estabeleceu, no CPDA/UFRRJ, a fundação formal de um campo da História Agrária do Brasil, do qual, muito jovem, tive a honra de participar. Os debates eram travados, em especial em torno do papel da pequena produção familiar, fortemente negados com personagens ativos da História – em favor de uma paisagem uniforme de um latifúndio devorador, de uma monocultura sem espaço para o roçado. E esse "lado oculto da História", que Yedda Linhares buscou e evidenciou, é hoje revelado não só nas dezenas de teses orientadas como, ainda, nas lutas que se renovam em todo o Brasil.

---

[7] Linhares, Maria Y. e Silva, Francisco C. T. *História do Abastecimento/História Política do Abastecimento*. Brasília: Binagri, 1979.

[8] Linhares, Maria Y. *História da Agricultura Brasileira*. São Paulo: Brasiliense, 1981.

Ou se muda o campo no Brasil, ou o Brasil e sua dívida histórica jamais mudarão.

Francisco Carlos Teixeira da Silva
Professor Titular de História Moderna e Contemporânea (UFRJ)
Professor Titular de História, Cultura e Poder (UFJF)

PREFÁCIO

O quarto capítulo deste livro, relativo ao período de 1888-1945, afirma ser a Questão Agrária no Brasil uma dívida não resgatada. E o capítulo final demonstra que isso continua sendo verdade hoje em dia, mais de meio século depois.

O atual presidente da República[1] declarou certa vez que a dívida social do Brasil não pode ser paga de uma só vez; o que equivale a afirmações anteriores, feitas por personagens do regime militar, de que o Brasil vai bem, mas os brasileiros vão mal, ou acerca de ser necessário primeiro fazer o bolo para, então, dividi-lo. Isto é: temos, nos três casos, ao mesmo tempo o reconhecimento da injustiça, da dívida social, e a atitude de remeter o seu resgate às calendas gregas, a um futuro indefinido. Outro ponto comum é que o fato de reconhecer a extensão de tão tremenda dívida nunca foi um óbice para reprimir, às vezes com ferocidade, qualquer tentativa de pôr em dúvida o sistema de poder social que, justamente, a gera. E isso, para falarmos do lado rural da questão, ao mesmo tempo que se fecha os olhos para a violência e para os crimes dos grandes proprietários, que agora se autodenominam "agraristas" e, longe de serem molestados em suas práticas já multisseculares

[1] Referência a Fernando Henrique Cardoso, presidente da república entre os anos de 1995-2002.

de quem não aceita qualquer limite a seus poderes informais, ao contrário veem também legalizado o seu calote bilionário no tocante às dívidas que contraíram com o Banco do Brasil.

Num país assim, ainda mais numa época em que se assiste a um recuo mundial das posições de esquerda, quando, por outro lado, se percebe que a adesão ao poder socialmente insensível abre caminho à obtenção de recompensas palpáveis, muitos renegaram seu passado e passaram a cantar loas à globalização: o que implica, no mínimo, adquirir certo grau de insensibilidade no tocante à dívida social que só faz se avolumar. Descobri que não é possível integrar a todos, exclama um ex-sociólogo de esquerda. Que pena, não é? Mas é preciso competir, ser eficiente. Ninguém descobriu ainda a maneira de fazer omelete sem quebrar ovos, afinal de contas.

Já há algum tempo que certos membros da Escola de Frankfurt haviam mostrado que, no "capitalismo administrado" contemporâneo, dispondo o sistema de poderosos e onipresentes meios de comunicação, a ideologia se evapora. Basta repetir *ad nauseam* o que o poder deseja, declarando-o inevitável, a única escolha possível, ao mesmo tempo descaracterizando incansavelmente – sem se dar ao trabalho de argumentar – todo e qualquer discurso contrário como arcaísmo, como *nonsense*; como algo "boboca". Há alguns anos, Pablo González Casanova apontou que os prepostos do poder, na área universitária e adjacências, procuram, de forma sistemática, descaracterizar os estudos que partem de posições contrárias às dos regimes neoconservadores como escritos desprovidos de legitimidade acadêmica.

É reconfortante verificar que nem todos aderem. Na França, em novembro e dezembro de 1995, milhões de pessoas saíram às ruas para mostrar que lhes parecia muito estranho o Estado conservador por um lado declarar ser impossível desembolsar alguns bilhões de francos para equilibrar a seguridade social e, por outro, achar perfeitamente natural gastar os mesmos bilhões de francos para sanear o *Crédit Lyonnais* antes de privatizá-lo. Logo depois, desautorizaram pelo voto o neoconservadorismo em seu país. Grave erro, exprobam nossos próprios neoconservadores de plantão (cuja opinião, felizmente, não poderia interessar menos àqueles milhões de franceses). E, entre nós, o Movimento dos Sem Terra é, nesses últimos anos, como este livro salienta com razão, a novidade política maior e mais consistente, não somente no que diz respeito à Questão Agrária, mas também no quadro político geral do país. Mesmo mais à direita, há quem não aceite que entremos na dívida social que só faz se avolumar.

Reconfortante, também, comprovar que alguns de nossos historiadores, embora podendo com toda a tranquilidade, se quisessem, respaldados que seriam pelas vogas atuais da academia, estudar temas social e politicamente inócuos, preferem insistir nas questões que têm a ver com a dívida social, pôr o dedo repetidamente na ferida, perguntar o tempo todo: crescimento econômico, eficiência, competitividade para quem, em proveito de quem? Não é essa, acaso, uma parte do mundo que, há quase meio milênio, assiste à sucessão de situações e regimes variados, mas que têm em comum o fato de funcionarem a favor de uma pequena minoria das pessoas e contra as demais? E não é isso, acaso, algo digno de análise?

As vozes de Maria Yedda e Francisco Carlos não somente desafiam o sistema, ao ousarem reafirmar verdades que os que mandam gostariam de atirar ao limbo. São, também, vozes esperançosas, por se dirigirem à juventude brasileira, isto é, ao futuro, desejando que seja melhor do que este presente pantanoso em que pululam cobras e lagartos (incluindo camaleões).

Este é um livro de síntese e de combate, mais do que de pesquisa primária. E, no entanto, como é natural vindo de pessoas que nunca interrompem suas tarefas de pesquisa, docência e orientação, há nele coisas novas: em especial, acho eu, uma visão inédita da política agrária do Estado Novo.

Maria Yedda Leite Linhares e Francisco Carlos Teixeira da Silva possuem todos os instrumentos e as habilitações necessários para enfrentar o trabalho difícil de, em tão poucas páginas, oferecer um panorama da Questão Agrária no Brasil e das lutas dela decorrentes, num escrito de ênfase política, devidamente contextuado na história moderna e contemporânea, na teoria, na trajetória latino-americana. Um panorama atualizado em seus enfoques e em suas referências, que consegue chegar até os dias de hoje, tendo exposto ao longo do caminho, com clareza e concisão, os contornos mais salientes de um objeto complexo e multiforme.

Resta-me desejar de todo coração que a juventude brasileira, destinatária deste volume, responda generosamente às intenções dos que o escreveram com o fito principal de proporcionar-lhe uma visão realista – não atenuada por cosméticos nem por afirmações, "progressos" como aqueles proclamados às vezes pelo poder e que não passam de gotas d'água no oceano – de uma das piores "dívidas sociais" que este país vem carregando desde as suas origens, sem qualquer solução efetiva que de fato faça sentido socialmente: a Questão Agrária.

Ciro Flamarion Cardoso
Professor Titular de História Antiga e Medieval
da Universidade Federal Fluminense

INTRODUÇÃO

> No Brasil, 500 famílias detêm 43% das terras agrícolas e correspondem a 3% da população rural. Em contrapartida, 57% da população rural dispõe de 3% das terras; em 1995, registraram-se 409 conflitos agrários, com 41 assassinatos entre os 318 mil trabalhadores rurais que disputam 3 milhões e 200 mil hectares de terras agrícolas. Já em 1996, os mesmos conflitos aumentaram para 750, com o assassinato de 54 lavradores e de pelo menos três jagunços a serviço de fazendeiros.

Entre esses dados fornecidos pelo Movimento dos Trabalhadores Rurais Sem Terra (MST) e pela Comissão Pastoral da Terra (CPT), divulga-se, ainda, que há 80 mil pessoas no Brasil que trabalham no campo na condição de escravos (ou seja, sem remuneração e sem condições de abandonar o lugar de trabalho), decorrido, hoje, mais de um século da abolição do trabalho servil em nosso país.

Face a essa realidade, a maioria dos especialistas consideram, hoje, a Questão Agrária o maior obstáculo econômico, social, político e ético ao desenvolvimento do conjunto do Brasil e, muito especialmente, o principal óbice ao exercício pleno da cidadania no país. Não só pelas condições de exploração, violência e injustiça social prevalecentes no campo, como ainda em virtude das consequências que tal situação acarreta para a vida cotidiana nas cidades. O êxodo rural, com seu desfilar de mazelas, agrava e amplia os bolsões de pobreza urbana. Nos dias de hoje, pobreza rural e pobreza urbana se articulam por meio da desaparição e crise dos empregos, alterando profundamente as relações campo/cidade existentes até o início da década de 1980. Até então, bem ou mal, as cidades ofereciam mais possibilidades de sobrevivência do que o meio rural. O poder de atração de tais núcleos urbanos, como São Paulo e Rio de Janeiro, constituía o núcleo utópico da visão do *sul maravilha*. Agora, sob o impacto da globalização neoliberal, do *fim da era do emprego garantido* e ainda da incidência sobre o campo da lógica poupadora de trabalho, as condições se nivelam ou mesmo se invertem. Em São Paulo e no Rio de Janeiro, desempregados urbanos, sem qualquer passado rural há mais de três gerações, se filiam ao Movimento dos Trabalhadores Rurais Sem Terra, o MST.

A terra e o livre acesso a esse meio de produção passam a ser encarados por grupos sociais cada vez mais amplos como um modo de vida possível, alternativo às mazelas do *reajustamento* neoliberal.

Dessa forma, tanto a guerrilha zapatista em Chiapas quanto o MST no Pontal do Paranapanema entenderam e retomaram uma via de desenvolvimento social que foi interrompida em algum momento da história. Todos os que lutam pela democratização do acesso à terra, e assim compreendem a própria democratização da sociedade, já se aperceberam, claramente, de que tal luta deve ser ganha nas cidades.

O livro que ora destinamos aos jovens brasileiros dispõe-se a discutir essa questão que resulta, entre nós, de condições específicas aqui geradas ao longo de cinco séculos de colonização, ocupação da terra, escravidão e desenvolvimento capitalista. São problemas que hoje afetam o Brasil, mas que, também, afetaram no passado outros povos e outras regiões, no decorrer da história, ao longo dos milênios de vivência do homem com a terra que produz o seu sustento.

Nesse momento, não pretendemos, porém, tratar do problema da terra do ângulo da história econômica *stricto sensu* nem, tampouco, como uma temática da economia agrícola, mensurável e abundantemente regada de estatísticas. Nosso enfoque é, sobretudo, político e diz respeito às diversas formas de conflito em torno do acesso à terra e da sua posse. Tal opção decorre do fato de considerarmos que não existe qualquer deficiência natural, insuperável, do aparelho econômico do país. Os conflitos que envolvem a terra prendem-se bem mais a situações políticas e podem ser resolvidos por meio de iniciativas e decisões de poder.

No caso brasileiro, a Questão Agrária adquire suas próprias cores locais. Embora na Europa a grande mudança do sistema agrário tenha sido fundamental para o desenvolvimento do capitalismo em sua plenitude, ao provocar o desmoronamento do mundo rural e aristocrático então vigente, no Brasil, o mesmo não ocorreu. Aqui, o desenvolvimento do capitalismo e da urbanização pôde prescindir de uma virtual mudança dos padrões de propriedade no campo – como foi o exemplo francês – e de uma revolução agrícola que, em alguns casos, precedeu – exemplo inglês – e, em outros, acompanhou a Revolução Industrial. No Brasil, o capitalismo reforçou a tendência histórica da grande propriedade e da expropriação do trabalhador e de sua família, que desbravam e alargam a fronteira agrícola.

Esse processo não se deu apenas por egoísmo ou cegueira social das elites brasileiras. Embora tais elementos estejam fortemente presentes na atuação social dos grupos dominantes no país, não constituem o cerne da explicação histórica da desigualdade social existente. Precisamos ver, e entender, as condições próprias, específicas do Brasil, que permitiram um amplo desenvolvimento econômico – em especial depois da Revolução de 1930 – sem as condições clássicas operadas nos países europeus e nos Estados Unidos: a extensão da participação política e a ampliação do desenvolvimento social.

Ao longo da primeira metade do século XIX, o desenvolvimento do capitalismo gerou mudanças profundas nas sociedades. Surgia, face ao mundo agrário, um setor novo e mais dinâmico, baseado no trabalho urbano e industrial. Esse novo setor, entretanto, exigia que a agricultura suprisse necessidades crescentes das grandes cidades, com suas fábricas e seus exércitos de operários. A agricultura deveria fornecer alimentos e matérias-primas baratas, garantindo os ganhos crescentes das indústrias. Consideravam-se, ainda, como funções do campo, fornecer mão de obra abundante, desqualificada e, portanto, sem grandes exigências salariais; daí decorreriam os salários baixos, o que explicaria o êxodo rural e a expropriação de camponeses, tendo como uma de suas consequências o crescimento das cidades, de seus bairros proletários, e a crise da organização urbana; também caberia ao campo constituir-se em mercado consumidor, capaz de comprar produtos industrializados, remunerando os capitais investidos nas indústrias. Ainda no quadro clássico do desenvolvimento capitalista europeu, tais massas lançadas sobre as cidades acabariam por se organizar em amplos partidos populares – socialistas, sociais-democratas, democratas-cristãos – para exigir maior participação na divisão dos frutos do desenvolvimento econômico. Os novos grupos sociais urbanos, trabalhadores e classes médias, aliaram-se aos interesses industriais e promoveram, da cidade para o campo, profundas mudanças sociais. Os antigos grupos de proprietários de terras, por toda a parte, cederam lugar ou, mesmo, desapareceram. Aqueles que restaram no campo, sempre uma minoria, conseguiriam, cedo ou tarde, manter não só seu modo de vida camponês, mas, ainda, criar mecanismos de representação que gerariam políticas agrícolas capazes de fornecer salvaguardas sociais e econômicas.

Muitos resistiram a viver, em eterno *replay*, essa mesma história. Ora os populistas russos, ora as revoluções camponesas anticoloniais, marcaram o século XX com perspectivas de desenvolvimento agrário originais.

Tal processo, no caso do Brasil e de boa parte da América Latina, não só não se deu como, ainda, consolidou estruturas de dominação que já estavam, há muito tempo, superadas. Os grupos sociais urbanos, trabalhadores e classes médias, jamais foram seriamente considerados atores na cena política. Em sua fragilidade e tibieza, os novos setores industriais preferiram largamente uma aliança com os setores latifundiários.

Ao tempo que a agricultura era a atividade básica e dominava o conjunto da sociedade, tínhamos a presença de desigualdades e injustiças – opondo senhores e camponeses; – agora, com a generalização do capitalismo, iam somar-se a um fundo de injustiças sociais as necessidades exigidas pelo capitalismo ao campo. Quando o campo e seus habitantes não respondiam adequadamente a tais exigências, ou só respondiam parcialmente, surgia uma Questão Agrária. Economistas e políticos procuravam, então, as razões pelas quais o *antigo*, o *tradicional* ou o *atraso* – conforme a ótica do capital – resistia ao moderno, ao novo e ao desenvolvido.

Na maioria das vezes, se fazia uma exigência única à história: que todos os povos percorressem os mesmos caminhos. Assim, condenavam-se os povos camponeses da América Latina a repetir a história de expropriações e proletarização que a Europa vivera. Perdidas as terras, perdido o trabalho, estavam condenados a perder sua identidade. Por que não somos como os outros? A imagem *high tech* do chamado Primeiro Mundo deveria impor-se a todos. À mundialização neoliberal corresponderia um pensamento único, uma explicação única, uma história única.

A luta contra tal tipo de modernização, a negativa em viver a história do outro como único caminho e a originalidade das formas de organização e de participação são exemplos de resistência contra um desenvolvimento que prescinde do homem. Movimentos como o MST e a revolta zapatista são testemunhos de que a história não chegou a um fim e que, tampouco, é um artigo *pret-à-porter* numa prateleira de supermercado.

Essa é a questão que discutiremos neste livro. Mais do que uma análise dos fatores econômicos da Questão Agrária no Brasil, procuraremos reconstruir a história da Questão Agrária, entendida aqui como o conflito em torno da extensão plena da cidadania – política e social – aos homens e às mulheres que trabalham no campo. Assim, a história da Questão Agrária surge, entre nós, como um longo processo – entranhado em nossas origens – pela busca de mais igualdade e liberdade. Num país dominado pelo latifúndio, com um profundo desprezo votado por suas elites aos homens humildes, tal busca será necessariamente difícil e, muitas vezes, violenta. Dessa forma, procuraremos mostrar que a construção do Brasil como nação democrática e republicana, com a superação de uma imensa dívida social, deverá passar pela mudança do sistema de propriedade da terra.

O CAPITALISMO E O SURGIMENTO DA QUESTÃO AGRÁRIA

A Europa dos séculos XVII ao XIX

Os historiadores franceses deram aos séculos XVII e XVIII da sua história nacional a denominação genérica de Antigo Regime, a partir da tradição iniciada com a Revolução de 1789. Por meio de estudos abundantes e minuciosos, de natureza econômico-social, centrados em desvendar as particularidades da demografia, da produção agrícola e suas técnicas de cultivo, o sistema de posse da terra e a organização do trabalho, o comércio local e as crises que abalavam essas múltiplas comunidades rurais e suas regiões, foi possível obter um quadro abrangente da França, em particular, bem como de outros países europeus, na mesma época.

A sociedade assim denominada teve sua origem na crise do regime feudal e na abertura do mundo além da Europa. As Grandes Navegações transoceânicas do final do século XV em diante, a expansão do comércio marítimo, a colonização da América e a abertura do Oceano Índico em direção ao Pacífico acompanharam a centralização do poder por parte das realezas da Europa Ocidental e deram suporte ao nascimento do capitalismo.

Na França, o poder da nobreza feudal foi confrontado e, finalmente, controlado pela realeza Bourbon. Na Inglaterra, o poder real, após vários embates ao longo do século XVII, acabou abrindo caminho para o controle do país pelo parlamento de nobres e comerciantes na chamada Revolução Gloriosa (1688). No primeiro caso, a França, tratava-se de frear a feudalidade; no segundo, tratava-se de regulamentar a monarquia por normas institucionais e com a participação efetiva do Parlamento. Em ambos os casos, os senhores de terras, ditos feudais, foram afastados do poder e obrigados a abrir mão de grande parte dos seus vastos domínios agrários.

Outros marcos caracterizaram esses tempos modernos: a revolução religiosa de Martinho Lutero, Calvino e seus vários e diferenciados seguidores, que romperam o poder exclusivo do papado sobre a Igreja Católica Romana e, ainda, a revolução filosófica e estética representada pelo humanismo e pelo Renascimento.

Grande parte do imenso patrimônio fundiário acumulado durante séculos pela Igreja e suas ordens religiosas mudaram de mãos. Novas técnicas e novos objetivos comerciais explícitos passaram a dominar a produção agrícola.

A expressão Antigo Regime surgiu no bojo da Revolução Francesa de 1789, tendo sido usada pela primeira vez, segundo Alexis de Tocqueville (1805-1859), por Mirabeau, tribuno revolucionário, em carta dirigida ao rei de França, Luís XVI, em meado de 1790: "Comparai o novo estado de coisas com o Antigo Regime".[1] Daí por diante, a expressão se generalizou na linguagem corrente e se incorporou, mais tarde, ao vocabulário dos historiadores para designar um determinado sistema social e econômico. Quando isso se deu, a nova sociedade industrial já começava a dominar o campo e deixava na paisagem agrícola, aqui e acolá, alguns raros vestígios da velha ordem social. Encerrava-se, nesse momento, o Antigo Regime.

---

[1] Ver Tocqueville, A. *O Antigo Regime e a revolução*. Brasília: UnB, 1979.

O campo nas sociedades agrárias: o caso francês

Após vários estudos regionais levados a cabo por historiadores franceses, coube a Ernest Labrousse[2] discutir, de forma sintética, o *Antigo Regime econômico* e apontar para um modelo de crise em economias não capitalistas. Três características básicas são destacadas, no concernente à economia dessas sociedades: predominância da atividade agrícola, extrema precariedade dos meios de transporte e fragilidade da produção industrial, já que esta era voltada para os bens de consumo, com especial destaque para a indústria camponesa, de tipo familiar, e a indústria rural dispersa.

Na França do século XVIII, é esmagadora a superioridade numérica da população rural sobre a urbana: 85% são rurais, ou seja, 17,5 milhões viviam no campo para 2,5 milhões nas cidades. A produção agrícola tinha por base os grãos (cereais), sendo o pão a alimentação do povo; no entanto, a produtividade por hectare era baixa. A possibilidade de avançar as culturas sobre terras novas era praticamente nula, já que as terras estavam ocupadas de uma forma ou de outra, daí a expansão da fronteira agrícola ser algo fora de qualquer cogitação como alternativa de crescimento.

A dependência dessa economia da colheita de cereais torna-a muito vulnerável a qualquer imprevisto: um inverno longo, uma primavera pouco chuvosa, um outono pouco ensolarado, uma praga. Um ano de má colheita corresponde a uma *crise de subsistência* que terminará por atingir o conjunto da economia do país. Essa crise se caracteriza por uma queda da produção que acarreta uma alta de preços dos alimentos e esta, por sua vez, desencadeará, um após outro, uma sequência de males: a

---

2 Para uma análise do Antigo Regime na França, ver Duby, Georges e Wallon, Armand. *Histoire de la France rurale*. Paris: Ed. du Seuil, 1975.

fome e a queda da demanda de produtos de manufatura, que também entrará em crise. A pequena velocidade da circulação e a pequena capacidade de carga, resultantes da precariedade dos transportes e das más estradas, contribui, de um lado, para encarecer o transporte e, de outro, para reduzir o consumo. Fica evidente a ausência de um mercado nacional.

O que provoca essas *crises de subsistência*? Os elementos acima alinhados indicam que os fenômenos conjunturais, como as crises típicas de subsistência detonadas, por exemplo, pelo fator climático, são causados e explicados pelas contradições da própria estrutura econômica. Daí a preocupação dos historiadores a partir das décadas de 1930 e 1940 de penetrar em profundidade no funcionamento dessa economia de tipo não capitalista. Tratava-se de conhecer com precisão a geografia e a cronologia das crises demográficas, o funcionamento das crises de subsistência, as variações climáticas, os limites impostos pelas técnicas agrícolas, o regime de propriedade. Salta à vista que esse sistema socioeconômico assim reconstituído caracteriza-se pelo equilíbrio entre subsistência – produção de alimentos – e demografia (quantos nascem, quantos morrem, o quanto se vive). Evidentemente, trata-se de um equilíbrio muito precário. Justifica-se a observação de Witold Kula, historiador polonês, de que uma sociedade que não possui reservas para enfrentar intempéries é uma sociedade de explorados.[3]

As pesquisas revelaram o caráter cíclico dessas crises que afetavam a demografia, e muitos atribuiram-lhes uma explicação *malthusiana* que poderá ser resumida da seguinte maneira: era problemático o equilíbrio entre uma agricultura de produtividade estruturalmente limitada e uma população subnutrida;

[3] Kula, Witold. *Problemas y métodos de la história económica*. Barcelona: Península, 1973.

assim, o aumento da mortalidade nos anos de crise tinha o efeito de *expurgo* periódico do excedente humano, restaurando-se o *equilíbrio* entre produção e bocas a alimentar, em meio a uma sociedade global que se caracterizava pelo desequilíbrio, em função da desigualdade da distribuição da renda, da salvaguarda de privilégios herdados, das profundas tensões sociais.

Em outras palavras, o baixo nível técnico da agricultura tornava-a suscetível às imprevisíveis alterações sazonais. A capacidade de produzir era limitada, daí o desequilíbrio que poderia ser causado pelo crescimento da população a curto prazo. As agitações que atingiam o campo explodiam em violentas revoltas camponesas ao longo de todo o período, culminando no verão de 1789 (julho e agosto), logo após a queda da Bastilha em Paris, com o chamado Grande Medo, *la Grande Peur*, que se espalhou como uma reação em cadeia, pelo campo francês, provocando terror entre os proprietários de terra.[4]

Tomemos o historiador francês Georges Lefebvre. A Questão Agrária na França apontava para condições sociais muito precárias, tanto na cidade quanto no campo: enorme desemprego urbano, forte tendência ao êxodo rural, clima de agitação generalizado ao menor sinal de crise econômica (alta do preço do pão, queda de salário, queda da produção, fome). Embora em 1789 os camponeses já possuíssem em torno de um terço do solo total, o fato é que *os cadernos de queixas, les cahiers de doléances*, listas de queixas submetidas aos Estados Gerais pelos diferentes grupos sociais que compunham a sociedade francesa naquele fim de século, indicavam uma situação de miséria generalizada. O acesso à terra pelos camponeses variava em suas proporções de região para região, apresentando um quadro muito desigual. A maioria dos camponeses proprietários pos-

[4] Lefebvre, G. *O grande medo*. Rio de Janeiro: Campus, 1979.

suía, de fato, pequenos tratos de terra, menos de dois hectares. Diz-nos Lefebvre: "No Norte, 75% não chegava a possuir um hectare que fosse, insuficiente para alimentar uma família".[5]

Mas, apesar dessa realidade, a situação francesa era menos desigual que no resto da Europa. Na França, já predominava o sistema de arrendamento da terra por parte de seus senhores (nobres, clérigos e burgueses), por praticamente inexistir a servidão da gleba, servos ligados à terra e pagando o direito de cultivá-la mediante corveia, isto é, renda em trabalho. Estando extinta essa modalidade de dependência, restava ao senhor da terra obter o seu cultivo por meio da renda em dinheiro ou em produtos e por meio de uma série de obrigações às quais ainda estava sujeito o camponês. Para Tocqueville, o fato de a sociedade do *Antigo Regime* sujeitar camponeses parcelares, ou seja, com um pedaço de terra, a uma série de obrigações, os chamados *direitos feudais*, originava maior indignação, já que os camponeses se consideravam homens livres.

A situação camponesa variava amplamente no conjunto da Europa. Na Europa Oriental, predominavam os fidalgos que mantinham seus camponeses como servos da gleba (pagamento em corveia), enquanto na Inglaterra, naquele momento, predominavam, cada vez mais, os grandes arrendatários, com tendência ao cercamento dos campos para cultivos de forma cada vez mais intensiva. Estudos têm mostrado que no caso inglês a tendência marchou no sentido da expulsão da mão de obra do campo e da introdução de uma agricultura mais tecnificada; no caso francês, predominavam pequenos arrendamentos, o que tendia a agravar a situação social em virtude do crescimento demográfico que começava a chamar a atenção,

[5] Ver ainda Barrington, Moore. *Les origines sociales de la dictature et de la démocratie.* Paris: F. Maspero, 1969.

como fenômeno geral na Europa, a partir da segunda metade do século XVIII.

Tudo indica que a população francesa cresceu em 2 milhões entre 1770 e 1790, o que contribuía para aumentar o mal-estar social: mais gente para alimentar e vestir, maior demanda de emprego, maior extensão da violência. Da mesma forma, avolumavam-se as exigências fiscais do Estado. Dada a imunidade fiscal de que gozavam os nobres e a Igreja, tais exigências recaíam, além do alistamento militar, sobre os camponeses. Grande parte desses recursos arrecadados era transferida para a nobreza, principalmente por meio de mecanismos de cargos, dotações e presentes (prebendas e sinecuras), transformando o rei francês num administrador coletivo dos interesses fundiários do país.

> Todos os que não tinham terra necessitavam de trabalho; todos os que não tinham o bastante para viver independentemente necessitavam de uma renda adicional. Onde tais coisas seriam achadas?[6]

Havia uma frenética busca de terra. Eram reivindicadas as terras comunais (florestas, pântanos, brejos), eram feitas denúncias contra os proprietários burgueses, que administravam por intermédio de capatazes e administradores assalariados, pedia-se a distribuição dos domínios do rei e do clero, faziam-se ameaças concretas às propriedades arrendadas exigindo-se o seu desmembramento. O melhor momento para concretizar essas ameaças era a época da colheita ou da vindima.

A onda de descontentamento encontrava terreno fértil em meio às variadas calamidades que começam a desabar sobre a população: a péssima colheita de 1788; a epidemia na Bretanha; o início dos efeitos do Edito de 1787, que havia liberado o comércio de cereais das regulamentações preexistentes, típicas do mercantilismo francês, esvaziando os celeiros; a queda

---

[6] Barrington, Moore. *Op. cit.*, p. 27.

do comércio internacional face às ameaças de guerra europeia generalizada (Europa Oriental e Central, do Báltico ao Levante), constituindo-se, tudo isso, em agravantes das condições sociais. Ao entrar o ano de 1789, começava a grassar a fome com a alta excessiva do preço do pão, o alimento popular por excelência. A Revolução na França eclode e evolui nesse clima de mal-estar e crise. A ocupação de propriedades em várias regiões do país por grupos de camponeses e desempregados insatisfeitos provocou pânico entre os proprietários rurais, daí a generalização do Grande Medo como fenômeno rural partícipe de uma tomada de consciência da população francesa, sobretudo urbana, contra os privilégios e a desigualdade que caracterizavam a sociedade a ser chamada de Antigo Regime.

A cidade na sociedade agrária europeia e a Revolução Francesa

A cidade tinha nesse tipo de sociedade um peso limitado, mesmo assim variável de país para país. Embora concentrasse um percentual mínimo da população total, no caso da França, por exemplo, não mais do que 15%, adquiriu ao longo do tempo uma importância crescente.

Nela se concentravam as riquezas, a inteligência, o saber, *a minoria urbana*, diz-nos o historiador Pierre Goubert, do contrário como explicar que a Revolução Francesa, com sua capacidade de mudar radicalmente o movimento da história mundial, tivesse sido possível como movimento social que eclodiu em Paris, apossou-se do país inteiro e se espalhou rapidamente pela Europa?[7]

Protegida por muralhas, fossos e paliçadas, a cidade do Antigo Regime tem suas origens diretamente na Idade Mé-

---

[7] Goubert, Pierre. *L'Ancien Régime*. Paris: Armand Colin, 2. t., 1968.

dia; ruas tortuosas, praças irregulares, prédios mal alinhados. No entanto, aí se instalavam as grandes catedrais, os palácios eclesiásticos luxuosos, desenvolvendo maneiras diversas de viver, *separando o povo trabalhador*, composto de artesãos das corporações, dos operários jornaleiros (que trabalhavam por dia, a jornal), daqueles que possuíam dinheiro e dominavam a Praça do Mercado, em torno da qual negociantes e lojistas enriqueciam fazendo crescer a cidadela e seus subúrbios, localizados além-muros, ao longo das estradas. Aí se encontravam os açougues, as adegas, as lavanderias e as tinturarias. Mais além, o campo e seus camponeses que se opunham aos habitantes urbanos e raramente viviam em paz com a cidade, apesar de aí terem os mercados para seus produtos.

Campo e cidade se opunham entre si. No entanto, setores da população rural, os mais pobres, sem-terra e sem trabalho na agricultura, viam na cidade a possibilidade de sobrevivência. Michel Vovelle, especialista em Revolução Francesa, chama a atenção para o papel que o urbano desempenha na formação da mão de obra e na incorporação ao trabalho desses rurais desenraizados e sem qualificação profissional.[8] Ao se dirigirem para os arredores da cidade próxima em busca de algum tipo de trabalho, ao correr do tempo, eles se fixam e uma parte passa a integrar categorias profissionais qualificadas.

Por outro lado, também a burguesia comerciante e os profissionais liberais têm, com frequência, sua origem no campo, como vem sendo demonstrado por inumeráveis pesquisas de demografia e estudos sobre famílias. Não são raros os burgueses que vivem dos rendimentos da terra, na forma de aluguel pago por seus camponeses, meeiros e parceiros, que nela vivem

---

[8] Vovelle, Michel. *Ville et campagne au 18e siècle*. Paris: Éditions Sociales, 1980, p. 60 e ss.

e trabalham com direitos de permanência assegurados pela tradição feudal. Inúmeros eram os então chamados direitos (tributos) feudais que compreendiam, além da renda diretamente paga ao senhor leigo ou eclesiástico, contribuições pelo uso dos moinhos, das estradas e das pontes, dos bosques e assim sucessivamente, direitos esses devidos ao rei, ao senhor, à Igreja.

Numa economia de escassez, frequentes eram as reclamações. Já os virtuais donos da terra, ainda não proprietários no sentido atual do Direito Civil, fossem eles nobres, burgueses ou membros do clero, embora tendo sua origem na terra, dedicavam-se a múltiplas atividades econômicas no comércio, na administração do reino, na magistratura. A maior carga das contribuições para a manutenção do sistema político e social cabia àqueles que cultivavam o campo, cuja capacidade de absorver a população que crescia e se expandia para as cidades era cada vez menor.

A Revolução Francesa de 1789 teve seu ponto de partida no mal-estar provocado pela péssima colheita naquele final de século, a alta do preço da alimentação básica, o desemprego, a miséria generalizada. Tratava-se de uma sociedade marcada pela profunda desigualdade entre os grupos e as classes sociais e pela desastrada administração das finanças públicas. Essa é a situação que serviu de estopim para a agitação popular em Paris e forçou o abandono de Versalhes pela família real, a reunião dos Estados Gerais, a transformação desses em Assembleia Nacional, a queda da Bastilha como símbolo do poder e da prepotência e, finalmente, a histórica noite de 4 de agosto de 1789 que aboliu os privilégios feudais em vigor havia séculos.

A tomada de decisão que extinguiu os restos do feudalismo e serviu de base para a nova sociedade repercutiu por toda a parte, entre os letrados da Europa e da América, e sobretudo entre os camponeses. Ela foi possível e deliberada com rapidez em virtude da agitação reinante no campo e do medo que tomara conta das classes possuidoras. Daí por diante, os acontecimentos parisienses tomaram rumos diversos. A sociedade de ordens então constituída – o Terceiro Estado, o clero e a nobreza – cedeu lugar a um sistema social cada vez mais apoiado na burguesia de cunho mercantil, financeiro e industrial. As instituições foram revistas de alto a baixo e o Código Civil sacramentou na maré montante dos acontecimentos o direito à propriedade e a igualdade do cidadão perante a lei. Os grandes beneficiários das transformações ocorridas foram os camponeses enriquecidos, uma minoria, e a burguesia agrária. Esses eram os únicos com recursos disponíveis para a compra das terras da Igreja e da nobreza absenteísta que haviam sido tomadas pelo Estado.

O século XIX iria presidir profundas transformações técnicas e econômicas no tocante à sociedade francesa, à Europa e ao mundo em geral. A Revolução deixou de ser uma agitação parisiense contra o rei, a nobreza e o clero, para se tornar o motor de profundas mudanças na ordem política e social dos países europeus, chegando a cruzar o oceano para atingir terras e consciências americanas. A Questão Agrária se altera. É a emergência da sociedade industrial e capitalista, gerando novas formas de exploração do trabalho e de apropriação das riquezas.

Campesinato, agricultura e o nascimento do capitalismo: o caso inglês

Coube a Karl Marx (1818-1883) construir o primeiro modelo de mudança social e econômica da sociedade agrária inglesa do século XV ao XIX, tendo por base o impacto da gestação do capitalismo. Segundo ele, as classes sociais se definem a partir das relações que mantêm com o sistema produtivo, ou seja, quem controla os meios de produção e, precisamente, quem controla o acesso à terra, principal meio de produção nas sociedades agrárias. O motor da mudança na concepção marxista da história é o conflito entre as classes, isto é, entre quem detém o controle da produção e quem fornece a sua força de trabalho para assegurar o funcionamento do sistema. O processo de mudança do campo inglês consistiria, ao longo desses séculos, em separar os homens – camponeses – da terra, por meio do gradual cercamento dos campos, *enclosure*, que tornou possível o desenvolvimento do capitalismo agrário no século XIX. Para boa parte dos historiadores, foi esse o processo de transformação da agricultura, conhecido, certa ou erradamente, por *revolução agrícola*, que se constituiu no principal suporte da Revolução Industrial, e, consequentemente, do desenvolvimento do capitalismo, a partir da Inglaterra como país pioneiro.

A melhor compreensão da noção de capitalismo deve ser precedida do conhecimento do vocábulo-chave, capital, cujo uso antecedeu de alguns séculos a própria formulação do conceito de capitalismo. Jean Bouvier[9] desenvolve uma definição em oposição à de *tesouro*. Enquanto o *capital* é uma massa de dinheiro produtivo que, por seu lado, gera dinheiro, ao ser investido ou posto a trabalhar numa empresa ou num negócio, o *tesouro* nada rende, não passando de uma massa de dinheiro inerte e estéril.

Por extensão, a palavra capitalista define aquele que economiza e investe em atividades remuneradas. Já o conceito de capitalismo tem dado margem a discussões e divergências. Como sistema econômico e social de produção, abrange definições como *uma economia de empresa*, *aberta à livre concorrência*,

[9] Ver Bouvier, Jean. *Initiation au vocabulaire et aux mécanismes économiques contemporains*. Paris: S.E.D.E.S., 1969.

motivada pela busca do lucro, individualista, tendo por base a propriedade privada e o intercâmbio, como também, na percepção marxista, como *sistema econômico e social de produção segundo o qual os meios de produção e os produtos fabricados são propriedade privada e a produção resultante tem um caráter social.* Em outras palavras, a produção em escala no sistema capitalista não resulta do trabalho isolado de um operário, ou de um indivíduo solitário, e, sim, de uma massa de operários que participam em etapas diversas da produção. Daí o caráter social mencionado.

No caso da emergência do capitalismo agrário e de um proletariado sem-terra, coube a Marx formular um modelo explicativo da construção de um novo sistema, o capitalismo, a partir do desmoronamento gradual do feudalismo. Na Inglaterra do século XV, os camponeses, sob denominações diversas, como *peasants, yeomen, copyholders, freeholders,* controlavam os seus meios de produção: a terra, os instrumentos de trabalho, os animais. O processo por ele descrito no capítulo "A chamada acumulação originária de capital", no tomo I de *O capital,* mostra como esse campesinato afastou-se gradativamente do processo produtivo até se tornar um exército de trabalhadores sem-terra a serviço da nova classe emergente, o senhor da terra, *landlord,* egresso da nobreza e, em outros casos, da pequena nobreza e da burguesia, a *gentry.*

Sobre esses fatos, a historiografia inglesa tem se mostrado extremamente rica. Coube ao historiador Christopher Hill revelar de forma clara a história de homens e mulheres que não possuíam mais vínculos com a sociedade feudal e que, ao mesmo tempo, não faziam parte de qualquer forma social nova imposta pelo capital. Hill ressalta a emergência de *homens sem senhor,* apontando para ruptura decisiva com a sociedade feudal, marcada pelo predomínio dos laços de dependência entre os homens. A regra feudal de que não há terra sem senhor também compreendia a *dependência do homem a seu senhor* como mecanismo de controle das lealdades locais numa sociedade sem mudança, relativamente estática, acentua Hill.[10] Na medida em que os homens se movimentam, rompem-se os elos tradicionais. No início do século XVII, esses homens sem elos de dependência já se elevam a cerca de 30 mil, segundo se supõe. Hill chama-os de *servidores de ninguém*, espécie de ameaça permanente à sociedade hierarquizada de então.

O crescimento urbano, como o de Londres, abre espaço para abrigar esses desocupados. Aos poucos passam à condição de indesejáveis. Essa foi, ao lado dos artesãos de ofícios desorganizados pela concorrência da manufatura, a mão de obra recrutada para a Revolução Industrial do final do século XVIII em diante.

Por outro lado, surgiam novos grupos de proprietários imbuídos de espírito empresarial. Marx, apoiado no economista David Ricardo, menciona o surgimento de uma nova classe que arrenda a terra do senhor aristocrata, ao qual paga renda em forma de aluguel, e emprega trabalhadores sem-terra. Esse é o *processo de expropriação* do camponês segundo a tradição marxista, dando margem a uma infinidade de estudos, debates e discussões de caráter político e, mesmo em alguns casos, de natureza teórica. De qualquer forma, *expropriação* e *capitalismo* se tornariam, a partir de então, termos obrigatórios de toda análise voltada para o desenvolvimento do capitalismo na agricultura.

A tal processo de expropriação, ou seja, de expulsão da terra de seus tradicionais camponeses e habitantes, liga-se o proble-

---

[10] Hill, Christopher. *O mundo de ponta-cabeça*: ideias radicais durante a Revolução Inglesa de 1640. São Paulo: Companhia das Letras, 1987.

ma do cercamento dos campos, isto é, a unificação de parcelas até então cultivadas separadamente, a fim de que pudessem se converter ora em pastos para a criação de carneiros, ora para a introdução de novas técnicas de produção capazes de assegurar um maior rendimento das terras, processo esse que tem sido mais analisado no bojo da revolução agrícola. Trata-se de um processo de modernização, como se diria hoje, atingindo a agricultura como um todo, capitaneado pelas classes mais abastadas de nobres e burgueses. Dessa forma, melhoraram as condições de alimentação, cresceu a produtividade da terra, aumentou a possibilidade de lucros para os seus possuidores.

Na outra ponta do problema, foi expulsa mão de obra do campo, pelo menos em algumas regiões da Inglaterra, sobretudo no centro do país. Apesar de relativamente pessimistas, os resultados dos levantamentos demográficos que não confirmam *in totum* os pressupostos do modelo de Marx, como o esvaziamento do campo. A verdade é que o início da industrialização na Inglaterra, entre as últimas décadas do século XVIII e as primeiras do século XIX, contou com uma oferta de mão de obra nas cidades, certamente proveniente do campo.

Por outro lado, concordamos com a opinião daqueles autores que atribuem à chamada revolução agrícola um papel importante para o desenvolvimento da Revolução Industrial e, consequentemente, para a posição pioneira ocupada pela Inglaterra na criação do capitalismo e seu caráter revolucionário na história. O historiador inglês Eric Hobsbawm, ao analisar o papel desempenhado pelos dois países, França e Inglaterra, na gestação da civilização contemporânea, teve razão ao atribuir ao primeiro a primazia na criação do modelo político, constitucional e democrático para o mundo, cabendo ao segundo, a Inglaterra, exportar o modelo econômico do capitalismo que se expandiu ao longo do século XIX.

Terra e trabalho na nova sociedade industrial

Exemplo clássico de desenvolvimento do capitalismo, como sistema social de produção, coube à Inglaterra o papel pioneiro de transformar a agricultura, conjugando três movimentos: a unificação e extensão das áreas cultivadas, a adoção de técnicas progressivamente mais intensivas de cultivo e a extinção gradual dos pequenos lavradores independentes. Duas foram as consequências de longo alcance. De um lado, a expropriação do campesinato de longa vivência na terra e, de outro, o surgimento de uma mão de obra que irá reforçar o proletariado urbano (artesãos) como reserva dos novos trabalhadores (operários) da Revolução Industrial em curso.

Um segundo exemplo a ser destacado, o francês, traduziu-se no acesso à propriedade da terra pelo campesinato. Nesse caso, durante os anos em que a Revolução vendeu bens da nobreza e do clero denominados bens nacionais, muitos burgueses e camponeses enriquecidos puderam se apropriar, por bom preço, de terras. Houve aí o reforço da propriedade privada rural, com características que variavam grandemente entre regiões do país e seus tipos de cultivo. A transformação agrícola então iniciada se estenderia praticamente até nossos dias.

Paralelamente, o fortalecimento da burguesia pós-Revolução acompanhará a mudança das instituições políticas e sociais inscritas em acontecimentos de grande participação popular, como a Revolução de 1830, que abre uma fase do poder burguês na França, a Revolução de 1848, já assinalando a participação dos operários de Paris, o Império de Napoleão III, a Guerra Franco-Prussiana de 1870 seguida da Comuna de Paris de 1871, as grandes reformas realizadas pela Terceira República, sobretudo a partir de 1898, tendo por centro a instalação da escola pública, laica, republicana, obrigatória e universal. Esses foram momentos de expansão da cidadania no país.

A constituição do operariado urbano foi um dos aspectos fundamentais dessas mudanças que impunham a liberação da mão de obra no campo, acelerada pelo desaparecimento da indústria doméstica rural, cada vez mais defasada nos novos tempos dominados pelo capital. No entanto, cabia à agricultura um papel importante nesse processo de industrialização. Na fase inicial, tratava-se de ter à disposição um contingente de mão de obra, oferecer alimentos baratos e garantir o padrão de acumulação vigente que, para permitir a remuneração do capital investido, tinha de pagar baixos salários. As máquinas ainda eram precárias, os avanços tecnológicos eram relativamente lentos e o pagamento de salários (capital variável) pesava muito mais na contabilidade da empresa do que o capital necessário para a renovação técnica (capital constante) naquela fase da industrialização. Consequentemente, era fundamental garantir a própria reprodução física dos trabalhadores urbanos, assegurando-lhes alimentação a preços compatíveis com os baixos salários, cumprindo-se, também, a determinação do capital de dar lucro.

Em outras partes da Europa, sobretudo naquelas regiões em que existia uma poderosa classe de aristocratas com o controle da propriedade rural, persistiram formas mais ou menos disfarçadas ou mesmo ostensivas de servidão da gleba ou de trabalho compulsório em alguma de suas modalidades. O século XIX acompanhou a persistência da servidão nos Balcãs, no Império Tsarista, na Alemanha Oriental e Nordeste, no Sul da Itália, na Espanha, em Portugal, países esses nos quais as marcas do feudalismo eram mais visíveis.

A libertação dos servos na Rússia resultou de um longo e penoso processo político, que se refletiu nos programas dos partidos políticos revolucionários, das últimas décadas do século XIX até a Revolução Bolchevique de 1917. Na Prússia, coube à nobreza territorial comandar o processo de modernização agrícola, preservando-se a grande propriedade fundiária. A noção de propriedade do solo difundida pela Revolução Francesa e consolidada no Código Civil Napoleônico estendeu-se ao longo do século de forma definitiva.

O século XIX, caracterizado em toda parte pela ascensão da burguesia – *burgueses conquistadores*, como descritos por Charles Morazé –, presenciou um crescimento demográfico considerável. Da mesma forma, alterou-se a relação entre população rural e população urbana. No tocante à população mundial, ela passou de 906 milhões de habitantes, em 1800, para 1 bilhão e 608 milhões. A Europa iniciou o século com 187 milhões para chegar, em 1900, a 401 milhões. Foi um século também de emigração europeia em virtude de sucessivas crises agrícolas que afetaram alguns países como a Itália, os países alemães, a Grã-Bretanha. Esta última passou de 15 para 42,5 milhões, apesar da saída de 17 milhões de emigrantes, irlandeses em grande parte, em decorrência da praga que dizimou as plantações de batatas da Irlanda, em 1845 e 1849. As terras de colonização recente, na América, na Austrália, na América do Sul, estavam abertas à imigração de colonos em grande escala.

No caso da Alemanha, o aumento populacional foi significativo, ou seja, de 22 a 65 milhões, apesar dos 100 mil emigrantes, sobretudo de áreas rurais, que seguiram anualmente em direção aos Estados Unidos, entre 1852 e 1892, em dezoito partidas anuais. Da Dinamarca, foram para os Estados Unidos, entre 1870 e 1914, cerca de 300 mil pessoas. Estima-se que, entre 1880 e 1915, a emigração retirou anualmente da Itália algo entre três e quatro pessoas em cada milhar de habitantes, segundo estudos de Carlo Cipolla.

O crescimento urbano constituiu outra característica dos novos tempos que trouxeram melhores condições de vida e de higiene aos moradores das cidades, até então conhecidas pelas miseráveis condições de vida de seus habitantes. Na Inglaterra, onde se desenvolveram os primeiros centros industriais concentradores de população, como Londres, Manchester, Liverpool, Birmingham, registrou-se em 1851, pela primeira vez na história, a superação da população urbana sobre a população rural. Antes de 1900, a maioria da população alemã já vivia em cidades, enquanto que na França a predominância da população rural perdurou até 1930 e, na Suécia, somente depois de 1945 a proporção entre rurais e urbanos pendeu em favor das cidades.

A hegemonia do capital e as vias de desenvolvimento agrário

A história dos últimos cem anos está repleta de guerras internacionais e civis, além dos dois conflitos mundiais de 1914-1918 e 1939-1945 e das guerras coloniais de conquista e de extermínio de populações africanas e asiáticas. A violência encontra-se, pois, presente nessa expansão, vista como inexorável, do capitalismo sobre as populações da terra. A presença do homem branco colonizador torna-se inevitável mesmo nos recantos até então ignorados do planeta. Da mesma forma, na Europa agrária, o novo sistema socioeconômico organiza a produção, dirige o Estado, revolve mentalidades.

O desenvolvimento capitalista percorre trajetos diferentes daqueles pioneiros já mencionados, dando origem a novos caminhos: o prussiano, tendo à frente a classe agrária modernizadora, os *junkers*, e o estadunidense, tendo na fronteira aberta ampla possibilidade de expansão de um campesinato proprietário da terra que se capitaliza. Os processos empregados são cada vez mais modernos, garantindo a ocupação de terras no Centro e no extremo Oeste do país. O primeiro, a *via prussiana*, tem sido chamado de autoritário e o segundo, a *via americana* ou *farmer*, de democrático.

Esses dois modelos ou vias de desenvolvimento capitalista no campo comprovam a complexidade dos fatores que influenciam e determinam a evolução histórica das sociedades humanas. Um observador contemporâneo dessas mudanças, o austríaco Karl Kautsky (1854-1938), marxista e militante da social-democracia, escreveu um livro pioneiro ao qual denominou *Questão agrária* (1898). Pela primeira vez, era a agricultura estudada como um processo de revolução histórica, com suas determinações próprias e específicas, desde o feudalismo, cujo sistema de três campos de cultura (afolhamentos) torna-se gradativamente insuficiente, até a agricultura moderna, que introduziu o consumo e a produção de carne, a divisão interna do trabalho, o emprego da máquina, o uso científico de adubos.

De que forma o caráter capitalista da agricultura moderna afetou o trabalhador direto, o camponês detentor dos meios de produção? O desenvolvimento capitalista tende a ser concentrador e a gerar grandes unidades industriais. No caso da evolução agrária, de tipo *farmer*, não ocorre a tendência à concentração, pelo menos não necessariamente como uma determinação universal e única. Numerosas estatísticas e diversos questionários daquele final de século, no entanto, já apontavam para a existência de uma ameaça à exploração camponesa: de um lado, a fragmentação da propriedade (herança, venda), de outro, a grande empresa agrária. O desenvolvimento capitalista na agricultura seguiria, assim, o mesmo rumo da indústria, ou seja, como ressalta Kautsky: "num polo, a proletarização do camponês, no outro, o avanço da grande exploração capitalista".

Kautsky ressalta também que estatísticas inglesas e alemãs mostravam que essa evolução não resultava de uma lei geral. Surpreendentemente, prevê que o futuro, no tocante à agricultura, seria comandado pela exploração camponesa e não pela grande empresa capitalista. Seus prognósticos se confirmam no tocante ao papel hoje desempenhado pela pequena empresa rural, de caráter camponês, embora ao lado dos grandes empreendimentos agroindustriais que traduzem a industrialização do campo. Quanto à grande propriedade agrícola, ainda presente na América Central e do Sul, como também em outras regiões de colonização recente, cada vez se distanciaria, conforme o autor, mais da economia agrária dos países centrais do capitalismo.

AS GRANDES TEORIAS EXPLICATIVAS DA QUESTÃO AGRÁRIA

Se, nas suas grandes linhas, o liberalismo como pensamento econômico – as leis do livre mercado regem a produção e os preços – é um feito britânico por excelência, graças a uma rica estirpe de pensadores a partir de Adam Smith (1723-1790), o seu conteúdo político, que se construiu também com ingleses, como Locke, não teria ido muito longe sem a Revolução Francesa de 1789, que botou a pá de cal no que restava do feudalismo na França e, por extensão, na Europa Ocidental.

Sem margem de erro expressiva, podemos afirmar que se, por um lado, muita coisa que hoje denominamos pensamento social pessimista originou-se naqueles ingleses que assistiram ao desenrolar cotidiano da revolução industrial, por outro, foi a ideia de revolução social devida à força dos cidadãos e nascida no bojo da Revolução Francesa – todos são iguais perante a lei – que legou ao século XIX uma noção poderosa: a de que sistemas políticos, sociais e econômicos são construções humanas e, portanto, mutáveis.

A postura otimista face ao presente e ao futuro chegou até o século XX, com altos e baixos, em grande parte movida pelo socialismo humanitário dos românticos, que viveram na fase inicial da implantação do capitalismo na Europa, e também pelo socialismo chamado científico, elaborado por Marx e Engels, ao longo da segunda metade do século.

No entanto, ninguém desconhece que o pensamento marxista nasceu iluminado pela corrente de economistas britânicos, como David Ricardo (1772-1823), e pela dialética do filósofo alemão Hegel (1770-1831), embora revirados de cabeça para baixo nos seus pressupostos teóricos. Enquanto Ricardo, por exemplo, interessava-se por explicar o capitalismo e as leis que o regiam para justificar as reformas necessárias das estruturas inglesas vigentes, a Marx preocupava dissecar as leis do capital para determinar sua transformação final pela oposição dialética dos opostos – a luta de classes –, dando nascimento ao socialismo como algo cientificamente inevitável.

Verdade é que meio século separa, no fundamental, as ideias britânicas do liberalismo econômico, marca do capitalismo ascendente, daquelas que caracterizaram o socialismo, inicialmente, como manifestação de apoio aos operários que mais sofriam o peso da industrialização (baixos salários, más condições de vida) e, por fim, como doutrina social capaz de explicar a própria história, ou seja, como nascem, evoluem e morrem (ou se transformam) as sociedades humanas. As revoluções nacionais e sociais europeias de 1848 representaram um marco na elaboração desse pensamento.

Agricultura, população e pobreza

Se algo é constante nas preocupações de intelectuais das sociedades capitalistas europeias em construção, do último quartel do século XVIII até o apogeu de seus Estados burgueses e imperialistas do final do século XIX e início do século XX, é a constatação da pobreza nos segmentos rurais e urbanos das populações que se inseriam no novo sistema de produção. A literatura sobre o tema é abundante, bastando lembrar os clássicos de Charles Dickens, que se notabilizou pelas descrições da miséria das massas desprotegidas, além do inesquecível *Os miseráveis*, de Victor Hugo, publicado em 1862.

Torna-se evidente que a pobreza não foi inaugurada pela revolução industrial capitalista. Ela muda de lugar, do campo para a cidade. As crises antes essencialmente de abrangência rural estendem-se para as cidades, cuja população cresce na medida em que aumentam os excedentes do campo. Este também se moderniza.

A relação estreita entre a agricultura e a indústria não escapou aos observadores contemporâneos que viram aí o nascimento de uma nova modalidade de pobreza e miséria, cada vez mais urbana e característica do proletariado emergente. Coube a dois economistas ingleses analisar e teorizar sobre o fenômeno. Chamavam-se Thomas Robert Malthus (1766-1834) e David Ricardo (1772-1823).

Ricardo e Malthus: o debate sobre agricultura e pobreza

David Ricardo, de família israelita, bem situado no mundo dos negócios, abandonou o judaísmo e rompeu com o pai para desposar uma cristã cuja religião abraçou. Foi na bolsa de valores que fez sua fortuna pessoal, o que lhe permitiu no tempo devido dedicar-se aos estudos de economia e à elaboração teórica de um sistema que lhe inspirara a leitura do pensador e economista escocês Adam Smith (1723-1790), conhecido como o grande expoente do liberalismo econômico contemporâneo.

Foi inestimável a contribuição de Ricardo à economia política, tendo publicado seu trabalho magno – *Princípios de economia política e tributação* – em 1817, após ter divulgado vários estudos e ensaios sobre moeda, preço e livre importação de cereais, questões essas que se impunham ao debate político no momento da expansão do novo sistema industrial, então freado pelas práticas herdadas do mercantilismo protecionista.

Partia ele da hipótese de que o valor de troca, em regime de livre concorrência, é determinado pelo trabalho gasto na produção.

Com inteligência e nem sempre com a necessária clareza de expressão, estabelece uma intricada relação entre demanda de alimentos, margem de lucro, salário e trabalho necessário, temas esses que podem ser lidos como teoremas de difícil comprovação empírica e que, certamente, exerceram influência básica na formulação da teoria do valor e da renda da terra de Karl Marx.

Segundo Ricardo, as terras de melhor situação, isto é, aquelas que estão próximas aos centros de consumo e circundando os meios de comunicação e transporte, bem como as de maior fertilidade, são preferencialmente apropriadas e cultivadas. No entanto, a expansão demográfica passa a exigir a ampliação da área cultivada, o que é feito buscando-se as terras mais distantes e de menor fertilidade. Tal esforço corresponde, pois, a maior investimento de capital e trabalho.

Para Ricardo, a ampliação da área cultivada em piores condições econômicas de cultivo estaria, pois, ligada à expansão demográfica e à necessidade de produzir mais. Isso ocorre apesar das terras mais férteis e mais acessíveis quanto à distância e ao transporte gerarem uma renda maior. Em contrapartida, os preços dos gêneros serão nivelados no mercado. Em outras palavras, não é possível cobrar mais caro pelo feijão porque ele provém de terra ruim ou mais barato por ser de terra boa. Economicamente, ocorre que, com os preços nivelados a partir das terras de pior acesso e menor fertilidade, ganharão mais aqueles produtores que gastarem menos em capital e mão de obra, isto é, quanto menor for o investimento em capital (técnicas) e em trabalho (salários), maior será a renda auferida.

Na prática, a aplicação desse conceito ricardiano de renda da terra, posteriormente absorvido por Marx, é de difícil comprovação em outras realidades históricas, além do exemplo inglês. A figura do arrendatário capitalista, que se coloca na escala produtiva entre o proprietário da terra nobre ou burguês, mas absenteísta, ao qual paga a renda (capitalista) da terra (aluguel em dinheiro) e, na outra ponta da escala, o trabalhador direto ao qual paga salários (novo proletariado rural), não tem sido localizada, com frequência, em outros processos históricos de desenvolvimento do capitalismo agrário.

Coube ainda a Ricardo defender vigorosamente a supressão da legislação herdada do Antigo Regime econômico pré-industrial. Talvez a mais famosa entre essas tradições jurídicas residisse na lei que protegia – na realidade são várias leis –, o preço dos cereais britânicos, conhecidas como *corn laws*. Elas consistiam no seguinte: quando algo de catastrófico ocorria com a cultura de cereais ingleses, a lei permitia a entrada de cereais estrangeiros (provenientes da Polônia, Rússia, França) como mecanismo regulador de preços, mas uma vez restabelecida a normalidade da oferta britânica, fechavam-se, de novo, as alfândegas.

Vivia-se, então, a fase inicial da industrialização. Baixar os preços dos cereais, produto básico da alimentação popular, passava a ser estratégico para o capital, cuja remuneração exigia pagar baixos salários, compensados pela capacidade da agricultura de fornecer alimentos a baixo custo. Marx, posteriormente, identificou essa fase de acumulação capitalista como sendo dominada pela extração de mais-valia absoluta. Em outras palavras, na contabilidade da empresa, a maior parcela dos gastos correspondia ao pagamento de salários, por ainda serem precárias as instalações técnicas e abundante a oferta de trabalho. Deve-se levar em conta o desmantelamento dos artesãos urbanos incapazes de resistir à concorrência do novo modo de produção, contribuindo, assim, para engrossar as fileiras do novo proletariado. A contribuição da agricultura, com seus baixos preços, tornava-se fundamental àquele padrão de acumulação capitalista. O livre-cambismo aplicado ao comércio de gêneros alimentícios associa-se, assim, ao próprio mecanismo de reprodução do capital.

A Inglaterra tornou-se, durante boa parte do século XIX, imbatível no mercado internacional. Primeira e, por uns tempos, única nação industrial, pôde com desenvoltura defender a liberdade dos mares, a livre concorrência, como credo e como prática. Ricardo não chegou a viver o livre-câmbio em pleno funcionamento, mas, dessa doutrinação, nasceu toda a legislação britânica que caracterizou a primeira metade do século, levando a Inglaterra a abrir suas alfândegas para os alimentos e as matérias-primas de outras partes do mundo, inclusive a Argentina, os Estados Unidos e o Leste Europeu. Da mesma forma, a exploração do operariado inglês e o seu baixo nível de vida foram o motor dos movimentos sociais que levaram à reforma eleitoral da década de 1830 e à adoção paulatina das reivindicações dos ativistas democratas, os chamados cartistas, entre 1838 e 1850.

Os cartistas advogavam que a Carta, ou a Constituição do Povo, *The People's Charter*, deveria ser centrada em seis pontos, dos quais o último jamais foi adotado pela legislação, aquele relativo ao caráter anual do Parlamento. Além das reivindicações sobre o sufrágio universal, expressavam de forma enfática objetivos de igualdade social e de acesso ao bem-estar para todos.

A partir da segunda metade do século, tomou vulto a criação de uniões sindicais operárias, *trade unions*, registrando-se, no final do período, a criação do Partido Trabalhista, *Labor*, de caráter socialista.

A isso tudo, Marx, observador e estudioso que foi dos acontecimentos, chamava de lutas de classe que, associadas ao progresso das inovações tecnológicas, permitiram o refinamento da classe operária – menos numerosa, mais preparada, mais combativa, com melhores padrões salariais – e a introdução de outro padrão de acumulação em que o capitalista passava a investir mais em bens de capital, abrindo-se maior espaço para o desenvolvimento do setor terciário e de serviços.

A Inglaterra foi, sem dúvida, o exemplo clássico do desenvolvimento do capitalismo liberal que desembocaria em mecanismos mais complexos de concentração (monopólios e oligopólios), mas que permitiriam também o fim da miséria urbana generalizada, da fome crônica e da concentração dos benefícios conferidos pela ciência e pela tecnologia a alguns poucos privilegiados. A expansão imperialista faz parte dessa mesma história.

Malthus, por sua vez, pertencia a uma família ilustre, de tradições intelectuais. Cedo fez seus estudos universitários ligados à Igreja Anglicana, da qual se tornou membro eminente. Dotado de invulgar brilho literário, seu estilo era fluente e convincente, não sendo de admirar o sucesso que seus livros tiveram, sucesso este somente proporcional à celeuma que provocaram.

Passou à posteridade como aquele economista preocupado com a relação entre produção de alimentos e população: enquanto a população cresce em progressão geométrica, a agricultura cresce em progressão aritmética, julgava ele enfaticamente. Ou seja, a tendência da agricultura em ser limitada na sua produtividade, discutida na célebre lei dos rendimentos decrescentes, torna-a incapaz de atender às demandas de uma população em permanente crescimento.

Por mais que ele tivesse acrescido à segunda edição de seu famoso *Ensaio sobre a população* numerosos dados estatísticos e novos elementos factuais, com o objetivo de comprovar a sua tese, fica evidente que Malthus não compreendeu com clareza o fenômeno da demografia de sua época: não se tratava do aumento de natalidade causando a explosão demográfica e, sim, da queda do índice de mortalidade, com a extensão da expectativa de vida.

Em outras palavras, as melhorias técnicas e científicas, como a vacina contra a varíola, bem como a possibilidade de uma produção agrícola mais abundante e a conservação de produtos da pecuária melhorando hábitos alimentares, foram positivas. Em síntese, vivia-se mais.

No entanto, diferentemente dos neomalthusianos de nossos dias – defensores dos métodos mais radicais de redução da natalidade, sobretudo entre as populações mais pobres –, Malthus afirmava que o crescimento da população esbarraria nos próprios limites da subsistência, isto é, seria corrigido, dizia ele, pelas calamidades da natureza, como doenças, pestes, intempéries. Por sua formação religiosa, certamente renegaria seus adeptos, nossos contemporâneos, já que defendia como métodos preventivos o matrimônio tardio e a abstinência sexual antes do casamento, ao que ele chamava de moral *restraint*. Dificilmente aprovaria a política de esterilização maciça de mulheres. Entregaria o caso a Deus!

No geral, Malthus era pessimista quanto ao futuro da humanidade, cujo progresso seria sempre limitado pela inerente incompatibilidade entre produção agrícola e população. Coerentemente, defendia a supressão das *poor laws*, as leis de assistência à pobreza, por meio das quais o poder público socorria os extremamente pobres nos momentos de crise aguda. Achava que no futuro, como no passado, caberia à própria natureza corrigir os males da superpopulação e, indiretamente, da pobreza, graças à supressão física dos pobres "naturalmente" indefesos. A legislação em prol da assistência aos pobres na Inglaterra tornou-se uma questão polêmica, vindo da Idade Média e chegando ao final da Segunda Guerra Mundial. Nesse instante, o governo inglês, com o retorno do Partido Trabalhista ao poder, tornou o assistencialismo obsoleto e iniciou a construção do *Welfare State* ou *Estado do Bem-Estar Social*, que reconhecia a responsabilidade do Estado sobre seus cidadãos, assistindo-os *from bosom to tomb* (do ventre ao túmulo), com transporte público, educação, saúde, segurança de emprego e casa própria. Iria se iniciar, então, uma era do capitalismo regulado ou, como veremos mais à frente, da vigência do modelo fordista-keynesiano de regulação capitalista.

De qualquer forma, os prognósticos de Malthus não se confirmaram. Nos países capitalistas, a população não cresceu como se previu. Por seu lado, a agricultura comprovou que pode aumentar sua produtividade e atender às necessidades de alimentar um mundo faminto. Josué de Castro demonstrou, já passados trinta anos, que as melhorias das condições de vida conduziriam a uma queda nos índices de natalidade e a uma maior longevidade, no entanto. O enfoque é outro, dizia ele: "o problema está longe de residir na capacidade produtiva da agricultura e, sim, no atraso institucional e na desigualdade que rege as estruturas sociais retrógradas".

Agricultura e pressão demográfica

Coube, sobretudo, à antropóloga dinamarquesa Ester Boserup virar pelo avesso a relação agricultura/população e questioná-la em seus próprios pressupostos. Em vez de interrogar, como fez Malthus, de que maneira mudanças nas condições agrícolas afetam a situação demográfica, argumentou:

> O raciocínio que eles (os malthusianos) desenvolvem baseia-se na crença de que a oferta de alimentos é inerentemente inelástica, sendo essa falta de elasticidade o principal fator determinante da taxa de crescimento da população. Assim, o crescimento populacional é visto como variável dependente, determinada por

> mudanças na produtividade agrícola que, por sua vez, resultariam de fatores exógenos como, por exemplo, um fortuito fato de invenção ou imitação técnica.[1]

Boserup parte de concepção bem diversa. Para ela, o crescimento populacional é considerado variável independente e, como tal, fator determinante da mudança agrícola. Trabalhando com o economista sueco Gunnar Myrdal, nas décadas de 1950 e 1960, realizou pesquisas na Ásia e na África entre populações pobres e distantes do mundo capitalista. Interessava-lhe explicar como ocorriam as mudanças nos sistemas de uso da terra, desde os sistemas de cultivo extensivo – de pousio longo e cultivos itinerantes, considerados os mais primitivos, próprios de pequenas populações com larga oferta de terra – até os sistemas cada vez mais intensivos, característicos de regiões dotadas de populações mais densas.

Cabe, assim, à demanda crescente, caracterizada pela existência de um maior número de bocas a alimentar, levar necessariamente ao desenvolvimento agrícola e à transformação dos sistemas de uso da terra. Isso ocorre pela supressão gradual de áreas não cultivadas (deixadas em repouso por algum tempo) e adoção de práticas cada vez mais intensivas de cultivo. O quadro histórico evolutivo descrito por Ester Boserup tem amplo poder explicativo para os países que ficaram, por motivos vários, à "margem" da história do capitalismo, embora a ele submetidos.

Ao afirmar, e comprovar, que as sociedades agrárias regidas por sistemas agrícolas específicos só avançam para outras formas mais intensivas de cultivo movidas por determinações internas – ou seja, de dentro para fora –, abre uma perspectiva

---

[1] Boserup, Ester. *Evolução agrária e pressão demográfica*. São Paulo: Hucitec/Polis, (1972), 1987, p. 7.

teórica extremamente rica para a análise de países como o Brasil e outros de colonização recente. Em outras palavras, tem sido constatada, no Brasil, na América Central, na África, a falência dos sistemas de dominação colonial e mesmo a ineficácia das atuais agências internacionais de desenvolvimento e investimento em operar a modernização rápida e eficiente das populações dos países até há pouco chamados de subdesenvolvidos.

Por outro lado, o sistema agrário é visto como uma totalidade ou um *continuum* agrícola, não se justificando, pois, a denominação de áreas cultivadas e não cultivadas, tão do gosto dos administradores e geógrafos coloniais, e que levou a justificar a destruição de imensas populações indígenas relegadas às chamadas "reservas" indígenas, já que viviam *em meio a terras abundantes desnecessariamente*! Projetos de colonização em terras supostamente não cultivadas – na realidade estavam em repouso de acordo com o sistema agrário que lhes era peculiar – levaram ao extermínio dessas populações, um genocídio sem precedentes na história.

A riqueza do pensamento de Ester Boserup é imensa e tem a grande força de conduzir o cientista social a penetrar nas possibilidades e impossibilidades concretas da mudança agrícola entre populações ditas primitivas ou não desenvolvidas. Ao responder pela condenação dos planos de controle demográfico indiscriminado em populações do mundo extraeuropeu, e para além dos Estados Unidos e do Canadá, aponta para a ameaça que pesa sobre essas populações conduzidas a uma situação de perda de identidade cultural e de desmantelamento de suas estruturas sociais e culturais multisseculares. Nessas populações, na Índia, na China, na África e no Nordeste brasileiro, com taxas elevadas de mortalidade infantil e ausência de um sistema eficaz de seguridade social, a família extensa ainda é a única garantia da não indigência para a velhice de inúmeros casais. Restarão sempre alguns filhos para cuidar de sua subsistência.

As novas perspectivas de análise da questão da terra e da pobreza levam-nos a perceber que o problema ultrapassa os estreitos limites da explicação estritamente econômica.

Chayanov: o camponês continua na história

Como historiador do capital, coube a Karl Marx dar uma explicação coerente para o que denominou de *separação entre as condições inorgânicas da existência humana e a existência ativa, separação essa que se completa na relação entre trabalho assalariado e capital*, ou seja, atinge sua perfeição sob o capitalismo. As relações entre os homens e a natureza e entre estes em função de suas relações com a natureza eram, para Marx, um ponto fundamental para a compreensão das origens das desigualdades sociais. Com isso, Marx queria se referir às relações existentes entre as condições materiais, objetivas, da existência humana e às formas desenvolvidas pelos homens para a sua apropriação. Tais formas de apropriação da natureza – terra, as águas – foram diversas ao longo da existência humana, com características específicas de cada cultura e de cada época. Logo, Marx estabelecia o caráter *histórico*, quer dizer, transitório das formas de propriedade da terra e dos demais recursos naturais, negando um estatuto de naturalidade à propriedade.

Tais formas de apropriação das condições materiais de existência engendraram relações sociais específicas entre os homens, em especial quando uns tinham o monopólio sobre os bens naturais e os demais ficavam excluídos do seu gozo. Marx, ao analisar a gênese do capital nas *Formações econômicas pré-capitalistas* (anotações feitas por Marx para uso próprio entre 1857-1858), destaca que a separação entre homem e natureza não ocorreu em sua plenitude na escravidão e na servidão, em que *uma parte da sociedade é tratada pela outra como simples condição inorgânica e natural de sua própria reprodução.* Em outras palavras, como condição inorgânica de produção, não se distinguem do gado ou do solo, um mero apêndice deste, tratados como *coisa.*

O processo histórico descrito por Marx parte de dois pressupostos: o trabalho assalariado, de um lado, e, de outro, a separação do trabalhador livre dos meios e instrumentos de produção:

> Um dos pressupostos do trabalho assalariado e uma das condições históricas do capital é o trabalho livre e a troca de trabalho livre por dinheiro, com o objetivo de reproduzir o dinheiro e valorizá-lo; de o trabalho ser consumido pelo dinheiro – não como valor de uso para o desfrute, mas como valor de uso para o dinheiro. Outro pressuposto é a separação do trabalho livre das condições objetivas de sua efetivação – dos meios e do material de trabalho. Isto significa, acima de tudo, que o trabalhador deve ser separado da terra enquanto seu laboratório natural – significa a dissolução tanto da pequena propriedade livre como da propriedade comunal da terra assentada sobre a comuna oriental.[2]

Segundo essa linha teórica, o desenvolvimento do capitalismo também revoluciona o campo. O avanço do capitalismo sobre o campo geraria – ao longo da história – a incompatibilidade com as relações de servidão (como no caso histórico da Europa, levando ao colapso do feudalismo) ou com a escravidão, como foi o caso do Brasil. Assim como o artesão na cidade, face à revolução industrial, é subjugado à lógica do capital para se tornar um trabalhador assalariado da indústria, o camponês, inicialmente servo sob o feudalismo, e depois como produtor autônomo – famoso camponês parcelar – também perde a sua independência como detentor dos seus

---

2 Marx, Karl. *Formações econômicas pré-capitalistas.* Rio de Janeiro: Paz e Terra, 1982, p. 65.

meios de produção – a sua parcela de terra, a choupana e seus instrumentos de trabalho – e se proletariza. Cabe-lhe, então, a alternativa de permanecer como assalariado do capitalista burguês que se apropria da agricultura ou, então, de partir em busca de trabalho na indústria, dando origem ao fenômeno do *êxodo rural*.

Karl Kautsky (1854-1938), teórico marxista alemão, já no final do século XIX, analisou com riqueza de dados o processo de dominação da agricultura pelo capital, considerando inevitável a desaparição do camponês face à marcha do capitalismo no campo. Assim, em pouco tempo, e conforme o avanço do capitalismo, os trabalhadores rurais seriam convertidos em operários agrícolas (quer dizer, assalariados desprovidos de propriedade da terra) e organizados em grandes complexos agroindustriais. Era isso que Kautsky denominava *industrialização do campo*.[3] Muitos dos pontos apresentados por Kautsky, em completa concordância com Marx, advinham da observação do processo de modernização da agricultura tradicional da Inglaterra, como vimos anteriormente.

Tal processo de modernização do campo não se daria de forma homogênea. Kautsky ressalta a especificidade da penetração do capitalismo no campo conforme destaca a diferenciação entre a grande e a pequena exploração. Anteriormente, na economia feudal, não se verificava essa diferença qualitativa entre a técnica desses dois tipos de propriedade:

> O senhor territorial cultivava o solo com os homens, animais e ferramentas fornecidos pelos servos sujeitos à corveia. O que ele mesmo fornecia era de pouca importância e não se revestia de nenhuma superioridade sobre os meios de produção do camponês.[4]

---

3 Kautsky, Karl. *La cuestión agraria*. Buenos Aires: Siglo XXI, 1974, p. 7 e ss. (a edição original é de 1899).

4 *Ibid.*, p. 112.

Um dos efeitos mais perversos da diferenciação técnica entre a grande produção, os complexos agroindustriais e a produção camponesa residia na ampliação da diferença entre o valor agregado de produtos *industriais* e o valor daqueles oriundos da produção familiar. Na medida em que a agricultura se diversificava, acentuava-se a diferença entre a exploração técnica da terra e a *pequena cultura rotineira*, inclusive levando o volume dos produtos gerados pela unidade familiar camponesa a aumentar, visando compensar a diminuição do valor agregado. Em tais condições, os camponeses lançam mão do aumento de sua própria jornada de trabalho – único bem disponível, já que a terra é limitada e o recurso à tecnologia restrito ou inexistente –, inclusive incorporando o trabalho de crianças em idade cada vez mais precoce ao processo produtivo.

Com o envolvimento e subordinação da agricultura tradicional pelo capitalismo, as crises que ocorrem na agricultura mudam de natureza e passam a fazer parte de uma economia mais ampla de caráter capitalista e industrial. As crises de subsistência do Antigo Regime, ligadas às condições de clima e solo, cedem lugar a ciclos industriais, nos quais a demanda por matérias-primas ou alimentos comandam os investimentos no campo.

Kautsky termina sua análise ressaltando o avanço da industrialização da agricultura, na Europa e nos Estados Unidos, mas também chamando a atenção para a agiotagem que prejudica camponeses, além do fenômeno do endividamento de que são vítimas os pequenos produtores. Cada vez mais forçados a ceder suas terras, os camponeses são sujeitados às pressões das novas condições de produção. Politicamente, os camponeses pertencem a outra época, não são mais capazes, conforme a interpretação clássica do marxismo, de se constituir em um polo revolucionário que venha a alterar as condições de exploração existentes. Somente a luta urbana e fabril por excelência do proletariado industrial poderia dar chances de melhoria aos camponeses. Ainda aí, deveriam abandonar qualquer ilusão de preservar seu modo *antigo* de viver, sua relação possessiva com a terra, e aceitar as cooperativas e fazendas coletivas (não mais estatais) que o socialismo prometia como futuro possível para o campo.

Miséria, exploração e o diagnóstico de estarem fora da história era o quadro oferecido aos camponeses no momento em que o capitalismo se torna hegemônico.

No final do século, são cada vez mais frequentes as descrições da extrema pobreza desses camponeses, na França e na Alemanha em especial. Vistos da cidade, da *condição urbana e moderna*, serão alvo frequente de chacotas, preconceitos e baixa estima, como se fossem culpados de sua própria miserabilidade. Ao serem compelidos ao trabalho extenuante e continuado, incorporando seus filhos às fainas agrícolas, se tornam, na linguagem corrente, alvo de críticas, como protótipos da avareza, do embrutecimento e do atraso. A diferenciação campo *versus* cidade se cristaliza claramente nesse momento, com um dos polos da díade sendo um identificado com o progresso e o outro com o atraso. Mesmo os teóricos da esquerda, que deveriam, em tese, denunciar a condição subordinada do camponês, não mostram qualquer simpatia pelos homens do campo.

Teóricos como Friedrich Engels (1820-1895), amigo e parceiro de Marx, não poupam epítetos negativos aos camponeses, considerados ora como classe de apoio do conservadorismo (o chamado bonapartismo), ora como resíduo e vestígio de uma sociedade (feudal) que teimava em não se retirar de cena, mesmo depois de esgotado o seu personagem. O próprio Lenin, como veremos, compartilhava sérias restrições e desconfianças face ao campesinato. Enquanto isso, o campo inglês passa a ser louvado como exemplo da beleza rústica e eficiência técnica, assumindo um duvidoso papel de modelo do desenvolvimento capitalista no campo, quando em verdade deveria bem mais ser tratado como exceção. Eram visões idealizadas, baseadas largamente num culto partilhado entre marxistas e liberais, pelo progresso, pelo urbano-fabril, como imagem única da nova época da existência humana.

Pela mesma época, Lenin (1870-1924), na Rússia, também se preocupava com o papel que deveria caber ao camponês na luta contra o capitalismo. Ao seu tempo, existia no país uma forte tradição revolucionária que atribuía, bem ao contrário dos marxistas clássicos, um papel fundamental e revolucionário ao camponês. Um ponderável setor da intelectualidade russa, herdando a tradição dos primeiros socialistas e anarquistas, via na propriedade o grande mal a ser extinto – *a propriedade é um roubo*, afirmavam –, exaltava as qualidades de cooperação e solidariedade do mundo rural e considerava o campesinato um importante veio revolucionário. Eram jovens ativistas, de origem urbana, oriundos de extratos indefinidos da população – pequeno-burgueses, funcionários, militares, profissionais liberais –, e por vezes, aristocratas influenciados pelas ideias humanistas e existencialistas de Leon Tolstoi, convencidos de que poderiam levar uma mensagem rendentora aos camponeses. Achavam que neles residia o verdadeiro coração da Rússia, misto de virtudes cristãs não corrompidas e de costumes solidários decorrentes do trabalho comum com a terra. Bastava despertar-lhes a consciência, educá-los, trazê-los aos novos tempos para constituir uma massa revolucionária capaz de romper com a dominação tsarista, expressa na grande propriedade fundiária da nobreza. Foi esse o movimento denominado de *ida ao povo*, repleto de boas intenções, mas de poucos resultados.

A condição servil do campesinato russo era a marca do atraso e da miséria do sistema político tzarista. A dinastia dos Romanov, que perdurava no trono desde o século XVII, dava sinais de exaustão e de incapacidade para promover as reformas necessárias. O decreto que libertou os camponeses da servidão, em 1861, foi de aplicação lenta e envolveu uma burocracia pesada e ineficiente.

Da mesma forma, o movimento generoso de *ida ao povo* dera parcos resultados, mas contribuiu para agitar consciências que evoluíram no sentido de criação de um movimento de caráter popular centrado na busca da participação política do campesinato. Chamava-se *Narodnaya Volya*, Vontade do Povo, que, ao longo do tempo, desenvolveu um poderoso partido agrário, os chamados socialistas revolucionários (SR), disposto a lutar contra o tsarismo e pela libertação do povo e influenciado por socialistas e anarquistas.[5] Esses, também denominados *populistas*, conseguiram, por meio do Partido Socialista Revolucionário, forte penetração junto ao campesinato, optando por uma estratégia de ação direta, ou seja, de atentados contra a monarquia, visando demonstrar sua vulnerabilidade. Tornaram-se opositores dos marxistas sociais-democratas, como Lenin, Plekanov, Trotsky, com seus diagnósticos que deixavam os camponeses ausentes da história.

Desenvolveu-se, então, um dos mais ricos debates teóricos no campo da esquerda, tendo como objeto central o papel dos camponeses frente à revolução e ao socialismo. De um lado, estavam aqueles que consideravam a expansão capitalista na Rússia, inclusive com a transformação dos camponeses em assalariados, inevitável e, mesmo desejável, como condição prévia e incontornável para a realização da revolução no país.

---

5 Tverdovskaia, I. *El populismo ruso*. Madrid: Siglo XXI, 1984, p. 13 e ss.

Alguns, com Lenin à frente, afirmavam, inclusive, que o processo de capitalização da agricultura russa já estava completo, não existindo mais a figura do camponês clássico no país;[6] de outro lado, estavam os que afirmavam o caráter superficial do capitalismo na Rússia, com a persistência dos laços tradicionais de vida entre os camponeses. A discussão ganhava – para além dos seus aspectos sociológicos – evidentes traços políticos. Se todos na Rússia já fossem trabalhadores assalariados dominados pelo capital (como queria, por exemplo, Lenin), a proposta política mais coerente seria a coletivização e sindicalização do trabalho rural, equiparando-o ao trabalho industrial urbano; ao contrário, se o camponês mantinha sua condição de trabalhador familiar, não assalariado, cultivando uma parcela de terra com a ajuda da família e utilizando-se do trabalho coletivo de vizinhos e parentes no interior de uma comunidade agrária (em russo, a *obshchina*), caberia a reforma agrária, com a distribuição de terras dos nobres e da Igreja para as comunidades.

O debate sobre a Questão Agrária na Rússia envolvia, assim, *campesinistas, os que insistiam na permanência do camponês como forma familiar de produção*, e *descampesinistas, que afirmavam o caráter inelutável da proletarização dos camponeses.* Tratava-se, em verdade, de uma violenta luta entre partidos da esquerda em busca da hegemonia no movimento de oposição ao regime dos tsares. Quando da Revolução de 1917, Lenin – até então um ferrenho *descampesinista* – percebeu que sem o apoio das massas camponesas russas não seria possível uma revolução. Daí a união de bolcheviques e socialistas revolucionários em torno do lema *terra e paz* e a realização, pelos próprios camponeses, da reforma agrária na Rússia.

---

6 Lenin, V. I. *El desarrollo del capitalismo en Rusia.* Barcelona: Ariel, 1974, p. 23 e ss. (a edição original é de 1896).

Sob a administração de Lenin, o mundo camponês floresceu rapidamente, em especial na época da Nova Política Econômica (NEP), praticada no início da década de 1920. Vários populistas, ou socialistas revolucionários, ascenderam a altos cargos no novo regime soviético, desenvolvendo a ideia de se construir um regime trabalhista, de união de camponeses e operários.[7] Entre esses se destacava Anton Vasilievich Chayanov, que teorizou as condições de existência do campesinato, mostrando que o trabalho familiar, como era desenvolvido pelos camponeses, estabelecera estratégias de sobrevivência frente a regimes econômicos adversos, muitas vezes por meio de sua própria autoexploração (aumento das horas de trabalho, colocação dos filhos no processo de trabalho em idades muito precoces etc.), conseguindo, dessa forma, manter-se como um dos personagens políticos básicos da modernidade.

Para Chayanov, a chave para a compreensão da resistência camponesa, sua capacidade de não se proletarizar face ao avanço do capitalismo, residia fundamentalmente na evidência de possuir um cálculo econômico capaz de amplas adaptações. Assim, podendo decidir sobre o que plantar, quando e em que extensão – consideradas as condições de sua parcela de terra –, a empresa familiar camponesa seria capaz de fornecer trabalho e produtos a qualquer regime econômico. É claro que tais condições implicariam maior ou menor penalização de suas condições de vida, obrigando a abrir mão de parcelas diferenciadas da produção, a intensificar a jornada de trabalho ou a envolver-se em teias mais amplas de endividamento.

---

[7] Ver Ball, Alan. *Russia's Last Capitalists*. Berkeley University Press, 1987; Linhart, R. *Lenine, os camponeses, Taylor*. Lisboa, Iniciativas, 1977 e o extremamente importante: Shanin, Theodor. *The Awkward Class*. Oxford University Press, 1972.

Em suma, a proletarização seria um horizonte extremo, poucas vezes colocado de forma única para a empresa camponesa. Muitos dos filhos das unidades camponesas, isto sim, iriam se proletarizar, fornecendo ora trabalhadores para a agroindústria, ora material humano para o êxodo rural. A unidade familiar, contudo, iria se manter, utilizando-se mesmo de tal diferenciação demográfica como estratégia de continuidade. Para Chayanov, o conceito de penalização do trabalho, ou *tyagostnot,* aparece como elemento central do universo mental do produtor, capaz de considerar a manutenção da unidade familiar, enquanto empresa produtora, mais importante do que o destino individual, ou o sofrimento do trabalho, de cada um dos seus membros. Assim, ampliar a jornada de trabalho ou incorporar filhos muito jovens ao processo produtivo aumentaria, ou manteria no nível mínimo anterior, a renda familiar, possibilitando – por meio de mais trabalho – a sobrevida da família. Mesmo abrindo mão de alguns membros da família, e assim diminuindo a pressão sobre a terra, a família camponesa se reproduziria como tal; talvez, é verdade, num patamar mais baixo, roçando a miséria, mas pronta para recuperar o espaço perdido numa melhor conjuntura.[8]

No grande acordo representado pela Revolução de Outubro de 1917, na Rússia, com a união de bolcheviques e socialistas revolucionários, coube aos SRs a organização dos trabalhadores rurais e a realização da reforma agrária. O primeiro comissário do povo (ministro) para a agricultura, após a revolução, foi uma SR, Yelena Spiridonova, que trouxe as ideias populistas para o governo dos sovietes. A política econômica de Lenin, a NEP, contemplou as aspirações camponesas e permitiu o florescimento de uma brilhante economia rural de base fa-

---

8 Chayanov, A. V. *Peasant Farms Organization*. Moscou: The Co-operative Publishing House, 1925, p. xv.

miliar, que muito ajudou os sovietes a sair da profunda crise decorrente da guerra civil e da revolução.[9] Muitos populistas, inclusive Chayanov, ocuparam cargos dirigentes na Rússia dos sovietes, gerindo uma economia de caráter popular, expurgada de grandes proprietários, especuladores e agiotas.

Com a morte de Lenin e a vitória de Stalin, em especial entre 1927 e 1930, foram retomados os planos de industrialização pesada e coletivização. Nesse sentido, a nova equipe dirigente opta pela construção imediata do socialismo (a tese do socialismo em um só país), o que gera a necessidade de retirar do campo a maior quantidade possível de recursos para garantir a industrialização. Assim, animais, colheitas e instrumentos de trabalho foram confiscados da mesma forma que requisições sucessivas impediam a formação de um pecúlio camponês. Estes reagiram e foram duramente reprimidos pelas forças stalinistas, com deportações, campos de internamento e fuzilamentos. Os expurgos atingiram todos os dirigentes identificados com o socialismo revolucionário, inclusive Chayanov, que desaparece em um desses campos.[10]

As formas autônomas de gestão agrária desenvolvidas por camponeses foram substituídas por *sovkhozes*, fazendas estatais, e *kolkhozes*, fazendas coletivas subordinadas aos planos econômicos centrais dirigidos por lideranças comunistas. A produção agrícola soviética jamais se recuperou da perda de autonomia imposta aos camponeses e das imposições do poder central. Ironicamente, foram as filas em frente aos supermercados e ausência de alimentos nas prateleiras que moldaram

---

[9] Carr, E. H. *História de la Rusia Sovietica*: El interregno (1923-1924). Barcelona: Alianza, 1974, p. 13 e ss.

[10] Werth, Nicolas. *La vie quotidienne des paysans russes de la révolution à la collectivisation* (1917-1939). Paris: Hachete, 1984, p. 152 e ss.

uma imagem negativa do regime soviético e originaram um forte clima de mal-estar interno no país.

> ANEDOTA RUSSA, CONTADA EM MOSCOU EM 1995: Uma velhinha, muito velha mesmo, entra no supermercado e se dirige a um dos balconistas: 'Bom dia, o senhor tem carne?' 'Não', responde o empregado. 'O senhor tem peixe?' 'Não', continua o diálogo. 'O senhor tem frango?'. 'Não!' 'O senhor tem ovos?' 'Não!' 'O senhor tem linguiça?' 'Não!' 'O senhor tem salsichas?' 'Não!' A velhinha conformada agradece e se retira. Um balconista vira para o outro e comenta: 'que memória, hein?'.

O debate entre *campesinistas* e *descampesinistas* tornou-se uma constante no interior das ciências sociais e nos projetos políticos sobre o futuro da reforma agrária. No Brasil, ambas as posições surgiram como programas opostos para o futuro do campo, principalmente a partir da década de 1960. Tais propostas serão discutidas nos capítulos seguintes, na esperança de não repetirmos os erros russos.

A QUESTÃO AGRÁRIA NO NOVO MUNDO

PROCURAREMOS, AQUI, ANALISAR OS aspectos mais gerais da Questão Agrária na América Latina, apresentando algumas de suas características básicas e, ao mesmo tempo, algumas das lutas mais importantes contra o monopólio da terra. Iremos nos dedicar, ainda, às soluções propostas pelos diversos grupos sociais de alguma forma vinculados à terra, viáveis ou não, para a construção de uma sociedade mais justa no conjunto da América Latina. Da mesma forma, o estudo conjunto da Questão Agrária latino-americana permitirá melhor compreensão do próprio fenômeno no Brasil, explicitando pontos comuns e singularidades de cada país.

Questão agrária, uma herança comum

Um simples olhar atual sobre a América Latina, com seus inúmeros conflitos – como a guerra dos indígenas zapatistas mexicanos, as lutas camponesas na Guatemala e El Salvador ou a maré montante do Movimento dos Sem Terra, no Brasil – nos mostraria a importância e a urgência das questões relativas à posse e ao uso da terra no continente. Se voltarmos um pouco na história, poderíamos mesmo acreditar, como muitos o fazem, que a Questão Agrária na América Latina é um nó indeslindável, uma dessas taras ou doenças que afligem sociedades que começaram mal e cujos homens com responsabilidade política nada, ou quase nada, fizeram para corrigir. As origens do atraso e da desigualdade residiriam ora na origem colonial e no caráter do colonizador – principalmente quando ibérico, português ou espanhol –, ora no caráter da própria colonização. Assim, a velha distinção entre *colônias de povoamento* e *colônias de exploração*, proposta no final do século passado por Leroy-Beaulieu, explicaria o atraso, a exploração e o clima de permanente conflito existente na América Latina.

Nada, porém, autoriza uma visão determinista ou imutável das condições sociais latino-americanas, muito especialmente no tocante à Questão Agrária. Se, por um lado, o continente foi trazido para o mundo moderno por meio de instituições e políticas que valorizaram a monopolização da terra e o trabalho forçado, desde cedo surgiram, por outro lado, focos de resistência popular contra tal processo, e estes muitas vezes tornaram-se vitoriosos. A luta pela terra foi, e continua sendo, um dos traços marcantes da constituição de uma sociedade mais justa no continente. As revoltas de Tupac-Amaru, no Peru, ou o levante geral dos escravos em Saint-Domingue, hoje Haiti, no final do século XVIII, são alguns dos momentos de ápice da revolta contra o monopólio colonial da terra e a exploração de indígenas e negros. Entretanto, somente a partir de 1911, e principalmente 1935, no México, com a revolução de base claramente agrária, é que as estruturas latifundiárias latino-americanas passaram a ser identificadas como obstáculos a serem vencidos em nome da justiça social.

A primeira grande revolta camponesa da história latino-americana foi no México e se deu como resposta ao processo de expropriação dos camponeses-indígenas locais. E foi a partir de então que a Questão Agrária e os debates sobre o papel do mundo rural na história latino-americana passaram a desempenhar um papel explicativo chave para a compreensão do continente. Entretanto, mesmo aí, a Questão Agrária não foi resolvida, pesando fortemente sobre a sociedade mexicana até os nossos dias. Depois de décadas de domínio inconteste do Partido Revolucionário Institucional (PRI) e no momento em que o país se apresentava como modelo inequívoco de êxito na adoção de um figurino neoliberal, no início da década de 1990, receitado pelo FMI e ancorado na vinculação da economia mexicana com os Estados Unidos, por meio do Nafta, eclode a luta armada camponesa no país.

Em 1º de janeiro de 1994, no pobre e quase esquecido estado de Chiapas, surge o Exército Zapatista de Libertação Nacional (EZLN), cuja face é o *subcomandante Marcos*, herói romântico, ícone revolucionário de uma nova esquerda. Os ataques armados ao exército mexicano, à polícia e ao governo estadual foram definidos, pelo próprio Marcos, como um gesto de desespero, diante da falta de alternativas de expressão popular na política do México (*Jornal do Brasil*, 7/7/1996). Falando uma língua indígena – o *náuatle* – e exigindo a reconstrução das comunidades agrárias indígenas (dos 90 milhões de mexicanos, 29% são indígenas), os zapatistas aproximam-se muito da Igreja da Teologia da Libertação e da nova esquerda não comunista. Após um curto período de enfrentamento militar com o governo, a frente opta por uma atuação política, transformando-se em partido.

O Estado mexicano, entretanto, desenvolve uma estratégia de sufocamento dos zapatistas. Ora utilizando-se de ações armadas diretamente desenvolvidas pelo exército, ora mantendo e armando paramilitares que atuam com brutal violência contra a população civil favorável ao EZLN, o governo do PRI e muito especialmente as autoridades locais imaginaram desarticular os rebeldes. O estopim do conflito, para além das estruturas sociais injustas, parece residir na ofensiva neoliberal sobre as comunidades indígenas.

O chamado Programa de Desenvolvimento Integral do Ístmo de Tehuantepec, desenvolvido pelo Governo Federal, visando a construir uma zona industrial na região (um polo petroquímico) e vias transoceânicas, levaria a desalojar cerca de 2 milhões de camponeses. Ao mesmo tempo, na floresta Lacadone (antiga terra maia), desenvolve-se um vasto programa agrário tendo por objetivo o estabelecimento de fazendas de exportação, além da exploração de petróleo e urânio.[1]

Assim, a revolta zapatista constituiria um *bolsão de resistência*, entre outros, para utilizarmos a expressão do próprio Marcos, contra a hegemonia neoliberal. A identificação de liberalismo e a nova face do PRI são automáticas, muito especialmente depois do alinhamento do México ao Consenso de Washington e sua filiação ao Nafta.[2]

Tal resistência originou, por sua vez, a organização de grupos paramilitares, mantidos por grupos industriais e agrários dos estados de Tabasco e Chiapas, muitas vezes armados pelo exército. A consequência imediata é a violência contra a população indígena:

> Pelo menos 46 índios – na maioria crianças e mulheres – morreram e mais 25 ficaram feridos num ataque de paramilitares contra integrantes da tribo tzotziles que assistiam a uma missa pela paz

[1] "Subcomandante Marcos. La IV Guerre Mondial a commencé". *Le Monde Diplomatique*, agosto, 1997.

[2] Consenso de Washington: considerada superada a fase das ditaduras militares latino-americanas, substituídas por governos representativos, os EUA, pelo discurso de George Bush, em 2/5/1989, adverte os políticos latino-americanos reunidos no Conselho das Américas que a Nova Ordem Mundial, no tocante à América Latina, tem como condição a garantia de que a economia de mercado sobreviva, prospere e prevaleça na região. Desde então se coloca em funcionamento, sob a supervisão dos EUA, do G7 e do FMI, um sistema econômico único – globalizado –, neoconservador, anticastrista, repousando sobre a livre empresa, a abertura das fronteiras e as privatizações. "Manière de Voir". *Le Monde Diplomatique*, p. 37.

> no sul do México. Cerca de 200 índios participavam da celebração num modesto templo de madeira erguido num dos lugares mais pobres e remotos do país: Acteal, lugarejo do município de São Cristóbal de las Casas, cidade do estado de Chiapas.[3]

Nos dias iniciais de 1998, ocorreram novos ataques, dessa feita pela polícia. Assim, a chamada guerra de baixa intensidade, desenvolvida pelo exército desde fevereiro de 1995 contra os zapatistas, explodiu em um conflito brutal, atingindo principalmente a população civil índia. Mais de 40 mil soldados foram despachados para a região, originando uma onda de estupros, violências e humilhações contra a população local.[4] Enquanto isso, o zapatismo se desenvolve, com amplo respaldo popular, como uma síntese de esquerda contra o neoliberalismo:

> O neoliberalismo pretende subjugar milhões de seres e desfazer-se daqueles que não têm lugar em seu novo reparte do mundo. Ocorre que estes prescindíveis rebelam-se e resistem: trabalhadores do campo e da cidade, mulheres, crianças, velhos, jovens, índios, ecologistas, intelectuais, artistas, donas de casa, homossexuais, lésbicas, soropositivos.[5]

O exemplo mexicano é importante, e de certa forma instrutivo, a partir de dois pontos: como evidência de que o desenvolvimento intensivo embutido no projeto neoliberal não é capaz de apresentar soluções adequadas para questões sociais de tipo estruturais, quer dizer, formas sociais injustas derivadas de uma história multissecular de dominação e exploração, e como exemplo de fenômeno social que, relegado durante décadas,

---

[3] *O Globo*, 24/12/1997.

[4] *Le Monde Diplomatique*. Manière de Voir. 36. Du Che à Marcos. Paris, Dec., 1997.

[5] "Subcomandante Marcos. Sete peças soltas do quebra-cabeça mundial". *EZLN*. Documentos e comunicados, t. 4. Era, México, 2002, p. 31-56. Disponível em inglês no *site*: http://www.struggle.ws/mexico/ezln/1997/jigsaw.html Acesso em: 30 nov. 2020.

eclode de forma violenta e intempestiva, mesmo em contextos de modernização acelerada.[6]

Na Nicarágua, a luta pela terra, liderada por Augusto César Sandino, iniciou-se em 1926; na Bolívia, em 1952; em Cuba, no bojo da revolução socialista, a partir de 1959, é feita a reforma agrária; no Brasil, a luta pela reforma agrária atingiu sua maior intensidade em 1963-1964, para ser paralisada pela Ditadura Militar e voltar à cena em 1993; no Peru, a partir de 1968, com o regime político instaurado pelos *coronéis de esquerda*, iniciava-se um amplo processo de restabelecimento das comunidades indígenas, cuja interrupção permite a eclosão de movimentos como o *Sendero Luminoso*, de inspiração maoísta, e o Movimento Revolucionário Tupac Amaru, este influenciado pela experiência cubana, ambos em 1982. Os dois movimentos optarão por ações espetaculares, visando, assim, desmoralizar o regime autoritário-reformista, em especial sob a presidência de Fujimori. De forma quase permanente, luta-se pela terra na Guatemala, em Honduras e em El Salvador há várias décadas. Os primeiros grupos armados na Guatemala surgiram na década de 1960, constituindo a mais antiga luta popular ininterrupta ainda em curso na América Latina. A luta armada constituiu-se, aí, em uma forma de resistência à intervenção estadunidense contra o presidente Jacobo Arbenz, que, entre 1950 e 1954, iniciara a reforma agrária, expropriando a empresa americana United Fruit Company, vasto latifúndio bananeiro e cafeeiro que dominava a economia do país.

A extrema violência da luta, com a frequente intervenção estadunidense, levou à unificação dos grupos guerrilheiros na Unidade Nacional Revolucionária, no início da década

---

[6] Barabas, Alicia. *La rebelión zapatista y el movimento indio en México*. Brasília: Série Antropologia, UnB, 1996.

de 1980, que agora domina grande parte do país e constitui força política bastante influente. Ao longo desses anos de luta popular, foram os camponeses-indígenas, sustentáculo principal da guerrilha, as maiores vítimas dos massacres praticados pelo exército e pelos paramilitares da Guatemala. Dos seus pouco mais de 10 milhões de habitantes, 45% são indígenas, enquanto outros 45% são formados por mestiços de indígenas e brancos. Significativamente, coube a uma mulher indígena, símbolo da luta popular na Guatemala, Rigoberta Menchú, o Prêmio Nobel da Paz de 1992, alertar o mundo para o risco do genocídio do campesinato indígena do país. No final de 1996, após mais de 150 mil mortos e 75 mil desaparecidos, o governo e a guerrilha camponesa assinaram um acordo de paz. Nenhuma das reformas esperadas foi, ao longo de 1997, realizada.

A Colômbia, por sua vez, vive, há mais de 40 anos, um ápice de violência que já fez um milhão de vítimas. As principais forças de desafio ao figurino neoliberal praticado pelo governo são o Exército de Libertação Nacional, fundado em 1964, e que conta com cerca de mil guerrilheiros, e as Forças Armadas Revolucionárias, criadas em 1958, com 4.500 combatentes, além do M-19, movimento político – antiga guerrilha – de oposição. Apesar do aparentemente reduzido número de combatentes, a guerrilha domina quase dois terços do país e impossibilitou a realização das eleições legislativas de 1997. A ação do exército, apoiado pela Federação das Indústrias, ao lado de tropas paramilitares, redundou na expulsão de 41 mil camponeses de suas terras.[7]

Por outro lado, o narcotráfico age impunemente na coação de camponeses para o plantio da coca e da papoula (para o

---

7 *Folha de S. Paulo*, 11/1/1998.

fabrico da heroína) e, aliado aos paramilitares, combate violentamente a guerrilha:

> Os traficantes ganham seu dinheiro nos Estados Unidos e apenas uma pequena parte é investida na própria Colômbia, onde possuem um milhão de hectares de terras e 10 a 20% do mercado imobiliário.[8]

No Equador, desde 1992, desenrola-se outro drama causado pela ofensiva neoliberal contra os camponeses. Ali, o Instituto de Estratégias Agropecuárias (Idea), órgão estatal encarregado do planejamento rural no país, formulou uma série de estudos que afirmavam ser a causa das sérias crises de abastecimento do país *o monopólio das terras possuídas pelos indígenas*! O trabalho, produzido por *dois conselheiros* estadunidenses, afirma que milhares de hectares de terras estão nas mãos das comunidades indígenas, enquanto os latifundiários, denominados *novos pobres*, já espoliados pela reforma agrária (realizada no governo *populista* de José Maria Velasco Ibarra), não dispõem de terras suficientes para a exploração. Cabia, assim, rever o passado equatoriano e superar a etapa populista, suprimindo as conquistas agrárias dos camponeses, realizadas nas décadas de 1930 e 1940.

Sob a influência neoliberal estadunidense e do governo conservador de Sixto Durán Ballén, intenta-se uma reforma agrária regressiva e reconcentradora. As diferenças de aptidão e qualidade de solo entre o páramo – terras pobres e secas deixadas aos camponeses – e as ricas terras do litoral não são consideradas. Os objetivos da nova Lei Agrária são claros: colocar no mercado as áreas agrícolas indígenas e promover a difusão da propriedade privada contra as terras comunais, numa conjuntura de expansão dos cultivos de exportação (banana, cacau e flores).

---

[8] *Le Monde Diplomatique*. "Violences colombiennes dans les rues et dans les rêtes", jan., 1996.

A aprovação da nova lei, em 4 de junho de 1994, desencadeou um firme movimento de resistência civil, com a ocupação de prédios públicos e interrupção de rodovias no interior do país.

Inicia-se uma nova era de enfrentamentos entre o campesinato indígena e paramilitares de grandes proprietários.[9]

Devemos, assim, destacar dois pontos fundamentais sobre a Questão Agrária tanto no Brasil quanto em comparação com a América Latina: o conflito pela terra não é um fato singular da história brasileira, mas inscreve-se, como veremos, nos mecanismos que moldaram a colonização dos diversos países latino-americanos; não há qualquer determinismo – do tipo ou qualidade da colonização, por exemplo – que acarrete uma impossibilidade de mudança ou alteração das condições extremamente injustas existentes hoje.

Terra e trabalho no Novo Mundo

Muito se discutiu, e ainda se discute, sobre a voracidade com que os primeiros colonizadores se lançaram sobre as terras do Novo Mundo. Tal avidez só se compara ao saque do ouro e da prata dos tesouros astecas ou incas levados para a Europa. Ora, com tanta terra, por que os colonizadores – passada a euforia dos metais preciosos, seja por exaustão, seja por decepção em suas buscas – procuraram monopolizar os mais vastos tratos de terra possíveis? Da mesma forma, aparece uma outra questão: por que as populações indígenas tiveram de ser compelidas às mais diversas formas de trabalho compulsório – desde a dependência por dívidas (o *caderno*, o *barracão*) até a escravidão pura e simples? E, por fim, por que tais popula-

---

[9] *Id.*, "La révolte très politique des Indiens", p. 88 e ss.

ções, quando exauridas, quase extintas ou extintas em algumas regiões, foram substituídas pela mão de obra negra escrava?

A resposta a tais questões, que muito incomodam e dividem os historiadores, implica um verdadeiro inventário das origens das sociedades latino-americanas e da maioria de seus males.

Um ponto de partida fundamental é a constatação de que a terra, para se constituir em efetivo meio de produção de riquezas, necessita do trabalho. De nada adiantava, para os interesses dos colonizadores, a terra sem trabalhadores. Isso explica por que a maioria dos historiadores associa terra e trabalho e busca uma explicação associada para o acesso à terra e às formas de organização do trabalho. É aí mesmo que se constitui o sentido da palavra agrário: para além dos adjetivos fundiário, territorial, imobiliário, o problema da injustiça social e da pobreza na América Latina é agrário por associar estrutura de posse e uso da terra a formas de organização do trabalho.

Nossa análise deverá, assim, caminhar em direção ao binômio constituído pelas relações entre terra e trabalho. Devemos ter em mente que a estrutura fundiária de um país espelha claramente a estrutura social deste país; a divisão da terra é a expressão física das divisões sociais existentes numa sociedade. Se a riqueza é concentrada e as diferenças sociais são abismais, a estrutura fundiária será necessariamente concentrada, refletindo a exclusão da maioria do usufruto das riquezas produzidas.

Muitos historiadores defenderam a hipótese de que a voracidade dos colonizadores na busca e acumulação de terras devia-se a uma incontida ânsia por prestígio. Oriundos de uma Europa mal saída da época feudal, quase todos de origens populares, da pequena nobreza ou da burguesia, desejavam reproduzir na América um padrão de vida que caracterizava a grande nobreza de seus países de origem. Vastas extensões de terras, uma casa senhorial e uma multidão de serviçais, dependentes e apaniguados, dariam a esses rudes conquistadores o direito de serem tratados e considerados como grandes senhores. Na expressão conhecida do jesuíta Antonil, em 1711, "...ser senhor de engenho é título que muitos aspiram, pois traz consigo ser servido...". Um autor mexicano, Molina Enríquez, referindo-se às *haciendas* de seu país, dirá: "*la hacienda no és negócio*". Assim, a grande fazenda, nos países de língua espanhola, a *hacienda* não seria lucrativa e as intenções do seu proprietário não teriam uma relação direta com os capitais investidos. Estes não almejariam, fundamentalmente, o lucro; a *hacienda* seria bem mais uma instituição social e política, muito pouco relacionada com os movimentos de ascensão ou queda dos preços de seus produtos agrícolas, voltada fundamentalmente para o prestígio de seu proprietário e a manutenção da sua capacidade de mando, que marcariam profundamente as sociedades rurais latino-americanas, como assinala o historiador americano Tannenbaum. Tais senhores, de origem europeia e dominando uma massa de indígenas e mestiços catequizados, teriam muito pouca iniciativa empresarial ou espírito de inovação, desconfiando das técnicas mais avançadas e mantendo suas propriedades de forma autossuficiente.

Assim, a monopolização da terra teria dois objetivos básicos:

- de um lado, é um instrumento fundamental para sustentar o poder de mando do fazendeiro ou *haciendado* local, calçar seu prestígio, torná-lo temido e poderoso;
- de outro, visa eliminar os competidores locais, impedindo a formação de outros domínios vizinhos que pudessem concorrer, em poder e prestígio.

A terra deveria, dessa forma, constituir o principal meio de investimento da riqueza que um senhor possuísse: faltavam outras formas de investimentos, com a ausência de bancos, de praças comerciais ou de uma burguesia inovadora capaz de criar alternativas para as riquezas geradas nas colônias. Para os ricos das colônias, como negociantes, homens enriquecidos na mineração e mesmo funcionários da Coroa ou religiosos que, por meio da brutal exploração da população nativa, tornavam-se repentinamente ricos, a compra de terras tornava-se o único investimento possível, reunindo-se todos os recursos disponíveis na aquisição de amplas extensões muitas vezes mal geridas, com amplas doações à Igreja ou simplesmente abandonadas.[10] Por outro lado, a compra de vastas extensões impedia o surgimento de rivais, outros chefetes locais, que instalados nas proximidades de uma *hacienda* viessem a concorrer em poder e prestígio com um senhor já aí estabelecido. Assim, para muitos, o *haciendado*, um típico representante de uma mentalidade arcaica, adquiria terras não para aumentar seus ganhos, como um empresário ou um industrial moderno, e sim para eliminar rivais potenciais e garantir sua hegemonia e prestígio sobre toda uma região.[11] Daí as lutas ferozes que algumas vezes punham frente a frente tais chefetes locais, chamados de senhores, caciques ou coronéis. Por outro lado, tais aquisições eram o pré-requisito para a obtenção de títulos de nobreza por famílias que aspiravam a constituir novas aristocracias na América. Tais terras eram transformadas, algumas vezes, em *morgadios* – instituição que vinculava a propriedade ao primogênito portador do título da família, impedindo sua fragmentação entre diversos herdeiros e garantindo, assim, a permanência do grande domínio.

---

[10] Chevalier, François. *América Latina*. Madrid, Labor, 1979, p. 55 e ss.

[11] Ver Magnus Mörner. "La hacienda hispanoamericana: examen de las investigaciones y debates recientes", *in:* Enrique Florescano. *Haciendas, latifúndios y plantaciones*. Mexico: Siglo XXI, 1975, p. 15-48.

Essa seria outra característica da grande propriedade na América Latina: a sua grande resistência à divisão. No Vale de Putaendo, no Chile central, a maior *hacienda* local permaneceu integral, nas mãos da mesma família, entre 1670 e 1880; a Casa da Torre, na Bahia, manteve seu vastíssimo latifúndio desde o século XVI até o início do século XIX; o mesmo aconteceu com a *hacienda* Guachalá, no vale de Cayambe, no norte do Equador.

Muitas dessas famílias, prevalecendo-se do seu prestígio, dominaram as instituições políticas locais e regionais e depois da independência – seja nas repúblicas vizinhas, seja no Império do Brasil – conseguiram fazer a correspondência entre monopólio da terra e monopólio da representação política. Senhores das câmaras, dos cabildos e demais órgãos locais, conseguiam impedir qualquer medida contrária aos seus interesses e, mesmo, aos meios de aumentar e expandir suas posses. Tais coronéis ou caciques marcariam a vida política – e as mentalidades – da América Latina.[12] Assim, a estrutura fundiária, fruto da ânsia por prestígio e mando, constituiria a base de um sistema político atrasado, personalista e antidemocrático (malgrado estar recoberto por um verniz benevolente e benfeitor, o paternalismo) que se denominaria de caudilhismo. Do cacique ou coronel local até o chefe do Estado se estabeleceria uma gradação de acordos e alianças, na maioria das vezes familiares, que permitiriam a constituição de uma pirâmide de poder e prestígio baseada na terra.

Essa seria a essência do regime oligárquico, de base latifundista, dominante na América Latina. Assim, um regime agrário controlado por homens por definição conservadores,

[12] Ver Nunes Leal, Victor. *Coronelismo: enxada e voto*. São Paulo: Editora Alfa-Omega, 1949/1975.

que nutriam desconfiança ou mesmo aversão a qualquer inovação e que permite a monopolização do poder político como consequência da monopolização da terra seria a chave para compreender a ausência, nas amplas áreas da América Latina onde predomina o latifúndio, de precondições para o desenvolvimento. O atraso, mais do que um determinismo ou um destino comum latino-americano, seria em verdade o produto de uma estrutura econômica, social e política determinada historicamente e que poderíamos resumir nos seguintes aspectos: latifúndio, conservadorismo social e econômico, caciquismo ou coronelismo.

Terra, prestígio e poder na sociedade colonial

Muitos historiadores desconfiam dos objetivos meramente voltados para a questão de prestígio como fundamento para a grande propriedade na América Latina. Tal modelo explicativo, em grande medida correto na descrição dos mecanismos de monopolização da terra e de dominação política, deveria sofrer uma certa correção. À ideia de que a concentração de terras se devia a objetivos de prestígio poderiam ser acrescentados os seguintes pontos: a) na sociedade colonial latino-americana, a noção de prestígio liga-se diretamente ao poder econômico, à capacidade de ter e pagar homens, acolher protegidos e prover apaniguados; b) as opções feitas pelos grandes proprietários, na gestão de suas terras, apresentavam – além das questões de prestígio – uma evidente racionalidade, quer dizer, uma boa lógica, no campo econômico. Assim, eliminar rivais, estabelecendo-se como único senhor de terras poderia, é verdade, realçar o prestígio do grande proprietário como um senhor local, mas, simultaneamente, eliminava a concorrência de outros produtores e garantia o preço dos artigos por ele produzidos.

Para elucidar de vez a questão (isto é, se as terras são açambarcadas em razão da sobrevivência de um espírito arcaico ligado às necessidades de prestígio ou se, ao contrário, o processo de concentração visava desde o início ao lucro econômico imediato), deveria ser estabelecida, de saída, a relação entre acumulação de terras, de um lado, e prestígio, de outro. Para muitos, a terra e a sua concentração seriam, na sociedade colonial, um pré-requisito fundamental para que alguém que tivesse enriquecido em outra atividade que não a agricultura (comércio, mineração, por exemplo) pudesse almejar o reconhecimento social. Na verdade, nas diversas colônias ibéricas na América, era possível enriquecer pelos seguintes caminhos:

- pela atividade básica, geradora de riqueza, que, desde o início, foi o investimento em terras e nas atividades agrícolas, capaz de permitir a acumulação de fortunas;
- pelo êxito militar, como a luta contra os indígenas nas guerras de conquista no Peru, no México ou no Nordeste do Brasil ou, ainda, contra colonizadores europeus concorrentes;
- pelo êxito mercantil, com a acumulação de recursos oriundos da mineração, da intermediação comercial, dos empréstimos a juros, do tráfico negreiro etc., que constituiria a base da formação de grandes fortunas, que seriam em seguida investidas em terras, como na montagem do sistema de *haciendas* nas áreas vizinhas de mineração no México ou nos investimentos de negociantes na montagem do sistema cafeeiro no Sudeste do Brasil.

No segundo e no terceiro casos, o investimento em terras agiria como instrumento de confirmação social de um prestígio econômico por si só insuficiente para garantir a aceitação dos colonizadores enriquecidos. Numa sociedade hierarquizada e aristocrática, com forte ênfase no ócio, nas atividades guerreiras, religiosas e de gestão pública, as fortunas acumuladas, por exemplo, na intermediação comercial ou no tráfico negreiro, deixariam uma marca plebeia que deveria ser apagada com uma atividade nitidamente aristocrática: a gestão de um domínio agrário.

Tal procedimento vinha como herança da mentalidade típica do Antigo Regime e, portanto, pré-capitalista. Mas, de forma alguma, impunha a ilusão de que a agricultura pudesse ser não produtiva ou desprovida de uma racionalidade econômica, de um objetivo voltado para o lucro.

Os objetivos da conquista ibérica estavam, desde o início, voltados para o comércio de produtos exóticos – as chamadas especiarias – e a busca de metais preciosos, objetivos plenamente alcançados na conquista espanhola do Novo Mundo e bem menos exitosos no caso português. Porém, a inexistência de núcleos permanentes de produção de mercadorias e/ou a exaustão dos metais preciosos (no caso português a sua inexistência pelo menos até o século XVIII) levaram à busca de alternativas. Uma das alternativas básicas foi a organização das populações locais de forma a fornecer um fluxo constante de mercadorias que pudessem ser comercializadas na Europa. Nesse contexto, a conquista da terra, sua monopolização, bem como a organização compulsória da mão de obra indígena, eram imperativos para o sucesso da empresa colonial. Assim, desde o início, ao lado de todos os aspectos reais de aquisição de prestígio, os objetivos econômicos, e fundamentalmente mercantis, do processo de açambarcamento fundiário são bastante relevantes.

No México, os primeiros sinais de formação de uma estrutura agrária concentrada, com trabalho organizado de forma compulsória, surgem no final do século XVI e começo do XVII. Após a conquista e destruição do Estado asteca e de uma primeira fase intensiva de exploração mineira, dá-se uma nítida diminuição da população indígena, acompanhada por larga apropriação das terras pertencentes às antigas comunidades indígenas. Os trabalhadores foram organizados no interior da *hacienda* em pequenas parcelas de terras, cujo pagamento é feito em jornadas de trabalho devidas ao *haciendado*; a relação de trabalho mais típica, entretanto, era a dependência por dívidas, *peonaje por deudas*, na qual os custos de sustentação do trabalhador indígena são adiantados pelo armazém, *el barracón* do *haciendado* e/ou anotados em um caderno, de forma que o trabalhador está sempre em dívida com seu patrão, sendo assim impossibilitado de deixar o local de trabalho. Ao mesmo tempo, apoiando-se no poder político colonial, os *haciendados* avançam sobre as terras indígenas, destruindo a comunidade agrária preexistente, retirando dezenas e dezenas de famílias de suas terras; convertem, assim, a maior parte dos nativos em mão de obra disponível e em mercado consumidor, fechando ainda mais o sistema de servidão por dívidas. Da mesma forma, a monopolização da mais vasta superfície possível de terras impedia a formação de outras *haciendas,* que se constituiriam em rivais na disputa de mão de obra (em uma época de exaustão demográfica) e de concorrência na colocação da sua produção. Dessa forma, a acumulação de terras não era guiada por busca de prestígio e, sim, por uma ação bastante racional (quer dizer, lógica, do ponto de vista econômico) dos *haciendados.*

Tais objetivos são perseguidos com tal afinco que em meados do século XIX não havia mais terra livre para se adquirir no México.

No Peru e na Bolívia, a situação não foi diferente: vastas extensões de terras, sempre as melhores, foram encampadas pelos conquistadores espanhóis e transformadas em áreas de cultivos europeus; enquanto isso, as comunidades indígenas ficavam na obrigação de fornecer mão de obra gratuita, de forma compulsória, para os espanhóis: era a *encomienda*. Aos poucos os colonos brancos começam a combinar grandes extensões de terras com a *encomienda*, visando a estabelecer os mecanismos básicos de exploração agrária. No Chile e no litoral do Peru, surge uma conexão real entre *encomienda* e *hacienda*: os *encomenderos* exigiam e recebiam comumente terras junto aos povoados onde viviam os indígenas obrigados à prestação de trabalho sob a forma de *encomienda*. No vale do México, esse era um mecanismo que facilitava a aquisição de terras e sua exploração, enquanto na Guatemala dava-se ampla coincidência entre ambas as instituições.

> *Hacienda*: é a propriedade rural explorada mediante trabalho compulsório, como *peonaje* por dívidas ou da *encomienda*, ou através de um sistema de inquilinos-moradores, dedicada à produção de alimentos, em especial trigo e carne vacum, voltadas para um mercado local/regional.[13]

No Brasil, também o início do século XVII, em especial o período entre 1640 e 1680, foi de expansão da grande propriedade, seja das plantações na área açucareira do litoral do Nordeste e do Rio de Janeiro, em torno de Campos, seja da fazenda de gado nos sertões do Piauí e Ceará. No caso brasileiro, a expansão da grande propriedade é, também, consequência da diminuição da população nativa. A imensa sucessão de guerras de extermínio e de escravização, travadas do Ceará até o sul da Bahia, rompe com a resistência indígena e permite a conquista do interior, os sertões – processo fundamental para a expansão da economia pastoril no Nordeste. A partir de 1620-1640, a população índia entra em declínio irreversível, produto de uma constante ação de extermínio ao lado de sucessivas epidemias; enquanto a servidão por dívida e a *encomienda* foram criadas,

---

[13] Chevalier, François. *Op. cit.*, p. 301.

nos domínios de Espanha, como uma solução para garantir a mão de obra, no Brasil inicia-se a opção maciça pela escravidão negra. A primeira metade do século XVII marcará o caráter definitivamente escravista e a predominância do tráfico atlântico no fornecimento de mão de obra negra ao Brasil.

Em outras regiões, entretanto, o movimento de açambarcamento de terras é mais tardio: na Serra Sul do Peru, só no século XIX, a monopolização das terras avança sobre as comunidades indígenas; na Colômbia, somente após a independência, no início do século XIX, dá-se uma excessiva concentração fundiária; no Oeste de São Paulo e amplas regiões de Minas Gerais e Espírito Santo, só com a expansão cafeeira, na segunda metade do século XIX, a concentração fundiária avançaria, completando-se por volta de 1900.

É importante ressaltar que a estrutura fundiária concentradora não se formou, na América Latina, de uma só vez. Ocorreram diversas vagas de ocupação, com áreas mais antigas sendo ocupadas e monopolizadas em primeiro lugar, bem como, ainda, movimentos de sístole e diástole no processo de concentração. Na maioria das vezes, era necessário um produto importante para justificar o avanço sobre terras índias ou baldias, como na Serra Sul do Peru, em virtude da lã, ao longo do século XIX, ou no Sudeste brasileiro, também no século XIX, em razão da expansão cafeeira. Assim, áreas de concentração fundiária antiga como o Nordeste brasileiro ou as áreas centrais do México, convivem com novos surtos de concentração fundiária em áreas até então intocadas. O historiador francês François Chevalier destaca, entretanto, uma característica básica do conjunto do mundo agrário latino-americano: *a grande propriedade resiste, se adapta ou se afirma qualquer que seja a conjuntura*. Assim, mesmo que suas atividades básicas entrem em decadência (normalmente o produto principal deixa de ter a aceitação que possuía antes nos mercados além-Atlântico), as atividades da grande propriedade tendem a descer a um nível mínimo. Contudo, a fazenda conserva suas dimensões e prontidão para participar de um novo surto econômico, seja com o mesmo, seja com um novo produto.

A grande propriedade, apesar de sua imensa capacidade de resistência, sofre também transformações. Uma de suas características mais notáveis reside no fato de muitas vezes sobreviver aos seus proprietários, ou seja, à incapacidade de uma mesma família manter seu domínio sobre um latifúndio por muito tempo: no México, por exemplo, as *haciendas* dificilmente permaneciam na mesma família por mais de três gerações, embora a estrutura fundiária houvesse se mantido com seus traços concentradores desde o século XVII até o Porfiriato; no Vale de Puange, no Chile, a estrutura fundiária mantém-se estável desde 1680 até 1880, com a hegemonia das *haciendas*; já no Vale de Chancay, no Peru, do século XVIII até o início do século XX, verifica-se uma notável estabilidade, enquanto na Serra Sul, ainda no Peru, a estrutura de posse da terra manteve-se com seus mesmos traços desde o século XVIII até 1920; no Brasil, foi comum rimar "pai barão, filho pobretão", expressando a facilidade com que os investimentos iniciais, oriundos da mineração ou do comércio, se esvaíam. Muitas vezes, a propriedade mantinha-se intacta, porém, o controle mudava de mãos com grande frequência. Tal mudança dava-se comumente por meio da compra, como nas áreas cafeeiras de São Paulo e Rio de Janeiro, ou como em Huancavelica, no Peru. Quanto mais próximo de uma economia de ampla circulação monetária, como nas áreas mineradoras do Sudeste brasileiro, do Peru ou do México, mais fácil era a circulação da propriedade por meio da compra e venda.

Em algumas áreas do México, no litoral do Peru, nas ilhas do Caribe e por todo o litoral do Brasil – daí para os sertões –

desenvolveram-se formas especiais de grande propriedade: as plantações. Ao contrário das *haciendas,* dominantes nas áreas centrais do México, da Bolívia, do Peru e do Chile, a plantação caracterizava-se por uma produção amplamente direcionada para os grandes mercados, quase sempre transatlânticos, com uso abundante de capitais e de mão de obra.

> Plantações ou *plantation*: é a grande propriedade fundiária caracterizada pelo uso intenso de tecnologia (para os padrões da época), com uma ampla produção quase que exclusivamente voltada para o mercado externo e com uso intenso de mão de obra. Os engenhos de açúcar são um dos melhores exemplos de plantações coloniais.

Em áreas como o Brasil, desprovido de um tesouro indígena a saquear ou de minas de metais preciosos de fácil localização, a plantação surgiu como a única forma de valorização das terras descobertas. Sua formação necessitava de capitais iniciais, prévios, para financiar os pesados encargos necessários à sua montagem; no dizer de Antonil

> ...ser senhor de engenho é título que muitos aspiram porque traz consigo o ser servido, obedecido e respeitado de todos. E se for, qual deve ser, homem de cabedal, e governo; bem se pode estimar no Brasil o ser senhor de engenho, quanto proporcionalmente se estimam os títulos entre os fidalgos do Reino.

Grande parte de tais capitais aplicavam-se na compra de uma vasta parafernália necessária ao funcionamento do engenho e sua maquinaria. Ao seu tempo, no dizer de Eric Hobsbawm, os engenhos de açúcar do Nordeste brasileiro representavam uma ousada iniciativa técnica e empresarial, com riscos imensos e uma imensa parcela de cuidados técnicos. Uma outra parcela de capitais deveria ser adiantada na compra de escravos, principalmente depois de 1620-1640, imobilizando grandes quantias, posto que as primeiras safras – que começariam a remunerar os investimentos – muitas vezes só aconteciam quatro ou cinco anos após o início da implantação dos engenhos. Uma grande quantidade de capitais flamengos, genoveses e de cristãos-novos foi investida nos primeiros engenhos implantados no Brasil.[14]

As formas de organização compulsória do trabalho e as reformas liberais

Tanto as *haciendas* quanto as *plantações* criaram mecanismos de arregimentação de mão de obra baseados em formas de trabalho compulsório. *Entendemos aqui por trabalho compulsório uma série de mecanismos que compeliam, obrigavam, o trabalhador a manter-se em um determinado local e atividade malgrado sua vontade.* Assim, na América Latina imperavam formas variadas de trabalho compulsório, desde a *peonagem* por dívida, a *encomienda*, o inquilinato, até a escravidão, de indígenas ou de negros, aberta e sem subterfúgios.

Nas *haciendas*, por exemplo do Norte e Oeste do México, dominava um sistema de trabalho de caráter binário baseado no arrendamento; para receber uma pequena parcela de terras, mal bastando para seu sustento, os colonos eram obrigados a cultivar as terras solarengas – ou seja, de exploração direta do senhor –, além de suas próprias parcelas. Nas *haciendas* andinas, o sistema apresenta as mesmas características; no Chile, predominava uma forma especial de inquilinato, na qual os trabalhadores residentes nas *haciendas* – indígenas, mestiços e brancos pobres – eram obrigados a cultivar as terras dos senhores durante três, quatro e até cinco dias; no Equa-

[14] Para uma melhor compreensão da *plantação* ver Amaral Ferlini, Vera L. *A civilização do açúcar*. São Paulo: Brasiliense, 1984; Almeida, Maria da Glória. *Nordeste açucareiro*. Aracaju: Banese, 1993; e Schwartz, Stuart. *Segredos internos*. São Paulo: Companhia das Letras, 1988.

dor, tais trabalhadores eram denominados de *huasipungos* e, no Alto Peru, de *yanaconas*. Por toda a América hispânica, espalhava-se a peonagem por dívidas, que prendia o trabalhador ao seu senhor por meio do monopólio e açambarcamento de víveres e demais produtos no *barracón* e mantinha o *peón* permanentemente endividado, impedindo-o, assim, de abandonar a *hacienda*.

> *El barracón* ou *tienda de raya*: as *haciendas* tinham, além de tudo, barracões onde os trabalhadores compravam fiado. Estas *tiendas de raya* (nome dado em função das raias ou colunas do caderno onde se apontavam as dívidas de cada um) tinham a função de monopolizar as vendas aos *peones* em preços fixados pelos administradores, originando dívidas que os trabalhadores não podiam saldar, o que os impedia de abandonar o local de trabalho.[15]

Tal estrutura, o barracão, dominou por vasto tempo – entre a segunda metade do século XIX e o século XX – as relações entre o seringueiro, o trabalhador que extraía o látex na selva amazônica, e o fornecedor de víveres e instrumentos de trabalho, normalmente vinculado ao seringalista, dono das florestas de seringueiras.

Outra forma de trabalho compulsório era a *peonagem por dívida*: neste caso, um trabalhador, *el peón*, recebia um adiantamento e se obrigava a trabalhar para o senhor até pagar, em trabalho, o valor total da dívida. Como ao longo de sua permanência na *hacienda* era compelido a fazer outras dívidas, com alimentação e residência, por exemplo, acabava impossibilitado, pelo resto da vida, de deixar a *hacienda*. As dívidas contraídas pelos peões com seus empregadores eram consideradas sagradas e era direito dos senhores, com a ajuda do poder público, perseguir

[15] Chevalier, François. *América Latina*. Madri: Labor, 1979, p. 213.

eventuais fugitivos e castigá-los. Um tribunal da cidade mexicana de Puebla decidirá, em 1826, que sob nenhum pretexto seria permitido a um peão rescindir o contrato com seu senhor, "*...incluso si quieren devolver el dinero recibido*". Assim, se um senhor adiantava a pequena quantia de 50 pesos conseguiria, em função da dívida adquirida, contar com um escravo vitalício.

No Brasil, após uma fase inicial de intensa utilização do trabalho indígena, seja por meio das missões ou colégios das ordens religiosas, seja por meio da escravidão por guerra justa, predominou a escravidão africana. Desde o final do século XVI até aproximadamente 1640 deu-se uma dramática redução da população indígena, compelindo os colonos portugueses a buscar formas alternativas de trabalho. Utilizando uma experiência já havida no Portugal metropolitano e nas ilhas atlânticas, optou-se pela escravidão africana, originando um lucrativo tráfico de escravos entre as costas da África, a Bahia, Pernambuco e o Rio de Janeiro. Ciro Cardoso ao tratar da escravidão no Brasil destaca sua diversidade no tempo: entre 1500 e 1532 predominou, enquanto forma de trabalho, o extrativismo baseado no trabalho indígena, remunerado sob a forma de escambo; de 1532 até aproximadamente 1600, por sua vez, seria a época de predomínio da escravidão indígena e, enfim, de 1600-1620 em diante é a fase de instalação do escravismo colonial clássico.[16]

Para uma visão de conjunto, comparando as formas de organização do trabalho e de gestão da terra, tanto da *hacienda*

---

[16] Ver Cardoso, Ciro. O trabalho na Colônia. *In:* Linhares, M. Yedda (org.). *História geral do Brasil.* Rio de Janeiro: Campus, 6ª ed., 1996, p. 78.

quanto da plantação, poderíamos propor um quadro resumo da seguinte forma:

Terra e trabalho na grande propriedade

Características	Hacienda	Plantação
capital	escassez	abundância
mercado	limitado/local/regional	amplo/internacional
terra	latifúndio/arrendatários	latifúndio/reserva
trabalho	abundante/controle indireto	abundante/controle direto
tecnologia	limitada	ampliada
sanções	garantida	garantida

Fonte: Adaptado de S. Mintz e E. Wolf. "Haciendas y plantaciones en Mesoamérica y las Antillas", *in*: Enrique Florescano, *op. cit.* p. 493-531.

Vemos, assim, que as duas estruturas básicas das sociedades agrárias latino-americanas, a *hacienda* e a *plantação*, constituem estruturas básicas da própria história da América, com suas origens nos anos iniciais da colonização. Mesmo os movimentos de independência que no início do século XIX resultaram no fim do domínio espanhol e português na América – com algumas poucas exceções, como Cuba – não foram suficientes para mudar a estrutura agrária latino-americana. Nesse sentido, as independências latino-americanas, embora representassem emancipações políticas em relação às suas antigas metrópoles, pouco fizeram para mudar o passado colonial do continente. O que foi chamado, por alguns estudiosos, muito acuradamente de *herança colonial*, manteve-se para além das independências, algumas vezes chegando até os nossos dias.

Em muitos países, deu-se, após a independência, um profundo reforço das estruturas agrárias concentradoras, como no caso da Argentina, com a pecuária, e no do Brasil e da Colômbia, com as plantações de café. No caso específico do Brasil aconteceu, simultaneamente, uma vigorosa reafirmação da grande propriedade, principalmente no Sudeste cafeeiro, acompanhada pela ampliação da escravidão negra. Assim, mesmo depois da emancipação política formal, em 1822, a economia e a sociedade brasileira guardavam notáveis características coloniais. Aqui, denominamos de colonial as estruturas sociais, como a escravidão, que, inauguradas durante o período (politicamente) colonial, perduram para depois da independência. Na maioria das vezes, tais estruturas organizam-se sob a forma de plantação: *produção voltada para o mercado externo; abundância de trabalho compulsório (no caso escravidão); baixo nível tecnológico; grande necessidade de capitais; latifúndio.* As novas elites sociais que assumem o poder com as independências rearticulam as relações externas de seus países com os grandes centros consumidores, Europa e Estados Unidos. Tais rearticulações serão as responsáveis pela inserção subordinada de seus países aos interesses dos grandes centros capitalistas em expansão. Nessas condições, à reafirmação das estruturas coloniais internas corresponderá a dependência no plano externo, transformando o conjunto da América Latina em uma área de predominância dos interesses econômicos da Inglaterra e, mais tarde, dos Estados Unidos.

Muitos falarão de uma condição *neocolonial* ou de um *colonialismo informal* unindo Inglaterra/Estados Unidos e a América Latina.

Em meados do século XIX, por quase toda a América Latina, iniciou-se uma primeira vaga de questionamentos das estruturas coloniais ainda vigentes. Sob o impacto das transformações havidas nas áreas centrais do capitalismo e, simultaneamente, do surgimento, no plano interno, de movimentos de crítica à herança colonial começam então as mudanças nas velhas estruturas sociais.

Iniciava-se a era das reformas liberais.

Na Argentina, no México, no Peru ou no Brasil tratava-se de criticar as velhas estruturas herdadas do período colonial e de propor reformas que *modernizassem* a economia e a sociedade dos países latino-americanos. Em verdade, constituía um esforço de adequar as velhas estruturas produtivas latino-americanas às novas necessidades dos mercados capitalistas em expansão. As vastas áreas agrícolas improdutivas, dominadas pelo latifúndio, porém ricas em recursos naturais, e uma vasta população – de indígenas, peões e escravos – à margem dos esquemas de consumo necessários à expansão contínua do capitalismo pareciam aos olhos dos reformistas um desperdício imperdoável.[17]

Os homens que propunham as reformas eram, em sua maioria, uma primeira geração de latino-americanos pós-independência. Grande parte havia estudado na Europa e estava familiarizada com as ideias liberais então imperantes. Tendo como exemplos a Inglaterra e os Estados Unidos, acreditavam que a pesada herança ibérica – pela primeira vez identificada com o *atraso* – deveria ser superada, para possibilitar o maior desenvolvimento possível. Desenvolvimento, nesse momento, significava impor um modo de vida em tudo semelhante ao padrão de ser e de pensar vigente na Inglaterra. Muito especialmente a escravidão foi alvo dos reformistas. A sua persistência, ao longo do século XIX, escandalizava uma série de intelectuais formados no mundo mental do liberalismo. As formas tradicionais de viver deveriam, assim, ceder lugar ao *moderno*, surgindo, então, a explicação tipicamente liberal do *atraso* latino-americano. Este seria, nessa visão, produto da colonização ibérica marcada pelo mito da preguiça, do conservadorismo

[17] Ver o importante trabalho de Gelman, Jorge. *Campesinos y estancieros*. Buenos Aires: Editorial Los Libros, 1998.

católico e da desconfiança face às técnicas de qualidades tão opostas ao dinamismo dos povos anglo-saxões. A presença de fortes contingentes multiétnicos, como indígenas e negros, só daria maior peso ao determinismo colonial. Muitas vezes o racismo pontilhava tais explicações.

A chamada Lei de Terras, de 1850, no Brasil é um bom exemplo do uso de uma legislação modernizante e reformista para a expropriação dos camponeses e indígenas. Em várias regiões de ocupação antiga, sob formas de uso tradicional da terra, o governo imperial do Rio de Janeiro faz exigências de apresentação de títulos e estabelece a compra como única forma de acesso legal à terra. Ora, para imensos contingentes iletrados da população, no mais das vezes seriamente apegados às formas tradicionais de cooperação nas fainas agrícolas, a legislação emanada do Rio de Janeiro não possui qualquer sentido. É extremamente significativa a forma como as ordens imperiais são encaradas, por exemplo, no sertão do Rio São Francisco: o pároco local responde ofício do Ministério do Império afirmando "...desconhecer qualquer senhor de terras De Voluta, posto que todas as terras são aqui ocupadas em comum". Entendemos, assim, a perplexidade das populações locais em face da exigência de se definir com clareza as áreas não ocupadas da região. Para eles, como muitos outros, a noção de terra ocupada é bastante mais ampla que a de terra com título de propriedade. Por isso é que afirmam que o "... *sollo* de toda a freguesia do Porto da Folha *he apreendido* pelas posses sem se preocuparem com títulos legais".[18]

As consequências eram, evidentemente, catastróficas. Os grandes senhores, principalmente de gado, vindos do litoral,

---

[18] Teixeira da Silva, Francisco C. *Camponeses e criadores na formação social da miséria*. Niterói: UFF (dissertação de mestrado), 1981, p. 123.

conseguiam registrar em cartório amplas áreas de terra, já que não se reconheciam as posses tradicionais e as formas de ocupação comunitárias, conseguindo em seguida, por meio de incrível violência, expropriar camponeses e indígenas.[19]

Assim, equivocadamente, embora bem-intencionados quando formulados por intelectuais de formação europeia, os grandes esforços de reforma dirigiram-se contra as formas tradicionais de organização do trabalho, como fonte única do atraso. A grande propriedade, na maioria das vezes de caráter latifundiário, permaneceria intocada, posto ser vista como potencial fonte de lucros e, ao mesmo tempo, como garantia doutro preceito do liberalismo, a propriedade. Faltavam apenas dinamismo e espírito de iniciativa ao homem latino-americano, representado tipicamente na figura do peão de *sombrero* de abas largas sentado à beira das estradas ou do mestiço ladino. Estava na base de tais asserções o mito da *pereza ibérica*, a preguiça que marcaria o trabalhador latino.

No México, a Reforma Liberal tem seu auge entre 1857 e 1859, quando foi tomada uma série de medidas visando a transformar a estrutura agrária do país. A medida básica era a dissolução de todas as formas coletivas ou corporativas de posse e uso da terra. Assim, as terras das ordens religiosas e de outras instituições da Igreja foram tomadas pelo Estado e vendidas para empresas. Milhares de peões que vivem como arrendatários da Igreja foram expulsos de suas terras. Mais grave, entretanto, foi que as medidas tomadas atingiram as comunidades de camponeses indígenas que são, então, expropriados, dando origem a um vasto proletariado agrícola e, em consequência, a um forte clima de mal-estar social. Mais tarde, por volta de

[19] Woortmann, Ellen; Woortmann, Klaas. *O trabalho da terra*. Brasília: UnB, 1997, p. 20 e ss.

1875, as leis de colonização e de terrenos baldios passam a só reconhecer a propriedade direta por meio de compra ou herança legitimada da terra. Mais uma vez centenas e centenas de trabalhadores, herdeiros da tradição multissecular dos indígenas americanos, são expulsos de suas terras por não possuírem títulos legais. Tais títulos eram impostos como norma única, oriunda da hegemonia do direito de origem ocidental, burguês e positivo, desconhecendo as tradições do campesinato indígena. Da mesma forma, as medidas que visavam estabelecer um limite máximo para a propriedade e a obrigatoriedade do seu cultivo são abandonadas em 1894, configurando claramente a vitória da grande propriedade.

No caso mexicano, os camponeses foram transformados no alvo principal da modernização da sociedade, privados dos mecanismos de defesa existentes nas sociedades tradicionais e lançados ao mercado de trabalho como proletários.

Tal situação permite entender o clima de revolta e violência que passa a dominar o campo mexicano e explica, em grande parte, a Revolução de 1910. Cerca de 40 milhões de hectares de terras, a quinta parte do território nacional, foram transferidos das mãos de camponeses para companhias mexicanas ou estrangeiras. Bosques, pastagens e reservas florestais, fundamentais para a vida camponesa, porém sem títulos legais, foram apropriadas, impossibilitando a sobrevivência das comunidades índias.

Um processo idêntico foi realizado na Bolívia pelas leis do presidente Melgarejo, em 1867. Mais de 75 mil famílias índias perderam suas terras e foram substituídas por 700 famílias de grandes proprietários, processo que prosseguiu até meados do século XX.

No Peru, em especial na província de Puno, as grandes propriedades conseguiram legalizar a apropriação dos seculares *ayllus* – a comunidade indígena de origem incaica. Por meio da expropriação dos indígenas, em especial a partir de 1876, e da ocupação das florestas, o número de grandes *haciendas* passou de 703 para 3.219, entre esta data e 1915.

Em ambos os casos, uma série de medidas contra a vadiagem e decretando obrigatoriedade do trabalho levava os indígenas a fornecerem mão de obra para as novas propriedades.

Na Colômbia, a legislação de 1850/1858 obrigou a dissolução das comunidades camponesas, ou *resguardos*, possibilitando a expansão, principalmente na Cordilheira Central, das fazendas de tabaco e de gado.

No Brasil, as grandes mudanças foram operadas em 1850, por meio de um gabinete conservador que coloca em prática um amplo projeto de modernização econômica do país, inicialmente proposto pelos liberais. Uma medida básica foi a Lei Eusébio de Queiróz, que leva ao fim do tráfico transatlântico de negros, cortando o abastecimento de mão de obra das grandes plantações de café. Ao mesmo tempo, uma lei de terras impõe, ao menos para as áreas já ocupadas, a compra como única forma de acesso à terra. Desconhecendo as formas tradicionais de posse e uso da terra, as chamadas terras de negros ou terras de indígena, aprofundam-se as possibilidades de expropriação das áreas ocupadas pelo campesinato negro, indígena ou mestiço, formado ao longo dos séculos de história colonial. Nenhum dispositivo estabelece limites à grande propriedade ou um imposto territorial, da mesma forma que a abolição gradual, que se completará em 1888, não prevê qualquer mecanismo de assentamento ou colonização agrícola para os ex-escravos.

Os governos provinciais, com São Paulo à frente, e companhias particulares iniciaram um vigoroso processo de colonização estrangeira, em especial de italianos e alemães, transferindo para o poder público o ônus financeiro do fornecimento de colonos para as fazendas de café.

Medidas similares, de libertação da grande propriedade de qualquer entrave à sua expansão, serão colocadas em prática na Argentina por Juan Rosas (1793-1877), que revoga as chamadas *Leyes de enfiteusis*, de 1822-1826, que visavam impedir a expansão latifundiária. A partir de então, e em uma série de leis sucessivas, a grande propriedade pecuarista – a chamada estância – definirá a paisagem agrária do pampa argentino. Tal legislação permitiu que, em 1903, com o sistema agrário já consolidado, cerca de 1.800 pessoas controlassem 40 milhões de hectares.[20]

Assim, ao iniciar-se o século XX, por toda a América Latina, o sistema latifundiário havia se fortalecido, muito especialmente em função das Reformas Liberais do século XIX.

A chamada herança colonial, antes de ser o produto de 500 anos de arcaísmo e atraso, como querem alguns, mostra-se claramente como fruto de um processo perverso de modernização, que reatualizou velhas estruturas, dando-lhes novo vigor.

Os movimentos revolucionários e os experimentos autoritário-reformistas, que, nas décadas de 1920 e 1930, explodem por toda a América Latina são, largamente, fruto de tal processo perverso de modernização. Em muitos casos, como no Brasil de Vargas ou na Argentina de Perón, surgiram tentativas de desmontar a hegemonia plantacionista consolidada ao longo do século XIX e início do século XX.

---

20 Chevalier, F. *Op. cit.*, p. 215.

A QUESTÃO AGRÁRIA NO BRASIL, UMA DÍVIDA NÃO RESGATADA

As Reformas Liberais, realizadas em vários países latino-americanos na segunda metade do século XIX, culminaram em dois resultados básicos: a transferência maciça de terras das comunidades indígenas e camponesas (como também da Igreja e do Estado) para as mãos de particulares, como no México ou na Bolívia; e, em consequência, o surgimento de uma ampla camada de trabalhadores rurais despossuídos e que se viam na contingência de aceitar mecanismos de vinculação à terra dos grandes latifundiários, por meio do arrendamento, endividamento etc. No caso do Brasil, as Reformas Liberais iniciadas em 1850, com a cessação do tráfico transatlântico de escravos e a tentativa de estabelecer o acesso à terra unicamente pela compra, chegaram ao seu ápice em 1888, com a abolição total da escravidão.

Na sua essência, o processo de reforma realizado no Brasil era similar aos procedimentos dos demais países latino-americanos: controle da terra por meio de mecanismos legais e despojamento dos trabalhadores rurais, processos concomitantes e complementares. As medidas tomadas para expulsar os trabalhadores das suas terras, desconhecendo qualquer forma de posse que não fosse por meio da compra, deveriam garantir um contingente de trabalhadores que substituíssem os escravos.

Os debates sobre tais pontos foram, entretanto, intensos e demonstraram a total ausência de uma proposta única e hegemônica que pudesse guiar as camadas dirigentes. Embora muitos dos latifundiários escravistas considerassem a escravidão condenada, com seus dias contados, esperavam auferir, ainda, algum lucro da sua extinção. Manter até o fim os seus escravos era uma opção política que visava uma indenização paga pelo Estado Imperial e, assim, conseguir contornar a crise decorrente do fim do escravismo. Esse era o caso, por exemplo, dos fazendeiros das áreas velhas da cafeicultura fluminense; outros preferiram, frente ao preço fantasticamente elevado que os escravos alcançaram a partir de 1880, adotar formas de organização do trabalho, com o sistema de colonato utilizando imigrantes estrangeiros, como São Paulo; outros, ainda, que já há algum tempo haviam se desfeito de seus escravos, como o Nordeste açucareiro, impuseram um sistema de açambarcamento de terras que obrigava os camponeses a transformarem-se em moradores, sob a tutela da grande propriedade; para estes últimos, nem a indenização nem o fomento à imigração desempenhavam qualquer papel.

Foi nesse contexto que se desenhou o perfil plantacionista e latifundiário da República proclamada em 1889.

Da Abolição até a reorganização conservadora da terra e do trabalho na República

Em 1888, o projeto da maioria dos fazendeiros ligados ao Estado Imperial era o soerguimento da lavoura cafeeira e a recuperação do poder e prestígio que haviam alcançado no apogeu do Império. As dúvidas e desencontros, no interior do grupo dominante, advinham quando da explicitação do melhor caminho a ser seguido. De um lado, confundindo a sobrevivência da sua classe com a sobrevivência de um modo de vida, a parcela majoritária dos fazendeiros ligados ao Vale do Paraíba fluminense e à Zona da Mata mineira exigia a indenização e mostrava-se cética quanto ao uso de trabalhadores europeus, principalmente no tocante a darem conta das tarefas desempenhadas pelos escravos; por outro lado, mostravam uma preocupação obsessiva com a ordem pública, antevendo o dia seguinte ao fim da escravidão como uma série de conflitos e incidentes entre negros e brancos.

O poder e o prestígio desse grupo junto ao Trono fazem da possibilidade de imporem ao conjunto do país uma socialização perversa dos prejuízos que os escravistas alegavam com a abolição um dado bastante concreto. Assim, os setores que já haviam realizado os ajustes necessários e investiam na modernização de suas atividades viam-se na contingência de financiar os setores mais atrasados, por meio de subsídios pagos pelo Império. A indenização era, assim, uma possibilidade bastante real, tanto a partir do Gabinete Ouro Preto, de 7 de junho de 1889, o último da monarquia, quanto dos primeiros momentos da República, o que explica a pressa de Ruy Barbosa – primeiro-ministro das finanças e abolicionista convicto – em queimar as listas de escravos do Fundo de Emancipação.

Por sua vez, para os setores em expansão desses agrários – ou seja: aqueles em que os fatores básicos de produção terra e trabalho estavam disponíveis ou com custos rentáveis –, as atividades inovadoras como a imigração, a incorporação de novas técnicas e obras de infraestrutura eram altamente atraentes.

A política de indenizações era rejeitada nacionalmente: os setores agrários nordestinos tinham, desde o início da década de 1880, perdido quase inteiramente seu exército de escravos, alimentando amplamente o tráfico interno em direção aos cafezais do Sudeste; para o Norte e o Sul do país a questão não era de relevância, enquanto São Paulo – força nacional emergente – tinha colocado em prática, por meio da substituição da mão de obra escrava por imigrantes, o projeto de transição exatamente rejeitado na velha província fluminense. Assim, o Rio de Janeiro e Minas Gerais viam-se isolados no cenário nacional e, por mais que a velha máquina estatal imperial se interessasse em indenizar seus velhos clientes, a rejeição nacional obstaculizava esse projeto.

Como alternativa ao bloqueio das indenizações e face à possibilidade de voltar-se para a República todo o setor agrário conservador, o Gabinete Ouro Preto formula o Projeto de Auxílios à Lavoura. Tratava-se de um empréstimo no valor de 86 mil contos, o equivalente à quarta parte de todo o Orçamento Imperial de 1889, levantados junto à tradicional casa de banqueiros Rothschild, em Londres. Essa fantástica soma é colocada à disposição dos setores agrários em crise, com juros garantidos pelo governo e prazo de 50 anos para os tomadores do empréstimo. O visconde de Ouro Preto, Afonso Celso de Assis Figueiredo, procurava, assim, atingir dois objetivos concomitantes: manter o apoio da velha elite agrária ao Império, evitando o crescimento da maré republicana, e reativar a economia fluminense e mineira, em contraponto ao ascenso paulista.

As medidas de salvação da monarquia vieram, entretanto, tarde.

Em grande parte, a adesão majoritária dos fazendeiros paulistas à República não se explica por terem sido contrariados com a extinção da escravidão, como querem muitos, mas por estarem sendo contrariados com a política imperial de indenização disfarçada paga à lavoura fluminense.[1]

---

[1] Para uma discussão das características da república implantada entre nós, problemática que vai além dos objetivos deste trabalho, remetemo-nos a Casalecchi, José E. *A proclamação da República*. São Paulo: Brasiliense, 1981, e ao instigante trabalho de Lessa, Renato. *A invenção republicana*. Rio de Janeiro: Vértice, 1988.

Com o advento da República, Ruy Barbosa, Ministro das Finanças, cancela os auxílios à *lavoura andrajosa* e extingue as esperanças dos escravistas em serem indenizados. Tal política de revisão, operada por Ruy, previa a criação de um Banco Hipotecário Nacional, velho anseio dos reformistas liberais, cuja função primordial seria constituir a propriedade hipotecável da terra, tendo como modelo o campo americano. Para tal, tornava-se mister a criação de um registro geral de terras, que incluísse sua extensão e benfeitorias, servindo, assim, de garantia para os empréstimos tomados pelos proprietários de terras. Daí decorria, ainda, a possibilidade de um imposto territorial.

A concepção de mundo agrário de tais liberais era marcada pela experiência de países novos e de fronteiras abertas, como os Estados Unidos, a Austrália e a Nova Zelândia. Como havia muitos espaços ainda vazios disponíveis para ocupação – a fronteira aberta –, o governo americano, por exemplo, organizara um sistema em que inúmeros bancos privados poderiam financiar as atividades agrícolas, impulsionando o progresso do país. Os bancos, é claro, exigiam garantias no caso de não serem pagos, podendo ressarcir-se dos prejuízos por meio do leilão das terras dos inadimplentes. Daí o sistema de hipotecas: um empréstimo garantido pela propriedade do tomador. Ora, no Brasil – e isso desde o século XVII –, os latifundiários haviam conseguido arrancar dos sucessivos governos o compromisso de que as terras não seriam utilizadas para o pagamento de dívidas; mesmo quando tal era permitido, uma série de medidas era tomada para garantir que a penhora recairia nos frutos – colheitas, animais etc. – e nunca nas terras.

Tal proposta representava, em verdade, uma ruptura radical com o passado agrário brasileiro: a rejeição dos interesses fundiários como hegemônicos, a intangibilidade da propriedade fundiária e a subalternização do capital (representado, no caso, pelos bancos). O modelo assim montado de desenvolvimento agrário nos Estados Unidos seria denominado *via farmer* (de *farmer*, significando em inglês agricultor familiar, pequeno fazendeiro), em oposição a um outro caminho de desenvolvimento agrário dominado pela grande propriedade e seu proprietário enobrecido, a denominada *via prussiana* (de Prússia, região alemã de agricultura comercial, voltada para a exportação e dominada por grandes proprietários). No primeiro caso, a *via farmer*, que os liberais propunham para o Brasil, a terra seria totalmente mercantilizada pelo capital que lhe atribuiria um preço (e não um valor: valor seria próprio das mercadorias produzidas pelo trabalho humano; ora, a terra não é produzida, logo não é mercadoria). Assim, a terra entraria definitivamente na esfera de circulação do capital e seu preço seria conferido de acordo com procedimentos econômicos explícitos, como os mecanismos de renda diferencial da terra, renda de situação, além, é claro, das benfeitorias e demais bens disponíveis sobre ela. Tais transformações representariam, de um só golpe, uma verdadeira revolução: o capital e seus proprietários assumiriam o controle da economia e os aspectos decorrentes de prestígio da posse da terra seriam nivelados pelo processo econômico, com a eficiência e a produtividade estabelecendo critérios de hierarquização.

Para homens que viam na terra, para além do seu óbvio valor econômico, um padrão de vida marcado pelo mandonismo e o prestígio social, a transformação em meros agentes econômicos, à mercê de um mercado de risco, era insuportável. Mesmo os setores mais avançados, como os de São Paulo, não estavam preparados para expandir o processo de modernização de suas lavouras além da incorporação de técnicas mais modernas e da substituição da mão de obra escrava por um sistema de colonato (ademais, absolutamente não assalariado). Dessa forma, a desamortização das terras, *sua colocação no mercado enquanto equivalente de mercadoria* e a constituição de um cadastro geral de terras, que possibilitaria a sua taxação, eram avanços considerados insuportáveis sobre a hegemonia plantacionista.

O novo regime havia sido implantado graças a uma ampla aliança entre os setores agrários novos, em especial a cafeicultura de São Paulo, os grupos urbanos emergentes (particularmente funcionários públicos, militares, intelectuais de serviço, como jornalistas e professores) e os grupos dominantes não diretamente envolvidos com o poder, como as oligarquias agrárias do Sul do país (historicamente republicanas). A estabilidade e a consolidação da República dependiam, assim, largamente do comportamento dos grupos urbanos, uma massa pouco definida e que nas condições então existentes fazia as vezes de uma opinião pública e garantia de manutenção de uma certa solidariedade com os grupos agrários mais avançados, tudo em oposição aos latifundiários escravistas (ainda esperançosos de que a República pagasse pelos escravos perdidos). Ruy Barbosa, Quintino Bocaiuva e Benjamin Constant, em vertentes políticas diferentes, disputavam a liderança dos setores urbanos, enquanto Prudente de Morais, Campos Sales e Joaquim Murtinho representavam os setores novos da cafeicultura. Os militares, com o monopólio da violência, conseguiam – principalmente com o radicalismo jacobino de Floriano Peixoto – derrotar toda a resistência à nova ordem, cedendo em seguida espaço ao pessoal político do plantacionismo. O risco de guerra civil, de rompimento da nova ordem republicana, concorreu para a retirada de cena dos militares, com Floriano, e para o eclipse da participação urbana na política da República.[2]

---

[2] Ver Penna, Lincoln de Abreu. *O progresso da ordem*. Rio de Janeiro: Sette Letras, 1997.

Ora, os primeiros dias da República abriram um certo vácuo político no qual os setores urbanos e reformistas mais avançados pensaram poder progredir. Foi aí que se desenvolveu o projeto de Ruy Barbosa de mobilizar a propriedade fundiária, implantando um novo padrão, a *via farmer*, de desenvolvimento agrário, ao lado do incentivo à industrialização (resultante no Encilhamento) e do fomento da imigração, como resposta às necessidades de mão de obra.

Era um projeto modernizante, de rompimento com o passado colonial.

Tal projeto teve o mérito, discutível, de reunificar todas as posições existentes no interior do bloco agrário, levando os setores mais atrasados a abandonar de vez a pretensão à indenização e a se colocar sob a direção dos setores novos e mais dinâmicos da agricultura. O risco de desamortizar, colocar no mercado, as terras e criar um cadastro geral, base para um imposto territorial, leva ao rompimento com Ruy Barbosa e à sua exoneração e inicia um processo de isolamento das camadas urbanas, em especial após o governo Floriano Peixoto, com seu rompimento definitivo com a presidência Prudente de Morais.

Contra o projeto modernizante da estrutura agrária brasileira surgia uma nova proposta dos setores agrários: crédito fácil, redução dos impostos de exportação, estabilidade financeira e cambial ao lado de obras de infraestrutura (viabilizadas pelo capital financeiro multinacional), principalmente em portos e ferrovias. De forma obsessiva, os novos senhores da República irão se lançar em um amplo projeto de estabilização do preço do café, numa vastíssima operação de defesa de seus interesses econômicos. Caberá aos estados federados, em especial São Paulo, Minas Gerais e Rio de Janeiro, a formulação de uma política capaz de, em comum acordo com o grande capital internacional, garantir o preço de seu principal produto: o café. Daí o Convênio de Taubaté, de 1906, reunindo os estados de São Paulo, Rio de Janeiro e Minas Gerais. Homens como Joaquim Murtinho e Pandiá Calógeras substituirão Ruy Barbosa na realização da política plantacionista de estabilização republicana.

Os itens mais avançados da pauta abolicionista e republicana, como a mobilização e tributação da propriedade fundiária, um vigoroso programa de incorporação dos negros à nação, por meio do sistema de ensino e da distribuição de lotes de terras, bem como o desenvolvimento industrial, eram abandonados pelas elites vitoriosas. Para estas, a intangibilidade da propriedade fundiária substituía a escravidão como base de um verdadeiro programa de vida.

Entre 1885-1888, quando se discutia a abolição, inúmeros deputados acusavam os abolicionistas de comunistas. Agora, comunistas eram aqueles que propunham uma reforma fundiária.

A intangibilidade da propriedade representava nesse momento duas coisas: não ao imposto territorial e a qualquer cadastro que o viabilizasse e não a qualquer programa de distribuição de terras para libertos, pobres ou imigrantes. O fechamento do acesso dos pobres à terra era a garantia fundamental da hegemonia plantacionista. A desigualdade da propriedade deveria ser a base para a pretensa igualdade política apregoada na constituição da República.

Não só o novo regime não dava qualquer passo em direção à liquidação do passado colonial, com sua fileira de injustiças, como ainda acumulava novas injustiças. Os 723.419 escravos existentes em 1888 não foram objeto de qualquer ação (aí sim, cabível) de indenização, seja direta (como em dinheiro), seja indireta (como a doação de um lote de terras). A lei dita áurea era um passo atrás no debate político liderado por Rodolfo Dantas ou Ruy Barbosa, onde se previa a doação de terras aos ex-escravos. Da mesma forma que milhares de camponeses, sertanejos, matutos, tabaréus etc. nem mesmo entenderam o que se passava com a derrubada do velho imperador. Uma leitura atenta da Constituição de 1891, a primeira da República, nos permite perceber a oficialização de uma cidadania seletiva, excludente, voltada para uma elite, com uma clara separação entre *cidadãos ativos*, aptos ao exercício dos direitos civis e políticos, e *cidadãos passivos*, que só possuiriam direitos civis, o que privava a maior parte da população de participar da vida política do país.[3] Em 1894, no momento da consolidação da República, apenas 2,2% da população total possuía direito de voto, enquanto no Império, até a reforma eleitoral de 1884, 13% exercia esse direito.

Explica-se, assim, a consternação de um republicano histórico, como Aristides Lobo, ao constatar que o povo assistia bestializado ao proclamar da República:

> Eu quisera dar a esta data a denominação seguinte: 15 de novembro do primeiro ano da República; mas não posso, infelizmente, fazê-lo. O que se fez é um degrau, talvez nem tanto, para o advento da grande era [...]. O povo assistiu àquilo bestializado, atônito, surpreso, sem conhecer o que significava. Muitos acreditavam sinceramente estar vendo uma parada.[4]

A República, que surgira sem povo, ia aos poucos se desfazendo dos ideais republicanos.

As bases do conservadorismo agrário republicano: o controle da terra

A primeira década da República foi marcada por uma atuação praticamente nula do poder federal em relação à Questão

---

[3] Ver Carvalho, José Murilo. *A construção da ordem*. Rio de Janeiro: Campus, 1980.

[4] Aristides Lobo, 16/11/1889.

Agrária, com notável ausência de iniciativas, após a revogação das medidas iniciadas por Ruy Barbosa.

Nesses dez anos iniciais é, entretanto, notável a abundância da legislação sobre os bens patrimoniais do Império, sua alienabilidade ou transferência para o patrimônio municipal, estadual, federal ou de particulares. Terras sob controle do Estado Imperial eram, então, alvos principais dos interessados em apoderar-se desses bens. Não podemos afirmar, entretanto, a inexistência de uma política de terras na República Velha. Se houvera uma total omissão no tocante à incorporação dos ex-escravos à vida nacional, o mesmo fator não se dava com relação à terra. Deu-se uma intensa atividade voltada para a transferência de patrimônio fundiário da União para os estados e para os particulares, legitimando toda espécie de apossamento feita pelos grandes proprietários depois de 1850, num processo bastante semelhante ao operado pelos liberais no México. É nesse sentido que podemos afirmar que a República Velha foi um dos momentos de pico da formação dos grandes latifúndios no país a partir do patrimônio público.[5]

O ponto de partida de tal processo é a própria Constituição Federal de 1891 que, em seu artigo 64, garantia a transferência das terras públicas para o patrimônio dos estados da federação, dando-lhes a prerrogativa de legislar sobre o tema. Assim, abria-se ao poder local, oligárquico e coronelista a possibilidade de legitimar suas ações de açambarcamento fundiário. Originava-se, dessa forma, mais uma corrida em direção à formação de amplos domínios fundiários no país, reafirmando-se a ordem latifundiária.

[5] Osório da Silva, Lígia. A apropriação territorial na Primeira República, *História & Perspectivas*, Uberlândia, 10, jan./jun. 1994, p. 7-18.

Não era apenas a Constituição que reforçava o plantacionismo. A "Lei que Orça a Receita Geral da República", de 1891, inaugura uma série de dispositivos repetidos em quase todas as leis orçamentárias posteriores visando a regular a situação dos arrendatários – em verdade grandes proprietários – das terras públicas. Esses grandes fazendeiros, que haviam ocupado terras públicas sem qualquer mecanismo de legitimação ou pagamento, procuravam, com a mudança de regime, legalizar a sua situação.

A Lei n. 25 autoriza a permanência dos arrendatários nas terras ocupadas, anunciando uma legislação geral sobre o tema. Já no orçamento de 1900 dão-se, pela primeira vez, detalhes para o tratamento da situação das terras públicas. No artigo 3º, o governo é autorizado a vender ou arrendar maiores porções do território nacional, o que viabiliza os interesses dos grandes proprietários em ampliar seus domínios.

Devemos destacar a forma absolutamente estranha de o governo republicano legislar sobre as terras do país: em vez de propor um debate parlamentar em torno de um projeto de lei referente ao tema, embute no orçamento da República medidas referentes ao pagamento da venda ou arrendamento de terras, impossibilitando um debate nacional sobre a Questão Agrária. Incorporar as medidas desejadas pelos fazendeiros na lei do Orçamento da União era um expediente típico de ocultação e da opacidade da política republicana em relação ao povo. Mal estava enterrado o projeto radical dos primeiros momentos da República, era importante não promover qualquer debate político sobre o tema e sua regulamentação.

A política geral da República é, nesse sentido, extremamente conservadora e legitima a arbitrariedade dos grandes fazendeiros na apropriação de terras e confirma à Igreja e ordens religiosas a posse de suas propriedades. Ao contrário do México ao longo da época das Reformas Liberais, na segunda metade do século XIX, ou da França no estabelecimento da Terceira República, depois de 1871, a República do Brasil confirma as desigualdades herdadas do Império.

A Lei do Orçamento da União, de 1901, consagra a posse de terras por ordens religiosas – que Rodolfo Dantas, em 1887, propusera doar aos ex-escravos – e a posse pelos fazendeiros de todas as terras arrendadas desde 1889. Ao mesmo tempo, estabelece as condições para o aforamento de terras em caráter perpétuo – uma virtual doação –, com um foro anual de 1/40 do valor do terreno. Entretanto, não estabelece os mecanismos de cobrança, de punição em caso de inadimplência ou um limite para a extensão das terras públicas arrendadas, medidas básicas tomadas, por exemplo, na Argentina e nos Estados Unidos, ao longo do século XIX.

A política fundiária praticada pelos estados federados caracterizava-se por acentuar, ainda mais, a ampla distribuição de terras feita pela União. Os estados da Bahia, de Minas Gerais, do Pará, de Santa Catarina ou do Ceará procuraram, de 1891 até praticamente o fim da República Velha, legitimar as grandes posses existentes e prorrogavam sucessivamente os prazos para novas legitimações. Podemos afirmar que a República invertia o caráter da legislação agrária e do debate que a precedera, legitimando o apossamento de amplas extensões de terra. Foi este processo que Lígia Osório denominou de liberalismo agrário, marcando a coerência doutrinária da República Velha tanto na sua política econômica quanto na sua política fundiária.

Acentuava-se o caráter plantacionista e latifundiário da República recém-instalada.

No que toca à União, as medidas anteriormente descritas, estabelecidas por meio de legislação indireta (não era uma lei direcionada para a democratização da estrutura fundiária e, sim, para a execução do Orçamento da União), constituíam a primeira legislação nacional sobre o acesso e posse da terra e, na prática, revogava a Lei de Terras, de n. 601, de 1850. Enquanto esta estabelecia que só por meio da compra dava-se o acesso à terra, a Lei de 1900 abria outras formas de acesso, como o arrendamento, reconhecia as posses feitas à revelia da Lei de 1850 e consagrava todos os atos contrários realizados desde então.

É interessante notar, ainda, que boa parte da legislação consagradora do domínio plantacionista seja de autoria de Campo Sales, por meio do seu ministro Joaquim Murtinho, senhor de poderoso clã oligárquico do Mato Grosso, responsável por um clima de extrema violência e mandonismo local e, ao mesmo tempo, o gênio da estabilização cambial e financeira da economia.

Assim, a pauta de reivindicações dos setores agrários parecia amplamente contemplada.

Passados os primeiros ímpetos reformistas que acompanharam a Proclamação da República, em especial de conteúdo positivista e jacobinista, deu-se um notável esgotamento do liberalismo histórico brasileiro. Mais de um século de uma agenda reformista parecia ter-se cumprido em sua maior parte, em especial com o fim do trabalho escravo e a instalação da República, inclusive reunificando liberais monarquistas e republicanos, ambos antiescravistas. Assim, a república dos plantadores, baseada no latifúndio e em novas formas de trabalho compulsório e livre, surgia como o coroamento de lutas iniciadas pelo liberalismo brasileiro na época da crise do antigo sistema colonial.[6]

Ao contrário de países como o México, a Argentina ou a Bolívia, onde a república viu-se a braços com amplos movimentos reformistas, e mesmo revolucionários, a República no Brasil

---

[6] Linhares, M. Yedda e Teixeira da Silva, Francisco Carlos. *História da agricultura brasileira*. São Paulo: Brasiliense, 1981, p. 26 e ss.

apresentava uma notável hegemonia dos setores conservadores, com o total afastamento – em especial depois de Floriano Peixoto – de toda veleidade reformista.

Dá-se, assim, uma perfeita conjunção do ideário liberal com as condições preconizadas pelo conservadorismo tradicional brasileiro na consolidação de uma ordem agrário-conservadora. Os pressupostos clássicos do liberalismo – constitucionalismo, representação, divisão de poderes, alternância política e inclusive o federalismo – são formalmente adotados. Entretanto, reforça-se a dominação sobre os grupos sociais subordinados e consolidam-se os instrumentos de exploração da grande massa de trabalhadores, dominantemente agrários, do país. A federação e a representação local são relidas pela elite política brasileira em sentido regressista, capaz de sustentar por quase 40 anos, até 1930, um eficiente pacto de governação oligárquico, estritamente conservador, expresso na política dos governadores e no coronelismo local.[7]

Quaisquer tentativas de escapar à dominação agrário-conservadora instalada pela República serão, como veremos, sufocadas na violência estatal.

O esgotamento do reformismo liberal brasileiro, bem como o estabelecimento de uma hegemonia agrário-conservadora, gerará, por sua vez, um pensamento reativo – para retomarmos uma expressão de Karl Mannheim – por sua vez antiliberal e anticonservador. Voltada para as exigências imediatas de modernização do país, inclusive e principalmente de sua sustentação básica, a agricultura mostrará o caráter superficial das instituições brasileiras, o inautêntico do liberalismo e do conservadorismo nos trópicos e a incapacidade tanto da

---

[7] Lessa, Renato. *A invenção republicana*. Rio de Janeiro: IUPERJ/Vértice, 1988, p. 99 e ss.

monarquia de papo de tucano quanto da república de fraque e cartola em transformar o país.

Surgia, aí, o pensamento autoritário.

Publicistas, escritores, poetas, jornalistas ou médicos, a exemplo de Alberto Torres, Olavo Bilac, Oliveira Vianna, Belisário Pena ou Juliano Moreira, procurarão reinterpretar a realidade brasileira, propondo projetos alternativos para o país. Um traço comum perpassará a multiplicidade de projetos e a diversidade de diagnósticos dos males do Brasil: o caráter profundamente inautêntico das instituições nacionais. Residirá aí a revisão dos conceitos básicos produzidos pelo liberalismo brasileiro e os lugares-comuns do conservadorismo agrário, em especial as visões derivadas das escolas de direito, principalmente a do Recife, e de medicina, tanto de Salvador quanto do Rio de Janeiro.[8]

O surgimento de um pensamento autoritário, reformista e modernizante mostrará, a partir da conjuntura da Primeira Grande Guerra, a retomada simultânea do ímpeto transformador no universo intelectual e político brasileiro e uma profunda atualização intelectual e, talvez pela primeira vez entre nós, de um processamento mais autêntico de ideias. Em vez da cópia liberal ou conservadora, surgirá uma produção intelectual voltada para o país e bem mais autônoma, muitas vezes decorrente de experimentações, de idas "ao sertão" – a presença *sociológica* de Euclides da Cunha será insuperável para essa geração – e de busca de um caráter "nacional" ou de uma contribuição brasileira à civilização mundial.[9]

---

[8] Cancelli, Elizabeth. "Criminosos e não criminosos na História". Em: *Textos de história*. Brasília, n. 1, 1995, p. 53-82.

[9] Buarque de Hollanda, Sérgio. *Raízes do Brasil*. Rio de Janeiro: José Olympio, 1976, p. 41 e ss.

O velho pensamento conservador, fortemente marcado pelo racismo – para o qual a presença do negro explicava o atraso da sociedade brasileira, como aparecia na maior parte dos estudos brasileiros de direito – entra em crise ao longo da última década do século XIX e das duas primeiras do século XX. Isso se dá face aos novos ensinamentos da escola positiva (ligada a nomes como Cesare Lombroso, Enrico Ferri e Raffaele Garofalo) que, para efeitos de pena, no lugar do castigo ao crime, propunha a defesa social preventiva ou repressiva ao criminoso.[10]

A maior parte da literatura, seguindo particularmente uma leitura linear de Michel Foucault, explica a irrupção de tais preocupações com a repressão, a punição e o controle social como *derivados da implantação de uma ordem burguesa*. Sinceramente, temos sérias dúvidas.[11] Em primeiro lugar, tem-se a nítida impressão, vagamente weberiana, de que uma ética do trabalho e a denúncia de vadiagem sejam elementos exclusivos da mentalidade burguesa (e mesmo de uma ética capitalista); em segundo lugar, desconhece-se que a racionalidade dos sistemas baseados em formas compulsórias de organização do trabalho impuseram fortes mecanis-

---

[10] Cancelli, Elizabeth. *Op. cit.*, p. 65.

[11] Já existe hoje uma vasta literatura sobre o tema, embora desigual e com quadros teóricos diversos. Ver entre outros: Berenice Brandão *et al. A polícia e a força policial no Rio de Janeiro*. Rio de Janeiro: PUC, 1981; Marcos Luiz Bretas. *A Guerra das ruas*. Rio de Janeiro: Arquivo Nacional, 1997; Sidney Chaloub. *Trabalho, lar e botequim*. São Paulo: Brasiliense, 1986; Mozart Linhares da Silva. *Do Império da lei às grades da cidade*. Porto Alegre: EpipucRS, 1997; Martha Esteves. *Meninas perdidas*. Rio de Janeiro: Paz e Terra, 1989; Boris Fausto. *Crime e cotidiano*: a criminalidade em São Paulo (1880-1924). São Paulo: Brasiliense, 1984; Maria Clementina Pereira da Cunha. *O espelho do mundo:* Juquery, a história de um asilo. São Paulo: Paz e Terra, 1986; Elizabeth Cancelli. *O mundo da violência*: a polícia da Era Vargas. Brasília: UnB, 1993; Lilia Schwartz. *O espetáculo das raças*. São Paulo: Companhia das Letras, 1993.

mos de controle, obrigando ao trabalho e denunciando as lógicas adversas como *pereza* ou vadiagem. Nesse sentido, mesmo sem ser ainda burguesa, no seu sentido capitalista, a ordem agrário-conservadora pós-abolição precisava claramente impor o elogio do mundo do trabalho e erguer sistemas repressivos eficientes.[12]

Cabia, ainda, avançar sobre o controle do trabalho.

A domesticação do bugre: o disciplinamento do trabalho

A emancipação sem indenização dos escravistas não gerara o caos social e a subversão da ordem, conforme vaticinaram os elementos mais conservadores do setor agrário. Mas a libertação possibilitara grande liberdade de movimentos para os trabalhadores. Devemos destacar trabalhos recentes que mostram a ampla movimentação, desde tempos coloniais, dos trabalhadores, criando várias vezes dificuldades para o latifúndio, ansioso por concentrar trabalho sob seu controle. A busca de melhores colocações e o abandono de áreas por demais vinculadas à antiga mentalidade escravocrata, por um lado; a fuga frente a adversidades naturais, como a seca, potencializadas pelo monopólio da terra, por outro, ameaçavam o latifúndio com a falta de mão de obra. As reclamações quanto à falta de trabalhadores, tão comuns nos documentos oficiosos do plantacionismo, revelam, em verdade, a busca frenética por uma completa sujeição do trabalhador rural ao latifundiário.

Um poeta, melhor do que ninguém, deu conta desse formigamento de gente ao longo de nossa história:

---

[12] Ver Karl Polanyi. *Economie primitive, arcaiche e moderne*. Turim, Einaudi, 1980, p. 38 e ss.

O meu pai era paulista
Meu avô, pernambucano
O meu bisavô, mineiro
Meu tataravô, baiano.[13]

As secas também promoveram amplos remanejamentos populacionais, com forte impacto sobre o latifúndio. Ao longo das grandes secas do fim do século XIX, cerca de 120 mil cearenses procuram abandonar o seu estado: somente 55 mil conseguem, enquanto muitos milhares – algo em torno de 57 mil pessoas – morrem nas estradas ou abandonadas nos subúrbios de Fortaleza. Até 1900, outros 300 mil dirigem-se para a Amazônia, então vivendo a expansão do extrativismo da borracha, e nesse mesmo ano, cerca de 40 mil pessoas, em sua maioria homens, abandonam o Ceará. São vaqueiros, moradores, arrendatários e pequenos camponeses, todos acossados pela fome, impossibilitados de ter acesso aos últimos olhos d'água.[14]

Na seca de 1915, imortalizada na literatura brasileira, outros milhares fizeram-se à estrada e, aí, a maioria morreria. Outros tantos, cerca de 40 mil, saem pelo porto de Fortaleza; 8.500 dirigem-se para a miragem do sul, enquanto 30 mil voltam-se para as terras sempre verdes da Amazônia:

Um dia disse ao meu pai
eu vou viajar no mundo
só volto pra nossa casa
quando conhecê-lo a fundo
é melhor de que eu está aqui
feito um vagabundo.[15]

---

[13] Chico Buarque, *Paratodos.*

[14] Facó, Rui. *Cangaceiros e fanáticos.* Rio de Janeiro: Civilização Brasileira, 1976.

[15] Cordel Zé do Brejo, *O Caipora.*

Mobilidade geográfica e rigidez social, adversidades naturais e injustiças sociais compunham um quadro propício para inflamar as imaginações, ruminar murmurações e acalentar revoltas. Uma grande massa flutuante de gente desvairada e desenraizada tendia a promover movimentos de desconfiança ou de rebeldia aberta contra a ordem plantacionista. Contra a fome e a miséria, a massa de sertanejos, matutos, caipiras ou tabaréus – em suma, o campesinato brasileiro – tendia a reagir sob duas formas: com "a formação de grupos de cangaceiros que lutam de armas nas mãos, assaltando fazendas, saqueando comboios e armazéns de víveres nas cidades e vilas" ou com "a formação de seitas de místicos – os fanáticos – em torno de um beato ou conselheiro, para implorar dádivas aos céus e remir os pecados, que seriam as causas de sua desgraça".[16]

O imaginário popular, camponês, preenche-se de expressões e crenças numa libertação futura, num reino de prosperidade e paz, trazido por profetas e santos, que muitas vezes lutam e revoltam-se contra o latifúndio (como no Contestado, em 1912-1916, ou em Canudos, a partir de 1896-1897, como veremos mais à frente) ou, outras vezes, domesticam a revolta, adocicam a exploração e unem-se ao latifúndio (como o padre Cícero Romão Batista, no mesmo sofrido Ceará).

De qualquer forma, a literatura popular, o cordel e a canção encarregaram-se de espalhar por todo o Brasil a dor de retirantes e flagelados:

> Quando a lama virou pedra
> E mandacaru secou
> Quando ribaçã de sede
> Bateu asas e vuou
> Eu entonce vim'embora

[16] *Ibid.*, p. 29.

Carregando a minha dor.
Hoje eu mando um abraço
Para ti pequenina
Paraíba masculina
Muié macho, sim senhor.[17]

Ao mesmo tempo, a chegada maciça de imigrantes amedrontava os setores agrários, que temiam o caráter altivo dos recém-chegados e sentiam a necessidade de maior controle sobre a força de trabalho. Assim, ao absoluto liberalismo social, com a limitação de qualquer forma de organização do trabalho, correspondia o uso da força pública, a polícia, sempre que necessário.

É nesse contexto que, com Olavo Bilac, inicia-se um forte movimento das elites fluminenses e paulistas em favor da instituição do serviço militar obrigatório. A campanha inicial de Bilac dera origem à Lei do Serviço Militar, de 1908. Entretanto, por completa falta de interesse do próprio exército, jamais fora implantada. Assim, visando a sua implantação, são criadas a Liga de Defesa Nacional e a Campanha do Serviço Militar, que promovem comícios e banquetes públicos com o objetivo arregimentar apoios.

Suas metas são diretas e simples, conforme o discurso de Bilac aos estudantes de Direito de São Paulo, em 9 de outubro de 1915:

> [...] lembrai-vos que, se a escravidão foi um crime hediondo, não foi menos estúpido o crime praticado pela imprevidência e pela incapacidade dos legisladores, dando aos escravizados apenas a liberdade, sem lhes dar o ensino, o carinho, o amparo, a organização do trabalho, a habilitação material e moral para o exercício da dignidade cívica.[18]

---

[17] Luiz Gonzaga/Humberto Teixeira, *Paraíba*, 1950.

[18] Bilac, Olavo. "Em marcha!" *Obra reunida*. Rio de Janeiro: Nova Aguilar, 1996, p. 912.

É notável como entre as grandes ausências enumeradas por Bilac, como injustiças cometidas contra os ex-escravos, não constava a questão da terra, como mesmo os liberais avançados haviam posto em 1887-1888. Na expectativa de angariar apoio nas classes dirigentes do país, fortemente vinculadas ao plantacionismo, não faz qualquer alusão a uma indenização concreta aos ex-escravos. Já em seus traços fundamentais, a visão do homem comum brasileiro, por parte de Bilac, apresentava as características mais gerais do pensamento autoritário e modernizante em expansão na República Velha. Caberia, em suma, ao Exército realizar, nos seus quartéis, a iniciação da cidadania dos ex-escravos, dos homens pobres, dos matutos e sertanejos, moldando-os para o sistema de trabalho desejado pelo plantacionismo. É ainda Bilac quem nos fala da paisagem atrasada e modorrenta do interior, de um país *caduco antes da velhice*:

> [...] as mais humildes camadas populares, mantidas na mais bruta ignorância, mostram só inércia [...] apatia, superstição, absoluta privação de consciência. Nos rudes sertões, os homens não são brasileiros, nem ao menos são verdadeiros homens.[19]

A bem da verdade, o que Bilac queria dizer é que *não eram homens para o trabalho nas plantações*. Com um modo de vida em que a intensificação da jornada de trabalho, a extenuação e a autoexploração – como na escravidão – não eram práticas rotineiras: *trabalhava-se para viver e negava-se a viver para o trabalho*, posto que as exigências da exploração latifundista eram estranhas a esses caipiras e sertanejos. O que se quer, nesse momento, é maior disciplina no trabalho, bem como sua intensificação. Quando matutos e cabras se recusam, surge a acusação de serem *bugres, indolentes, preguiçosos, doentes, amarelos*, em suma, as características do *Jeca Tatu*, sem vontade

[19] *Ibid.*, p. 912-923.

de progredir na vida. Particularmente o campo, o *Brasilzão dos sertões e grotões*, era visto como um espaço da doença e para alguns, principalmente os higienistas da Velha República, como um espaço ansiando pela cura. Belisário Penna, médico conservador, chegara a afirmar:

> Botina, meus senhores! Abaixo os remédios caseiros e as receitas de comadres, as garrafadas, as coajinguvas, os cozimentos e as pevides de abóbora. Necatorina, meus amigos! Necatorina e só Necatorina. Necatorina Merck, cápsulas gelatinosas de tetracloreto de carbono puríssimo, fabricados por Merck, nos laboratórios de Darmstadt, na Alemanha, representados no Brasil exclusivamente por Daudt, Oliveira & Cia. E, sobretudo, latrina, sempre latrina, só latrina, minhas excelentíssimas senhoras.[20]

Embora possa parecer uma peça teatral do modernismo, ou mesmo da literatura cômica, é um diagnóstico real dos males do Brasil, feito por um cientista considerado dos mais sérios: botina, necatorina e latrina – a receita para os males do Brasil.

Ao contrário do pensamento liberal, dominante no Império e ainda hegemônico na República Velha, via-se agora – e aí reside em grande parte a originalidade do pensamento autoritário no Brasil – um total descompasso entre as instituições brasileiras e a realidade do povo. O Império, com sua fantasia britânica, e a República, de fraque e cartola, constituíam um verniz inautêntico recobrindo um país real doente, pobre e enfraquecido. Para dar consistência, autenticidade, à vida nacional e às suas instituições, era necessário incorporar as grandes massas de marginais ao processo produtivo nacional.

Assim, o chamado elemento nacional, principalmente o campesinato brasileiro – sob as diversas denominações então

[20] Penna, Belisário. Saneamento do Brasil. Rio de Janeiro: *Revista dos Tribunais*, 1918, p. 13. Ver Miranda de Sá, D. "Razão clínica e progresso da nação. A construção do ethos higienista no Rio de janeiro", IFCS/UFRJ, 1995.

em voga –, não vinculado à lógica da plantação exportadora, deveria ser chamado a desempenhar um papel no processo econômico nacional. Somavam-se, ainda, a ex-escravos e ao elemento nacional, o forte contingente de imigrantes, como temia Olavo Bilac:

> [...] os imigrantes europeus mantêm aqui a sua língua e os seus costumes. Outros idiomas e outras tradições deitam raízes, fixam-se na terra, viçam, prosperam. E nossa língua fenece, o passado apaga-se. As cidades, por sua vez, estão cheias de ociosos descalços, maltrapilhos, inimigos da carta de 'abc' e do banho – animais brutos, que de homens têm apenas a aparência e a maldade.

Longe do forte viés racista, dominante para a maioria dos políticos do Império e mesmo sob a República, Bilac e outros autoritários como Alberto Torres não viam no imigrante estrangeiro, de olhos azuis e cabelos louros, a regeneração do país. Com um avanço notável sobre a antropologia posterior, verão com clareza que, sem o apoio e a ação estatal, a grande parte dos imigrantes rapidamente se *caboclizava*, assumia os ares dos miseráveis nacionais e pouco contribuía para a riqueza nacional. Só onde havia uma pronta ação do Estado, com a distribuição de terras e a abertura de estradas, os núcleos coloniais podiam avançar. Nesse sentido, Bilac, Alberto Torres e Euclides da Cunha colocavam-se claramente no campo daqueles que elogiavam a resistência, tenacidade e esperteza do homem brasileiro, em nada inferior ao europeu. Residia nas instituições, e não na raça, a origem das misérias nacionais.

A originalidade das propostas autoritárias e modernizantes que começam a romper com a hegemonia liberal sobre a República deve ser, ainda, vista sob um outro ângulo: desde 1888-1891, a Inglaterra havia avançado sobre os territórios africanos, ocupando inclusive velhos países soberanos, como o Egito; a Guerra dos Bôeres destrói as repúblicas autônomas da África do Sul; entre

1904 e 1905, a França organiza e consolida seu controle sobre a África Equatorial, enquanto, entre 1906 e 1911, disputa com a Alemanha a supremacia no Mediterrâneo; já os Estados Unidos, desde a Guerra Hispano-Americana, de 1898, vinha desenvolvendo uma ativa política imperialista nas Antilhas e América Central, chegando no início da década de 1910 a ameaçar a Colômbia (perda do Panamá em 1901) e a Venezuela (1902). É nesse sentido que políticos e publicistas brasileiros viam com apreensão as condições nacionais de sobrevivência num mundo disputado por imperialismos rivais. Já na época do Império deram-se algumas advertências claras, como a de Sílvio Romero (1851-1914), contra a ação das casas comissárias importadoras de café. A atuação dos capitais americanos, e seu interesse em impedir a unificação ao Brasil, levantaram a indignação contra os ianques.[21] Nomes de realce no cenário nacional, todos bem informados das condições internacionais, como Eduardo Prado, Barbosa Lima e Júlio de Mesquita, advertiram para a fragilidade do Estado Nacional Brasileiro. A campanha de Bilac em prol de um exército nacional inscreve-se em tal contexto. Porém, não só isso. Para esses publicistas, homens doentes e fracos, totalmente ausentes do processo de produção nacional, jamais seriam bons soldados.

O banho, a latrina e o pé calçado passam a ser símbolos da civilização; e sua negação, em especial na cidade, o conteúdo de barbárie do homem brasileiro. A necessidade de jovens fortes e saudáveis, em especial vindos do campo – o eterno celeiro de soldados – era a base para as reformas necessárias. Assim, se deveria superar a herança liberal, baseada numa marginalização do homem comum da vida nacional (lembremo-nos que, no auge da necessidade bélica frente ao Paraguai, o Impé-

---

[21] Carone, E. *A República Velha*. São Paulo: Difel, 1973, p. 170.

rio mobilizou a população escrava do país). Não esqueçamos, também, como sob a escravidão tais questões foram reguladas em sentido exatamente contrário: os escravos eram obrigados a andar descalços, e banhos e higiene pessoal eram fortemente controlados.

O que se propunha para todos estes segmentos perigosos ou inúteis para a ordem agrário-conservadora?

> [...] a caserna seria a salvação. A caserna é um filtro admirável, em que os homens se depuram e apuram: dela sairiam conscientes, dignos brasileiros... esses infelizes sem consciência que constituem a massa amorfa e triste da nossa multidão.[22]

Era necessário, assim, envolver no processo econômico geral todos esses segmentos, por meio da vida nos quartéis, para evitar a existência de *uma terra opulenta em que muitos morrem de fome.* Se o diagnóstico era, grosso modo, correto (a generalização da miséria e da anomia), os instrumentos de mudança, autoritários (ou seja, impostos sem qualquer diálogo com os interessados), previam a penalização da vítima da pobreza e, ao fim, a consagração da ordem injusta e desigual. Nenhuma palavra para a questão da terra, do acesso aos meios de vida, para essa imensa massa da população brasileira.

A elite brasileira providenciava para o povo o quartel antes da escola.

O próprio quartel, com sua disciplina do "sim, senhor! não, senhor!" deveria desempenhar o papel principal na construção da cidadania, como propõe Bilac: "[...] *a instrução primária obrigatória* [é] *a educação cívica obrigatória;* [é] *o asseio obrigatório, a higiene obrigatória, a regeneração muscular e psíquica obrigatória.*[23]

---

[22] Bilac, Olavo. *Op. cit.*, p. 841.

[23] Bilac, *op. cit.*, p. 938.

Nunca estivemos tão próximos das ideias eugênicas – do ideal da vida física exemplar – que povoaram o ideário do fascismo. Um contraste, com uma forte originalidade, deve ser feito. Não há um elogio aberto a uma *raça pura*, como na Alemanha, Inglaterra ou França da mesma época (seria bem difícil fazê-lo!). Ao contrário, homens como Alberto Torres insistiam na capacidade do mestiço brasileiro e na riqueza da mestiçagem frente ao fenecimento da consanguinidade. Fortes eram os brasileiros, em clima adverso e com um passado de violentas injustiças. Desafiava-se qualquer *herói nietzschiano*, expressão de Torres, a viver e trabalhar como um brasileiro.

Da mesma forma que a elite agrária monopolizara a terra e consagrara sua ocupação, temia a multiplicação de tais homens, inteiramente à margem do controle oligárquico, e, face a experiências traumáticas como Canudos (e mais tarde do Contestado) procurava agora – tendo no horizonte o pânico de massas de sertanejos sublevados, armados ou empunhando foices ao canto de ladainhas à Virgem Maria – normalizar o trabalho por meio da disciplina militar.

O quartel deveria ser a porteira da fazenda.

Mecanismos ainda mais sofisticados de subordinação da força de trabalho, de domesticação da liberdade recém-adquirida pelos escravos, assomavam de uma mentalidade médica introduzida no país através de jovens cientistas retornados da Europa, em especial da Alemanha. Referimo-nos à forte campanha pela clinicalização da dissonância, do outro não conformado, conduzida por médicos alienistas como Juliano Moreira, Heitor Carrilho e Heitor Roxo. O diagnóstico do povo brasileiro era, então, claramente desenvolvido por Heitor Carrilho:

> A situação do sertanejo bronco, como a do selvagem, por falta de cultivo intelectual, tornado alienado nos meios civilizados e,

> portanto, incapaz de exercer pessoalmente os diversos atos da vida civil, é mais ou menos idêntica à dos surdos-mudos que, por falta de educação apropriada, não podem exprimir a sua vontade, sendo considerados pelo Código Civil absolutamente incapazes.[24]

Juliano Moreira, diretor do Manicômio Judiciário, acrescenta, por sua vez, que deveriam ser considerados como deficientes mentais, e, portanto, incapazes perante a lei, todos aqueles "[...] que por insuficiência de instrução tenham parado em tal estado de primitivismo intelectual que justifique sua inabilitação". Assim, num país que não propunha qualquer sistema geral de educação, os excluídos – além de padecerem os efeitos desta mesma exclusão – deveriam ainda ser considerados incapazes de administrar suas próprias vidas, permitindo que outros assumissem o papel de tutores e condutores de seus destinos. Ao mesmo tempo, o trabalho é apontado como o único caminho, se não de cura, capaz de permitir a aceitação do deficiente na comunidade nacional.

Tal continuidade entre subordinação do trabalho e ética clínica mal esconde o pânico das elites nacionais face à abolição da escravidão e à possibilidade de negros livres invadirem o espaço urbano normatizado. Assim, já em 1890 a República funda, sob a égide de Ferreira Vianna, uma colônia de insanos na Ilha do Governador, Rio de Janeiro. Esse manicômio utiliza-se das dependências de um asilo de mendigos, montado nas dependências das antigas senzalas dos padres beneditinos. Vê-se, dessa forma, não só uma continuidade da política de controle do trabalho; da senzala ao manicômio via-se o abrigo

---

[24] Carrilho, Heitor. *Acta da 5ª Sessão Ordinária dos Archivos Brasileiros de Neuriatria e Psychiatria*. Rio de Janeiro Typ. do *Jornal do Commercio*, 1920, p. 169. Ver o debate sobre o tema em Carvalhal, Lázara. *Loucura e cidadania*: a psiquiatria brasileira no início do século XX. Monografia IFCS/UFRJ, 1997.

de mendigos, como desavergonhadamente vemos a continuidade física entre senzala e manicômio.

As fotos existentes, do início do século, das novas instalações do Manicômio Judiciário, mostram uma imensa população de negros, inclusive enfermarias infantis quase que totalmente constituídas de crianças negras.

Sintomaticamente os alienados eram obrigados ao trabalho, considerado terapêutico, porém, algumas vezes, claramente justificado pela necessidade de financiar a própria instituição. Na maioria das vezes a causa da alienação é identificada na bebida, embora a miséria fosse claramente reconhecida. Embora mais avançado que seus professores alemães (que viam na raça e na mestiçagem as causas das psicopatias), Juliano Moreira não recuava frente à necessidade da clinicalização da população negra:

> Completareis assim a redenção da raça negra que foi e ainda é hoje o sustentáculo do trabalho da lavoura e da pecuária na maior parte do Brasil. Ela ainda não foi redimida: saiu de uma escravidão vergonhosa, e do açoite e das senzalas, para outra senão tão degradante, pelo menos, mais atrofiante das energias do corpo e do cérebro – a do etilismo.[25]

Os anos de estabilidade: a hegemonia agrário-conservadora (1912-1930)

A anexação do Estado Independente do Acre, separado da Bolívia por meio do Tratado de Petrópolis, de 1903, trouxe, entre suas consequências, a necessidade de uma urgente revisão do estatuto da terra no país. No caso do Acre, vigoravam, lado a lado, títulos bolivianos, brasileiros e os outorgados pelo

---

[25] Moreira, Juliano. "Lançamento da pedra fundamental das novas instalações da colônia de alienados de Jacarepaguá". *Idem, op. cit.*, p. 186.

regime autônomo acreano. Ao mesmo tempo, em vários pontos do país, a questão da terra surgia como fonte inesgotável de conflitos, como em Canudos e no Contestado. Nas áreas já intensamente ocupadas, como o Oeste Novo Paulista e o Norte-Noroeste Fluminense, dava-se um intenso movimento de terras, com o surgimento de novas frentes cafeeiras.

Em 1912, o governo federal reconhece todo e qualquer título existente no Acre, até uma área de 10 mil m^2, e anuncia a revisão da Lei 601, de 1850 (a chamada Lei de Terras do Império), bem como de sua regulamentação, o decreto 1.318, de 1854.

A nova regulamentação se dá por meio do decreto n. 10.105, de 5 de março de 1913 (Novo Regulamento de Terras Devolutas, Coleção de Leis do Brasil, 1913). A principal característica da nova legislação consistia em reconhecer o fracasso da Lei de Terras de 1850, que impunha a compra como único meio de acesso, e legitimava outras formas de posse, particularmente a invasão e apossamento de terras públicas (chamadas devolutas) por grandes proprietários.

Já no seu artigo 1º, o Regulamento de Terras estabelece – como o faria daí em diante toda a legislação fundiária brasileira – que a única forma de acesso à terra será por meio da compra, repetindo o que já era realidade desde 1850. Paralelamente, seguindo o uso republicano, consagra a estrutura fundiária existente, reconhecendo todos os títulos anteriores, inclusive as terras não medidas ou demarcadas, bem como as áreas maiores do que constava nos documentos de titulação e mesmo que "apenas em princípio de exploração" (artigo 3º). Por fim, se legitimava qualquer posse de terra que viesse a ser declarada (artigo 4º), ainda que apenas com vestígios de ocupação transitória (um par de árvores abatidas ou uma picada na floresta). Simultaneamente, dava-se um imenso passo em direção à expansão dos já imensos latifúndios: as terras intocadas, porém declaradas "campos de criar" ou pastos, mesmo sem qualquer vestígio de ocupação, eram legitimadas em posse dos fazendeiros. Também seringais e castanhais, florestas naturais da Amazônia, áreas silvestres de extrativismo das quais dependiam milhares de sertanejos, eram consideradas apropriáveis por declaração em juízo.

Ora, o que significava isso? Que em verdade, qualquer declaração de um latifundiário, afirmando possuir uma terra, em qualquer situação, receberia o aval do governo federal.

A República, já consolidada e segura de si mesma, assegurava o domínio latifundiário. O Regulamento de 1913 surgia, assim, como expressão típica da hegemonia agrária, legitimando e consolidando uma estrutura fundiária que continuamente aumentava seu grau de concentração. Mais ainda: a República expandia os instrumentos de concentração de terras para as áreas novas de fronteira, como a Amazônia e o Meio-Norte, onde dominava o extrativismo, e para o Centro-Oeste da pecuária. Nem mesmo nas áreas novas, na fronteira – onde os colonos americanos com suas carroças encontravam terras livres – o sertanejo brasileiro pôde se estabelecer em liberdade. No Brasil, mesmo aí o latifúndio se impunha.

Embutidos no Regulamento de Terras de 1913, vinham, ainda, instrumentos de extrema injustiça social e favorecimento do grupo agrário, como a legitimação de amplas posses nas áreas urbanas, "qualquer que seja a extensão das terras" (artigo 12).

Surgiam, entretanto, alguns pontos que despertaram a atenção dos setores agrários e, por fim, sua viva oposição ao Regulamento. Este, no seu Capítulo III, impunha que no ato de registro em juízo das posses existentes fosse declarado o valor *estimado* do imóvel e das benfeitorias (artigo 19) e, no seu artigo 24, reconhecia formas alternativas de posse da terra, como as *posses comunais por camponeses*. Ambos os dispositivos despertavam extrema reação entre os agrários: a declaração do valor do imóvel e das suas benfeitorias poderia ser, aos seus olhos, o ponto de partida para um imposto territorial federal, como quisera Ruy Barbosa. A generalização do imposto e o surgimento de títulos de posse de aceitação geral – e, portanto, comercializáveis –, com valores reconhecidos, poderiam ativar um mercado de terras e, assim, levar a propriedade fundiária à equivalência geral com as mercadorias.

Mais uma vez surgia a possibilidade de romper com uma forma de ver e de ter a terra como bem acima de qualquer risco, patrimônio não passível de execução. Mesmo que a terra pudesse ser comprada e vendida – o que já acontecia desde o período colonial –, os agrários não desejavam de forma alguma que a terra servisse de garantia para empréstimos ou dívidas. Queriam crédito fácil, subsidiado e, em caso de não pagarem a dívida, a terra não poderia ser utilizada para ressarcir os prejuízos dos bancos.

Definia-se, assim, ainda uma vez, uma firme oposição ao estabelecimento de uma via americana, dita *farmer*, de desenvolvimento agrário do país.

Por sua vez, a oposição a qualquer forma de propriedade alternativa da terra, como a terra comunal ou as terras ditas de "santo" ou "de negros", era um imperativo dos grandes proprietários das frentes de expansão.

Na fronteira sertaneja da pecuária nordestina, nas áreas novas do Paraná ou nas velhas áreas densamente povoadas de Goiás surgiam – principalmente por meio do instituto da herança indivisa – apossamentos comunais. A partir da terceira ou quarta geração, constituíam-se amplas comunidades, com muitas famílias, onde as normas do direito ocidental de sucessão – as normas da herança – já não vigoravam mais. O interesse da grande propriedade, como em Sergipe e no Rio Grande do Norte, era limitar e, por fim, expropriar estes bolsões da pequena produção familiar. De um lado, liberava-se a terra para vastas pastagens, de outro, obrigava-se caipiras e sertanejos a se porem a serviço do latifúndio.

Assim, o reconhecimento de formas alternativas de propriedade da terra desagradava os latifundiários. Juntava-se a isso uma outra medida existente no Regulamento de Terras de 1913: no seu artigo 39 limitava a legitimação das terras não demarcadas a uma superfície de 100 quilômetros quadrados. Ora, o que representava isso? O governo reconhecia o apossamento de terras por parte do latifúndio de 100 quilômetros quadrados; cada fazendeiro poderia avançar suas cercas, caso houvesse disponibilidade, sobre toda essa imensa área, porém não mais de 100 quilômetros quadrados. Embora essa superfície fosse por si só gigantesca, a maioria dos fazendeiros achava pouco; não queriam, em verdade, qualquer limitação ao seu *direito* de monopolizar toda e qualquer terra disponível.

Os grupos agrários garantiam, assim, que mesmo na fronteira aberta – as áreas agrícolas que vinham sendo incorporadas ao processo produtivo – o latifúndio se reproduziria, monopolizando a terra e impedindo a formação, nas bordas do sistema agrário, de um setor camponês, autônomo, que sangraria a mão de obra da grande propriedade e concorreria com a sua produção.

Ora, na prática, o Regulamento de Terras não representara nenhum ganho maior para os grupos agrários: a legitimação das posses, a qualquer título, já fora alcançada desde 1900 e as demais medidas não interessam de forma alguma. Assim, inicia-se uma forte oposição a ele. Na verdade, os grupos agrários não desejavam nenhum tipo de regulamentação das relações agrárias ou da estrutura fundiária. Em alguns meses, por meio do decreto n. 10.320, de 7 de julho de 1913, o Regulamento de Terras é modificado tornando-se ainda mais concentrador. Por fim, antes de findo o seu prazo de execução, o decreto n. 11.485, de 10 de fevereiro de 1915, de autoria de Wenceslau Braz (1914-1918), sob sugestão do seu ministro Pandiá Calógeras, *suspende o regulamento de terras devolutas da União.*

A República Velha não voltaria jamais a legislar sobre o tema. O decreto estabelecendo o Orçamento da União, de 1900, como vimos antes, seria toda a legislação existente sobre o regime de terras na República dos Fazendeiros.

A resistência à ordem agrário-conservadora

Com o advento da República estabeleceu-se pela primeira vez um regime político verdadeiramente descentralizado, em que os poderes locais ganhavam autonomia e não mais ficavam sob a tutela dos interesses dominantes do Sudeste, representados pelo Rio de Janeiro. Esse era, em grande parte, o significado da federação adotada como forma organizativa do Estado brasileiro. O federalismo era, na tradição política europeia, uma demanda dos grupos democráticos, uma reação contra o centralismo e o autoritarismo de um poder inconteste. Entre nós, entretanto, desde os primeiros momentos da República, a autonomia local representou a ascensão dos grupos oligárquicos regionais, a imposição dos interesses específicos, a dissolução de uma visão mais ampla da nação e, acima de tudo, a impossibilidade de os oprimidos buscarem uma instância superior de apoio e proteção.

As diversas oligarquias locais, baseando-se no poder econômico e no prestígio conferido pelo latifúndio, apossaram-se rapidamente das instituições político-administrativas (como as prefeituras, as câmaras municipais) e judiciárias, exercendo um controle total sobre a vida social do país. Ao mesmo tempo, como vimos, o Estado federal era impedido e desencorajado de legislar sobre temas que afetassem os interesses locais, como no caso da regulamentação do acesso à terra.

Essa era, como vimos, a alma do *coronelismo*.

Tratava-se não só da construção dos mecanismos garantidores da ordem agrário-conservadora, por meio da ação ou da omissão do Estado; tratava-se, ainda, de um lado, dos ajustes e remanejamentos locais de poder, da resolução – ora via conchavo, ora via pura violência – dos conflitos entre os segmentos da própria oligarquia agrária e, de outro, da conformação dos mecanismos disciplinadores da dominação, da redução de sertanejos e caipiras à obediência, ao preço que necessário fosse.

Algumas vezes a formação de estruturas *coronelísticas* de poder prescindiam da posse inicial da terra. Comerciantes, advogados e médicos – e até padres –, dado seu prestígio junto às comunidades rurais, conseguiam construir estruturas locais de mando de extrema eficiência. Entretanto, o acesso à terra e seu monopólio sempre surgiam, mesmo *a posteriori*, como justificativa e garantia de manutenção do poder local.[26]

Se no nível local o mandonismo e o coronelismo predominavam e davam a tônica das relações entre proprietários e trabalhadores, entre quem manda e quem obedece, no nível federal tratava-se, já nos primeiros anos da República, de criar um sistema capaz de garantir a reprodução da dominação coronelística e evitar os atritos no seio da própria oligarquia. A Constituição de 1891, liberal e de inspiração americana, deveria garantir o pleno funcionamento dos poderes autônomos – executivo, judiciário e legislativo –, bem como o equilíbrio entre a União e os estados. Entretanto, desde cedo, o que vemos é a

[26] Janotti, Maria de Lourdes. *O coronelismo*. Uma política de compromissos. São Paulo: Brasiliense, 1981, p. 67 e ss.

construção de um sistema onde o executivo federal se sobrepõe aos demais poderes, apoiado nos executivos estaduais e organizado segundo seus mesmos moldes. Coube a Campos Sales, quando na presidência da República (1898-1902), organizar os interesses políticos, do nível local até o federal, para garantir a hegemonia agrário-exportadora.

O princípio básico que marca a chamada *política dos governadores* é a ideia de que a política é um campo restrito, no qual só uma minoria teria participação. Arma-se, assim, um pacto entre as oligarquias locais e o governo federal, com apoio mútuo, descartando-se, dessa forma, qualquer possibilidade de vitória da oposição. Como instrumento prático do sistema de dominação oligárquica estabelece-se a Comissão de Verificação das Credenciais (não havia, então, justiça eleitoral, criada somente no governo José Linhares, em 1946), que se certifica das condições de eleição dos deputados federais e emite seus diplomas para a posse no cargo. O presidente da comissão era o presidente da câmara, garantindo-se, assim, que qualquer oposicionista seria desqualificado (era a degola).

Tais procedimentos assinalarão a história da República Velha como um período marcado pela hegemonia agrário-conservadora, de violenta expoliação de camponeses e trabalhadores rurais.

Mesmo garantida a plena liberdade do latifúndio de apropriar-se de terras e apesar da ausência de qualquer proteção ao trabalhador e inclusive da imposição de uma educação militar voltada para a obediência e a submissão, surgiam bolsões de resistência e, no limite, de revolta aberta.

Nos primeiros dias da República, tal resistência se deu, em particular, no seio da própria elite agrária. Eram ajustes de contas, ações violentas, marcadas pela crueldade, com que novos *caciques* locais afastavam velhos chefetes, muitas vezes identificados com a Monarquia. Outras vezes, eram exemplos de continuidade, da Monarquia à República, com caciques locais eliminando brutalmente, sob os olhos do poder republicano, homens que ousavam pensar a República como um momento de reforma social. Muitas vezes, próceres republicanos assumiam claramente a perfeita continuidade conservadora e excludente entre a Monarquia e a República e, já em 1916, o *republicano* Epitácio Pessoa dirige-se ao governador da Paraíba para adverti-lo: "Era assim no tempo do Império; é assim no tempo da República".[27]

Em estados de organização política e administrativa menos complexa, como Ceará, Alagoas, Mato Grosso e Goiás, as famílias locais mais poderosas passam a controlar diretamente a máquina administrativa, ocupando todos os cargos públicos disponíveis, afastando rivais e desafetos, demitindo e depondo chefes políticos não confiáveis e recorrendo, sempre que necessário, a tropas de mercenários – os jagunços – para incendiar fazendas, saquear vilas e cidades e, claro, assassinar oponentes. Em outros estados, de organização mais complexa, como Minas Gerais, São Paulo ou Rio Grande do Sul, o partido político – no caso os diversos PRs ou partidos republicanos estaduais – vai mediar o conflito entre os poderes locais. O Estado passará a ser visto como uma agência distribuidora de favores e provedora das necessidades locais, seja um emprego para um genro ou primo, seja a construção de um açude. Assim, o poder público era disputado por sua qualidade de provedor de necessidades privadas: "...numa sociedade em que as possibilidades de trabalho são mínimas, o emprego público é um dos meios de ganhar a vida".[28]

---

[27] Pessoa, Epitácio. *Na política da Paraíba, 1912-1935*. Rio de Janeiro: INL, 1962, p. 266-267.

[28] Carone, E. *A República Velha*. São Paulo: Difel, 1973, p. 90.

Claro que devemos entender como *trabalho* qualquer coisa que fosse digna da elite agrária, que não sujasse as mãos, que permitisse os punhos brancos, que não fosse cansativa e admitisse uma boa prosa, alguns cafés e um bom tempo livre.

Quando as elites locais entravam em choque por esse butim, e o risco não era grande, o Estado federal cuidava apenas de garantir o apoio da fração dominante, impedindo que a destruição fosse muito grande e organizando verdadeiros tratados de paz privados. Entretanto, quando a luta envolvia algum dos grandes estados, e a base do poder federal era ameaçada, principalmente antes da imposição da *política dos governadores*, dá-se violenta e pronta intervenção federal, visando com isso a manutenção da paz oligárquica.

Um exemplo típico do conflito entre frações da oligarquia opõe a família dos Ponce e dos Murtinho, entre 1895 e 1899, no Mato Grosso. Trata-se, aí, de um típico conflito envolvendo uma oligarquia poderosa, a família liderada por Joaquim Murtinho, que procura manter, a qualquer preço, seu poder e prestígio. As sucessivas emboscadas e tentativas de assassinato acabam por degenerar em verdadeiro conflito armado, culminando no sítio e na tomada de Cuiabá. As tropas do governo federal, comandadas pelo general Câmara, assistem passivamente aos combates entre as frações locais e nada faz para evitar os massacres. Joaquim Murtinho era o poderoso ministro da fazenda de dois presidentes que representavam a consolidação agrária da República, Prudente de Morais (1894-1898) e Campos Sales (1898-1902), sendo o responsável pela estabilidade financeira da República, com o controle do câmbio e a valorização do café. O braço local do poder dos Murtinho era Antônio *Totó* Pais, rico usineiro, dono de imenso latifúndio, mantendo um verdadeiro exército com que governa o Mato Grosso até 1906, quando é deposto e morto pelos Ponce. É um Pais, irmão do próprio *Totó* Pais, na oposição, que nos narra as práticas políticas locais:

> Feita a seleção dos que diziam ir por terra a Cuiabá, soube que foram todos amarrados de braços para trás pela escolta que os conduzia, seguindo assim a pé até o lugar denominado Potreiro, onde, junto a uma baía, conhecida pelo nome Garcez, foram um a um fuzilados, saqueados, e os cadáveres, com os ventres partidos em cruz, para não boiarem, lançados n'água à voracidade das piranhas, ficando ali postada uma guarda até que desaparecessem.[29]

Houve estados, ainda, em que após um curto período de lutas o poder é retomado pelo mesmo grupo que já no Império surgira como hegemônico: é o caso do Ceará. Os Nogueira Acioli, após um afastamento entre 1889 e 1895, retomam o controle do estado de forma inconteste até 1912. São afastados por pouco tempo, por meio da ação militar do presidente Hermes da Fonseca (1910-1914), mantendo-se, então, como grupo dominante até 1930. Entrementes, inúmeros conflitos, com saques e assassinatos, pontuam a história do Ceará, em especial a disputa das terras da região do Cariri, culminando no chamado Pacto do Juazeiro, de 1911, quando o renomado padre Cícero Romão Batista medeia a paz entre os diversos coronéis locais.

Algumas vezes os conflitos iam além de choques no interior das oligarquias, ou entre frações da própria oligarquia, envolvendo os grupos subalternos da sociedade.

Foi assim em Canudos.

Em suas origens, o movimento milenarista comandado por Antônio Vicente Mendes Maciel, o Conselheiro, era apenas mais uma das muitas manifestações de religiosidade popular, mal acolhida pela Igreja Católica. A hierarquia eclesiástica normalmente desconhecia os atos de rebeldia religiosa que, no interior do país,

---

[29] Ver Dantas Barreto. *Expedição a Mato Grosso*, p. 42-43, *apud* E. Carone, *op. cit.*, p. 82.

elegia ora *beatas*, ora *santos* que prometiam milagres, salvação no Juízo Final e, em verdade, algum *refrigério* para uma vida sem grandes esperanças.

O Conselheiro foi um desses *santos*: peregrinando pelos sertões nordestinos, desde 1870, começa a adquirir renome como Antônio Conselheiro, pregador e milagreiro. Preso, pela primeira vez, em Itapicuru de Cima, é acusado de arregimentar fanáticos. Com milagres reconhecidos pelo povo sertanejo, ao menos desde 1878, Conselheiro dirige, no início, sua ira contra a Igreja. A proclamação da República já o encontra no arraial de Canudos, Alagoas, na comarca de Monte Santo. Nessa antiga fazenda de gado, estabelece seu quartel, sua Igreja e aos poucos vão se multiplicando as choupanas, atingindo em 1897, ano da destruição de Canudos, 5.200 casebres, reunindo 30 mil sertanejos.

Lentamente, a animosidade natural de Antônio Conselheiro contra a Igreja dirige-se contra a República. Com uma identificação fantasiosa com o Imperador, Conselheiro considera a República e os republicanos infiéis e traidores, não reconhecendo qualquer autoridade local. Após alguns desentendimentos com a vila de Juazeiro, o governo resolve atacar os chamados *fanáticos*. Foram enviadas contra Canudos quatro expedições militares, sendo que três delas foram destroçadas pelos sertanejos. As notícias de tais reveses ecoavam fortemente no Rio de Janeiro, onde forças monárquicas ainda poderosas pretendiam derrubar a República. O governo resolve então enviar o general Andrade Guimarães, veterano da Guerra do Paraguai, com 5 mil homens e artilharia pesada, além de meio regimento de cavalaria do Rio Grande do Sul.

Em seis meses, Canudos é arrasada. Não houve rendição, sendo que o Conselheiro morreu uma semana antes do final da luta. Os sobreviventes, homens, mulheres e crianças, foram negociados como trabalhadores escravos nas fazendas vizinhas.

A luta dos sertanejos de Canudos foi narrada, com maestria, por Euclides da Cunha, em *Os sertões*.[30]

Um tipo semelhante de rebeldia de massas, com forte fundo messiânico, foi o movimento do Contestado:

> No interior de Santa Catarina e do Paraná, numa área que àquela época era em parte disputada pelos dois estados, surgiu em 1912 um homem, curandeiro de ervas, a quem os sertanejos vieram a considerar um novo Cristo. Profetas que antecederam o seu advento haviam anunciado, anos atrás, que o mundo estava prestes a acabar e que se assistiria a enormes prodígios.[31]

Reunidos, inicialmente, em torno do *beato* sertanejo José Maria, cerca de 20 mil camponeses, em grande parte miseráveis, consideravam a República usurpadora e exigiam o seu direito às terras, em especial face às concessões outorgadas pelo governo federal a uma companhia ferroviária estrangeira. Pensavam os últimos dias do mundo como uma espécie de monarquia eletiva, com um *beato* governando, que lhes daria acesso à terra, num mundo fraterno e igualitário.

Os interesses contrariados dos fazendeiros e da concessionária estrangeira levaram à brutal intervenção do governo federal, culminando num trágico massacre.

Ao contrário das fricções no interior da oligarquia, movimentos como Canudos e Contestado marcaram claramente a irrupção das massas populares, rústicos sertanejos, no cenário político e social brasileiro. Foram, desde logo, tratados como fanáticos, bugres e bárbaros e, ao questionarem a república dos coronéis no seu aspecto mais essencial – o monopólio da terra –, foram alvo de brutal repressão.

---

[30] Para um balanço da historiografia de Canudos, ver "Dossiê Canudos". *O olho d'história*, v. 2, n. 3, Salvador, 1996.

[31] Vinhas de Queiroz, Maurício. *Messianismo e conflito social*. São Paulo: Ática, 1977, p. 13.

Diferente foi o caráter do movimento messiânico guiado pelo padre Cícero Romão Batista. Longe de questionar a ordem agrário-conservadora, o padre milagreiro de Juazeiro conseguiu canalizar a ansiedade dos sertanejos por um mundo melhor para o conformismo e a expectativa de salvação no *outro mundo*. Com grande prestígio político e reconhecimento de igual para igual pelos políticos locais, padre Cícero jamais alcançou o reconhecimento da Igreja, instituição que para ele valia mais do que qualquer outra. Enquanto Antônio Conselheiro e os beatos do Contestado recusavam a Igreja oficial, padre Cícero – cujos votos haviam sido suspensos – ansiava por seu retorno glorioso à Igreja Católica.

Com milagres simples e dirigidos a uma clientela escolhida de *beatas*, padre Cícero era bem mais uma emanação do conformismo da Igreja do que um ato de rebeldia. Organizador dos interesses oligárquicos locais, manipulava – com a figura intelectual de Floro Bartolomeu por detrás – jagunços e trabalhadores, arrefecia a revolta, organizava a conformidade e, quando necessário, tomava armas contra ameaças maiores, como a Coluna Prestes.

Sem qualquer dúvida, o padre Cícero representa uma forte tradição popular, no entanto, conformista e marcada pelo consentimento.

> Olha, lá vai passando a procissão
> Se arrastando que nem cobra pelo chão
> As pessoas que nela vão passando
> Acreditam nas coisas lá do céu
> As mulheres cantando tiram versos
> E os homens escutando tiram o chapéu
> Eles vivem penando aqui na Terra
> Esperando o que Jesus prometeu
> E Jesus prometeu coisa melhor
> Pra quem vive nesse mundo sem amor

> Só depois de entregar o corpo ao chão
> Só depois de morrer neste sertão. [...]
>
> Muita gente se arvora a ser Deus
> E promete tanta coisa pro sertão
> Que vai dar um vestido para Maria
> E promete um roçado pro João
> Entra ano e sai ano e nada vem
> E o sertão continua ao Deus dará
> Mas se existe um Jesus no firmamento
> Cá na Terra isso tem que se acabar...[32]

Num ambiente de pobreza e exploração, o uso dos recursos públicos e dos empregos era uma forma perfeita de se conseguir adeptos e, ao mesmo tempo, calar a oposição. O nepotismo constituía um dos instrumentos mais eficazes para a reprodução do poder político local, não só por meio do emprego dos familiares diretos, como por meio de apaniguados e clientes, o que de forma simultânea garantia a solidariedade pessoal e o controle eficaz da máquina política. Assim, por exemplo, por volta de 1914, durante o governo Acioli no Ceará, constavam da lista de pagamentos do governo 38 familiares do presidente do estado, assim como dois senadores e dois deputados federais eram da mesma família.

No nível mais baixo da sociedade, o cidadão, como vimos, era o grande ausente da vida política, considerado mero legitimador das decisões da elite oligárquica. Nas palavras de um especialista, Edgar Carone, o poder torna-se monopólio do grupo dominante, que possui suas raízes na terra: "...o coronel é aquele que protege, socorre, homizia e sustenta materialmente seus agregados; por sua vez exige deles a vida, a obediência e a fidelidade".

[32] Gilberto Gil, *Procissão*, 1965.

A Revolução de 1930: o rompimento com o ordenamento agrário-conservador

Com a Revolução de 1930 e o consequente afastamento dos setores até então dominantes, em especial a elite agrária de Minas Gerais, São Paulo e do Rio de Janeiro, criaram-se, pela primeira vez, as condições para uma efetiva alteração do ordenamento agrário do país.

Uma das características básicas da literatura sobre a Revolução de 1930, Vargas e o Estado Novo, é a fixação nas temáticas referentes ao trabalho urbano, sua organização pelo Estado e os limites da participação política dos trabalhadores. Tal ênfase não só é correta, como ainda denota a grande preocupação pela projeção, até os nossos dias, do modelo gerado sob a tutela de Vargas. Entretanto, incorremos em erro se, ao priorizarmos o trabalho urbano e a participação operária, esquecermos ou mesmo negarmos, como é o caso de alguns especialistas, toda uma face varguista voltada para o campo e seus trabalhadores. Assim, a tese básica vigente em alguns estudos, de que Vargas intervinha no mundo urbano do trabalho e calava-se frente ao campo – visando com isso garantir as bases da coligação reformista-autoritária que o alçara ao poder –, deve ser revista à luz de pesquisas voltadas exatamente para o papel da agricultura e do campo na política geral varguista.

O debate sobre o caráter da política econômica varguista, a existência ou não de um coerente planejamento voltado para o setor industrial, já foi amplamente realizado, não cabendo aqui retornar ao tema. Cabe, entretanto, destacar, como o fez Paiva Abreu,[33] como a produção industrial brasileira, depois de sua queda máxima em 1930, cresce contínua e aceleradamente

---

[33] Paiva Abreu, Marcelo. "A Missão Niemeyer". *Revista de Administração de Empresas*. Rio de Janeiro, FGV, jul./ago., 1974.

a partir daí, por toda a década de 1930. Albert Fishlow, em conclusões muito próximas àquelas de Paiva Abreu, considera que a crise de 1929-1930 "...livrou a indústria doméstica das dificuldades dos anos 20. Após um breve e moderado efeito do ciclo, entre 1929 e 1931, o produto interno bruto passou a evoluir a uma taxa de 5,6% até 1939".[34] Na verdade, ainda conforme Paiva Abreu, Vargas buscou uma *solução interna* que não implicasse deflação, ou, como nos diz Fishlow, "é claro que foi a *demanda interna* que impulsionou o crescimento da década de 30". O mesmo não se deu com o setor agrícola, em crise aguda desde 1929.

Dessa forma, podemos supor que as transformações setoriais então operadas incidiram claramente sobre a hegemonia agrário-conservadora até então vigente. Se, por um lado, os setores industriais internos alavancavam o crescimento e supriam as necessidades internas, por outro, os setores agrário-exportadores, com seus mercados internacionais fechados, sofreram dura retração, perdendo a capacidade de gerar renda (e divisas) e, consequentemente, sua ampla autonomia política, passando a ser objeto da intervenção do Estado.

No setor agrícola, as transformações ocorridas são notáveis. Enquanto nossas exportações tradicionais não mais encontravam mercados e seus preços despencavam, a demanda interna por alimentos e matérias-primas não só se mantinha firme como, ainda, ao longo da década, aumentava substancialmente. O abastecimento das cidades, a composição da cesta básica de alimentação (criada logo em seguida) dos trabalhadores e essa demanda de matérias-primas tendiam a reorientar a agricultura

---

[34] Ver Fishlow, A. "Origens e consequências da substituição de importações no Brasil". *In*: Versiani, Flávio (org.). *Formação econômica do Brasil*. São Paulo: Anpec, Saraiva, 1977.

para o mercado interno, valorizando a produção de alimentos e sugerindo a formação de núcleos coloniais policultores.

Velhos chavões surrados acerca da economia nacional foram afastados, como superficiais e nefastos. Havia, então, uma sensibilidade presente em quase todos de que mudanças fundamentais se dariam, como aparece, já em 1931, em uma marchinha de Lamartine Babo, intitulada "G-e-gê":

> Só mesmo com revolução
> Graças ao rádio e ao parabelo
> Nós vamos ter transformação
> Neste Brasil verde e amarelo.

Tudo parecia novo, e, de fato, era novo: o uso intenso do rádio como arma de mudança (ao lado do instrumento tradicional das revoluções, o parabelo), pelo qual se convocava a massa para alterar o ordenamento jurídico montado pela República Velha:

> Certa menina do Encantado
> Cujo pai foi senador
> Ao ver o povo de encarnado
> Sem se pintar, mudou de cor.[35]

Tais mudanças iriam incidir pesadamente sobre o domínio tradicional das oligarquias agrárias e sobre sua expressão econômica básica; a preeminência das exportações, em especial de produtos agrícolas *in natura*, passa a ser vista, então, como a causa principal da fragilidade da economia nacional, de sua dependência externa e mesmo como risco para a soberania do país. Entretanto, o maior de todos os chavões, *o Brasil essencialmente agrícola*, não seria desmentido; procurava-se superá-lo. Ao contrário dos esforços do governo de Washington Luís

[35] Lamartine Babo, disco Parlophon, 1931.

em praticar uma nova política financeira, o que se precisava, nas palavras de Vargas, era de uma *política global de desenvolvimento*. Já na plataforma política da Aliança Liberal, em 1930, Vargas marca com clareza o rompimento com a política agrícola da República Velha:

> O problema econômico pode-se resumir numa palavra – produzir. Produzir muito e produzir barato, o maior número aconselhável de artigos, para abastecer os mercados internos e exportar os excedentes das nossas necessidades. Só assim poderemos dar sólida base econômica ao nosso equilíbrio monetário, libertando-nos, não só dos perigos da monocultura, sujeita a crises espasmódicas, como também das valorizações artificiais, que sobrecarregam o lavrador em benefício dos intermediários.[36]

Vemos, assim, a clara recusa em praticar, exclusivamente, uma política monetária como saída para a crise (o projeto de Washington Luís), ao lado de uma formal condenação à monocultura, ao lado de um claro viés fordista (maximização da produção, minimização dos custos), como já se discutia e se praticava nos Estados Unidos e na Alemanha na década de 1920.[37]

Tal projeto de modernização econômica, mediante a intensificação da produção, procurava implantar uma prática altamente intervencionista, no dizer de Vargas, *disciplinadora* dos mercados e promotora de maior inversão em melhoramentos técnicos para a redução de custos. Da mesma forma, apontava-se para a realização interna de parte ponderável da produção nacional, criando as condições para a produção em massa ou, ainda, como diz Vargas, *a produção para abastecer os mercados internos*:

---

[36] Vargas, Getúlio. Plataforma da Aliança Liberal (1930), *in: Diretrizes da nova política do Brasil*. Rio de Janeiro: José Olympio, 1942, p. 115.

[37] Para uma discussão de fordismo e sua implantação como novo modelo de regulação industrial ver Benjamin Coriat. *L'atelier et le chronomètre*. Paris: Ch. Burgois Ed.,1979 e David Harvey. *A condição pós-moderna*. São Paulo: Loyola, 1994.

> O esforço nacional no momento deve dirigir-se, de modo capital, para a elevação do nível de produção, do padrão de vida das populações. Os sistemas autárquicos, nuns países, as preferências coloniais, noutros, alteraram profundamente a fisionomia das trocas internacionais.[38]

O sistema autárquico buscado pelas grandes potências fascistas (Alemanha, Itália e Japão), ao lado dos mercados coloniais fechados (o Império Britânico, o Império Francês etc.), criavam graves obstáculos ao comércio internacional e deixavam os países exportadores altamente dependentes de bruscas mudanças praticadas pelos governos estrangeiros. Ao mesmo tempo, desde o início da República Velha, como vimos, uma forte corrente de publicistas, como Alberto Torres, Olavo Bilac e Oliveira Vianna, exigia a incorporação produtiva do brasileiro, visto então como um *bugre dos sertões*. Assim, as pressões e exemplos internacionais, somados a um vigoroso pensamento autoritário-modernizante, no plano interno, criavam as bases para as mudanças desejadas pelo novo grupo dirigente. A eclosão da Segunda Guerra Mundial viria acelerar e aprofundar tais mudanças, agora sob clara influência de práticas fordistas-keynesianas, como quando Vargas propõe "um grande esforço no sentido de ampliar e fortalecer o mercado interno, elevando a capacidade aquisitiva das populações e garantindo, assim, o consumo de uma parte maior dos nossos produtos".[39]

A construção do mercado interno: o fordismo possível

Grande parte do esforço de organização e tutela do trabalho industrial desenvolvido por Vargas insere-se no contexto descrito: desenvolver uma massa urbana capaz de servir de

---

[38] Vargas, Getúlio. "Entrevista à Imprensa" (10/11/1938). *Op. cit.*, p. 134.

[39] Vargas, Getúlio. "Discurso proferido a 28 de abril de 1940". *Op. cit.*, p. 134.

mercado de consumo para bens não duráveis e principalmente alimentos, base para a constituição de um mercado autossustentável. A implantação da legislação trabalhista criava assim *ilhas de fordismo periférico,* conforme a feliz expressão de Alain Lipietz.[40]

Devemos insistir, para uma melhor compreensão do que se segue, na percepção gramsciana de tais transformações, em especial do fato que o fordismo, bem ao contrário do taylorismo, procura incessantemente reorganizar o seu meio ambiente e não só o espaço da fábrica. Assim, a vida familiar, a diversão, a economia doméstica, as percepções de mundo, todo o cotidiano do trabalhador é englobado no novo projeto de normatização do trabalho, que precisa de um ambiente fordizado para o seu sucesso no interior da fábrica. Trata-se, assim, de um projeto de gestão de vida, quando as normas e preceitos de organização do trabalho na fábrica *transbordam*, para utilizar uma expressão de Habermas, seus limites originais e *colonizam* com seus princípios – em especial o de eficácia e modernidade – o conjunto da sociedade.[41]

Tinha-se claro que o sucesso de tal projeto baseava-se, largamente, na expansão do mercado interno e só seria possível por meio de mecanismos que garantissem maior distribuição de renda, não como um objetivo em si, mas como meio de permitir maior consumo interno da produção nacional e, desta forma, garantir o funcionamento automático da economia. O mercado interno surgia, assim, como garantia – o primeiro patamar – para o desenvolvimento econômico e, ao mesmo tempo, como defesa contra os efeitos adversos das flutuações

---

[40] Lipietz, Alain. *Miragens e milagres*. Problemas da industrialização no Terceiro Mundo. São Paulo: Nobel, 1988.

[41] Gramsci, Antonio. Americanismo e fordismo. *In: Obras escolhidas*. São Paulo: Livraria Martins Fontes, [s/d], p. 324-325.

econômicas internacionais. Dessa forma, condenava-se o predomínio da política agrário-exportadora – e o ônus das valorizações artificiais de produtos, como o café –, caracterizada então como colonial (há referências à expressão *feitoria colonial*), tudo em benefício da interiorização do desenvolvimento. Para tal *reajustamento* (a expressão é do próprio Vargas), tornava-se necessária a criação de controles administrativos, ou seja, da intervenção estatal, visando:

- institucionalizar formas de apoio ao mercado interno por meio do reforço crescente da infraestrutura viária, com a melhoria das rodovias, ferrovias e reaparelhamento dos portos;
- estruturar um denominador comum de todas as categorias em uma política salarial única, evitando que o mercado livre provocasse um aumento dos salários das categorias especializadas ou uma superoferta de trabalho que deprimisse salários abaixo das possibilidades da incorporação produtiva do trabalhador, perturbando os novos mecanismos de regulação econômica;
- incentivar a mobilidade da fronteira econômica, visando incorporar amplos espaços vazios do país (como o Brasil central, as fronteiras da bacia do Paraná-Paraguai e a orla amazônica) ao processo produtivo, ocupando os sertões;
- reunir os diversos núcleos demográficos isolados, que até então não eram levados a sério na contabilidade nacional, ou, conforme Vargas, *povoar racionalmente o país*, por meio de uma boa rede viária, como única forma de ligar os nódulos da nossa população ganglionar, assumindo assim a ideologia da fronteira ou do bandeirantismo, de suma importância na tática governamental.

Toda a ação colonizadora, povoadora ou mesmo de incentivo à produção buscada por Vargas irá chocar-se, muito rapidamente, com um ordenamento fundiário caótico, desigual e concentrador. Residirá aí um limite e constituirá ao mesmo tempo prova para a capacidade de articulação e implementação de seus objetivos a política agrária desenvolvida entre 1930 e 1945. A inclusão dos trabalhadores rurais – apenas simbólica – desde o primeiro momento da Revolução de 1930 representará peça-chave da desestruturação dos automatismos de acumulação tradicionais do plantacionismo (já atingidos pela crise econômica mundial) e de articulação da nova regulação econômica. Abre-se, aqui, importante discussão no campo das ciências sociais sobre a inclusão ou não dos trabalhadores rurais no projeto varguista. A nosso ver a *escola da regulação*, como utilizada ao longo deste trabalho, fornece elementos interpretativos novos.

A maioria dos pesquisadores dedicados ao período opta por uma visão que afirma a exclusão do camponês e do trabalhador rural das considerações políticas do Estado pós-1930, em perfeita continuidade com a história do Brasil. Ofuscados pela ampla reorganização dos mecanismos de participação (mesmo que subordinada) do trabalhador urbano e fabril, por meio de sindicatos e formulações de políticas securitárias, surpreendentemente não se observam as mudanças e embates travados no campo. É evidente que a literatura que assim trabalha mantém-se no domínio da participação formal do indivíduo na política, em especial num quadro de referências do mundo liberal e se mostra incapaz de perceber outros mecanismos de incorporação, mesmo que passivos, em um Estado que não tinha qualquer compromisso com as formas liberais-representativas clássicas. Por outro lado, não se compreendem os objetivos econômicos fundamentais do novo Estado, com a implantação de uma nova regulação econômica. É particularmente espantoso que a crítica política não considere as análises econômicas, a ruptura com o liberalismo da Velha República e a criação das bases do chamado processo de *substituição de importações* (em especial a partir da década de 1940). Ora, voltando ao debate propiciado por Gramsci, devemos ter em mente que um processo de substituição de importações, com a internação da produção industrial, implicava a construção de um trabalhador apto para o capital e é aí que o modelo fordista (superando as experiências fabris quase fabianas da República Velha) se implanta.

Pela primeira vez na República, um político procurava identificar-se diretamente com o povo e construir conscientemente uma imagem benevolente de pai dos pobres.

Mesmo que sua vigência fosse precária, como fora precária nos Estados Unidos e Europa Ocidental, no pré e no imediato pós-Primeira Guerra Mundial, as bases para o seu desenvolvimento já eram conhecidas e desejadas e desta forma estavam presentes nos projetos e programas então formulados. O campo no Brasil deveria, assim, atender, de forma subordinada e dirigida pelo Estado, às necessidades que a nova regulação econômica exigia.

Evidentemente, travar dois combates simultâneos (a organização do trabalho fabril e a libertação do trabalhador rural das peias do plantacionismo) não era um projeto político desejado. Mesmo dotado de ampla autonomia, o novo Estado deveria evitar contrariar tantos interesses ao mesmo tempo. A opção lógica era construir uma ampla base urbana e fabril, vivenciar os estrangulamentos da nova regulação e, a partir das cidades, conquistar o campo.

Na verdade, opera-se, após 1930, uma interessantíssima concomitância da *ação política real* e da *ação política imaginária*, quando a incorporação das massas camponesas à política nacional é realizada por meio de imagens positivadas do homem do campo e seu trabalho.

No momento em que os trabalhadores urbanos, em especial os industriais, são plenamente trazidos para o cenário da organização econômica – as ilhas de fordismo e keynesianismo a que se refere Lipietz – e política (comícios, marchas, festas cívicas, visitações etc.), os camponeses são vistos como agentes políticos passivos, que deveriam sofrer a ação benfeitora do Estado sem ocuparem a cena política como protagonistas. Assim, o papel do campo no projeto maior de modernização varguista seria plenamente atendido; não seria possível garantir a modernidade industrial sem respostas efetivas do campo. Porém, a capacidade de incorporá-lo nos mesmos moldes da cidade era, ainda, restrita, levando o Estado a optar, num primeiro momento, por uma incorporação imaginária – e não pelo seu abandono – do trabalhador rural. Ao mesmo tempo, as bases oligárquicas da sociedade, batidos os seus representantes políticos no nível nacional, continuariam a ser consideradas. O *Acordo Comercial* com os Estados Unidos, de 1938, contemplando os interesses da cafeicultura de forma a facilitar a colocação do café no mercado americano, seria a efetivação de tais compromissos. Evitava-se, dessa forma, abrir, de imediato, uma nova frente de lutas.

Aqui agiam forças complementares e opostas, bastante vinculadas à conjuntura mundial, revelando todo o caráter ambivalente do *Estado de Compromisso* oriundo da Revolução de 1930:

- o projeto econômico e social operado exigia a incorporação econômica do campo de forma subordinada e complementar, iniciando o processo que se denominaria penalização da agricultura;

- o modelo fordista periférico, por sua vez, não contemplava a incorporação, em termos isonômicos, do conjunto da população nacional. Assim, os camponeses não poderiam ser objeto das garantias e exigências da CLT, sob risco de inviabilizar o próprio projeto em curso; em suma, o apoio à classe trabalhadora urbana e sua proteção previam a intensificação da produção rural, aumentando as possibilidades de exploração;
- ao mesmo tempo, a grande autonomia alcançada pelo Estado permitia e estimulava a sua ação no sentido de se sobrepor a todo domínio particular ou privado no mundo do trabalho, inclusive no campo. Tal situação criava uma tensão permanente, levando o Estado a avançar para além de seus objetivos iniciais. Assim, o campo e seu homem são tomados como objetos naturais da governabilidade. Em especial, a ideia de um homem doente ou um campo vazio – o imaginário da tristeza rural – de um lado, correspondia à fragilização do projeto fordista periférico na sua base agrária (confisco cambial, abundância de alimentos, fornecimento de matérias-primas etc.) e, de outro, constituía risco de segurança nacional (fronteiras vazias, soldados subnutridos etc.);
- tais exigências, por sua vez, contrapunham-se à necessidade de manter o ordenamento agrário preexistente a 1930, não abrindo frentes de conflito além do necessário. Assim, mesmo sob a pressão intensa da imperiosidade da modernização da agricultura como meio de viabilização e financiamento do projeto fordista entre nós, evitava-se um rompimento com os setores agrários tradicionais, optando-se por um trabalho na fronteira (na *física*, a fronteira agrícola, e na *fronteira política*,

o limiar do rompimento com os interesses agrários oligárquicos), pela colonização dos espaços vazios e regulação exclusiva do trabalho induzido nos projetos, evitando uma incorporação universal ao mundo do trabalho fordizado. Assim, o arranjo político previsto gerava alguma compensação para todos os setores envolvidos, embora a hierarquização agora ordenada implicasse clara subordinação do campo.

Um primeiro passo no sentido de incorporar o interior, os chamados *sertões*, ao processo produtivo nacional é dado com o decreto assinado por Getúlio Vargas, já em 1932. Tal decreto, proposto por Lindolfo Collor, abria as terras públicas do estado do Piauí para o assentamento de trabalhadores *na qualidade de arrendatários mediante módica contribuição* (artigo 6º, Decreto sobre Terras Públicas, 1932).

Pode-se detectar, assim, o surgimento de uma fase nova de preocupações do Estado quanto ao mundo rural: tratava-se, agora, de promover a colonização interna do país e expandir as fronteiras agrícolas. Num mundo cada vez mais conturbado pela crise econômica mundial e com sinais evidentes de aguçamento de conflitos internacionais, a preocupação com o autoabastecimento, com a garantia de alimentos para o país, é crescente. Nesse sentido, colonizar, produzir mais, e para o mercado interno, torna-se uma meta do Estado. O diagnóstico que pautava sua atuação era marcado tanto pela experiência riograndense de colonização – onde surgira um campesinato próspero – quanto pelo viés modernizante e autoritário – expresso, por exemplo, na figura de Lindolfo Collor – que propunha erguer o país da sua letargia secular. Um dos pontos básicos da interpretação autoritária do Brasil, nessa época, partia da visão de risco imediato que corria um país formado por amplos espaços vazios e de uma fronteira Oeste – Goiás, Mato

Grosso, Guaporé/Rondônia – praticamente abandonada. Ora, num mundo onde grandes potências se lançam à conquista de países vizinhos mal povoados ou mal defendidos (ataques da Itália na África, do Japão à China e, mais tarde, da Alemanha hitlerista em busca do seu *lebensraum* ou espaço vital no Leste europeu), o Brasil, com seu imenso território (e grandes bolsões de populações de origem estrangeira), parecia um alvo fácil. Homens como Alberto Torres e Oliveira Vianna chamaram a atenção para o perigo de uma geografia aberta como a nossa, do país mal povoado e da presença de colônias estrangeiras: bases para uma ação imperialista. Assim, sem se ocupar com a questão da terra na área próspera e já densamente ocupada do eixo Centro-Sul, a atuação do Estado, a partir de 1930, iria se voltar para os espaços vazios do Centro-Oeste, as áreas deprimidas do Nordeste e a imensa Amazônia.

O objetivo básico será a instalação de trabalhadores pobres, flagelados e retirantes das secas e de ex-reservistas em grandes áreas de assentamentos agrícolas. Tais áreas seriam constituídas pela reunião de pequenos lotes, em média 25 hectares (terão variações conforme o tempo e o local dos projetos), com previsão de uma reserva florestal, algo em torno de 25% da área total da colônia, de uma escola e do estabelecimento de um sistema de cooperativas.

Durante um bom tempo esses projetos mobilizariam o imaginário popular, envolvido por eficientes campanhas de propaganda, em que o Estado assegurava a felicidade dos cidadãos. Poucas vezes antes, no Brasil, a vida cotidiana de homens e mulheres havia sido tomada como parte do processo político, e tantas pessoas acreditaram que melhorariam sua existência por meio da ação governamental. Em dezembro de 1938, já antevendo o sucesso no próximo carnaval, os compositores João de Barro e Alberto Ribeiro lançam em disco, pela fábrica RCA

Victor, *A marcha para o Oeste*, na qual a *ideologia bandeirantista* aparece como possibilidade de felicidade pessoal:

Eu vou...ô...
Para o oeste
Adeus...
Meu amor
O beijo que me deste
Levarei para onde for

Teus lindos sonhos de agora
Realidade serão
Quando eu voltar
Para pagar
Teu beijo que vale um milhão.

O imaginário rural brasileiro: a dignificação autoritária do trabalho

A ideia de aventura e desbravamento deveria mobilizar os sonhos de milhares de brasileiros, abrindo os sertões à civilização. Para outros, menos afeitos às grandes aventuras, prometia-se a felicidade por meio do elogio do trabalho e das virtudes do lar. Procurando banir do imaginário popular a longa tradição da malandragem, tão tipicamente carioca, o Estado Novo condenava claramente o ócio, nos grupos subalternos, e propunha o trabalho como valor básico. Malandros, desocupados, jogadores, boêmios e pedintes constituíam grupos visados pela polícia, que mais do que simples manutenção da ordem executava um projeto de ordenamento para o trabalho, um trabalho de massa, cronometrado, com ênfase na intensidade da jornada, tal qual as práticas fordistas impunham. Os três apitos da fábrica de tecidos fazem reclame da moça que não tem tempo para o poeta-boêmio, que só vive no tempo noturno do sereno, como no samba de Noel

Rosa, que reconhece a imposição de um novo tempo, rimando apito/grito/aflito. Da mesma forma, Haroldo Lobo e Milton de Oliveira retratavam, em uma marcha do carnaval de 1939, a imposição do tempo cronometrado:

> Ainda não é hora do batente
> E ele fica impertinente
> Acordando toda gente
> Fazendo cuco, cuco, cuco...
> Eu pego às oito e quarenta e cinco
> E levanto às sete pra tomar
> [banho e café [...][42]

Da mesma forma, em *E o 56 não veio* ou *O bonde do horário já passou*, o horário cronometrado do bonde tornava-se uma temática corriqueira do cotidiano, impondo ritmos novos e obrigações incontornáveis. A vertigem da velocidade, a veloz dança das horas, transforma-se em temática obsedante do modernismo brasileiro – ao par e ao passo dos modernismos italiano, alemão e americano –, como no poema *Café Expresso*, de Cassiano Ricardo. Após descrever idilicamente a fazenda de café, a porteira e a cabocla, "com olhos como dois pingos de café", o poeta declara:

> Mas eu não tenho tempo pra pensar nestas coisas!
> Estou com pressa. Muita pressa!
> A manhã já desceu do trigésimo andar
> daquele arranha-céu colorido onde mora.
> Ouço a vida gritando lá fora!
> Duzentos réis, e saio. A rua é um vozerio.
> Sobe-e-desce de gente que vai pras fábricas.
> Pralapracá de automóveis. Buzinas. Letreiros.
> Compro um jornal. O Estado! O Diário Nacional!
> Levanto a gola ao sobretudo, por causa do frio.
> E lá me vou pro trabalho, pensando [...]

[42] *Passarinho de relógio*, disco RCA Victor, 1939.

São *tempos modernos*, no qual o ritmo urbano, fabril, intenso ou, como diria Noel Rosa, o grito/aflito/apito sobrepujam o ritmo do campo, o tempo agrário das estações, dos ciclos da terra, marcados pelos trabalhos agrícolas. Todos devem se adaptar ao novo ritmo vitorioso do mundo moderno e mesmo nas campanhas, nos núcleos coloniais junto à terra, o tempo não é mais o tempo da natureza:

> As horas caem sobre nós verticalmente
> como chuva secreta.
> ....
> O que disputamos já não é um palmo de terra,
> O último que ficou fora do mapa.
> É o amanhã, é o direito de um dia seguinte.
> O que disputamos é a hora,
> e, assim mesmo, a hora que cai verticalmente [...][43]

Ao mesmo tempo, a noção de trabalho como missão do homem é sobrevalorizada, visando afastar qualquer elogio ao ócio, apagando com horror a pecha imposta de preguiça, da eterna *pereza* ibérica, a herança rural a ser superada. Assim, a política oficial do Estado Novo pauta-se por instrumentos capazes de

> [...] garantir a penetração nas mentes e nos corações dos valores positivos do trabalho, na primeira fase do governo de Getúlio Vargas desencadeou-se uma intensa propaganda enaltecendo as virtudes do trabalho que, ao mesmo tempo, não prescindia em condenar toda e qualquer manifestação de apoio ao ócio e à indisciplina.[44]

Vargas, desde os primeiros dias de seu longo domínio sobre o país, ocupou-se com a mídia e com a possibilidade de buscar

---

[43] Cassiano Ricardo, A manhã que conquistamos ao inimigo.

[44] Zanirato Martins, Sílvia Helena. Mendigos e vadios: artífices do ócio na sociedade do trabalho. Relatório de pesquisa, CNPQ. Comunicação, Universidade Estadual de Maringá, 1997, p. 3.

a hegemonia sobre a sociedade por meio do uso da cultura popular. Já em 2 de julho de 1931, criava o Departamento Oficial de Publicidade (DOP), visando controlar os jornais e o rádio e a estabelecer as condições básicas de aceitação do novo ordenamento.

Mais tarde, em 1934, o DOP, ainda mais voltado para o uso do rádio, iria se transformar no Departamento de Propaganda e Difusão Cultural (DPDC), dando origem ainda ao Departamento Nacional de Propaganda (DPN), e, por fim, em 27 de dezembro de 1939, nascia o Departamento de Imprensa e Propaganda (DIP). A educação moral e cívica do povo brasileiro constituía um dos objetivos fundamentais da nova agência do Estado Novo, particularmente a difusão dos valores enaltecedores do trabalho e da superação da mentalidade ociosa, largamente tributada, de um lado, à tradição malandra urbana – herdeira dos jogos e cantos de senzala – e de outro, à pasmaceira e ao atraso do campo. Da mesma forma, Vargas aperfeiçoava os mecanismos repressivos com a criação de uma polícia política, a Delegacia de Ordem Política e Social (Dops). Ao mesmo tempo que se procura superar a cultura da malandragem, enraizada na vida urbana do Rio de Janeiro desde a década de 1920, em especial na música popular, mostra-se um campo adormecido, um gigante a despertar. No lugar do malandro e do bugre deveria surgir um operário limpo, produtivo, casado e definitivamente incorporado ao processo produtivo do país.

Em outubro de 1941, Ataulfo Alves e Felisberto Martins lançavam, em discos Odeon, um grande sucesso popular denominado "É negócio casar":

> Veja só
> A minha vida como está mudada
> Não sou mais aquele
> Que entrava em casa alta madrugada

Faça o que eu fiz
Porque a vida é do trabalhador
Tenho um doce lar
E sou feliz com meu amor
O Estado Novo
Veio para nos orientar
No Brasil não falta nada
Mas precisa trabalhar
Tem café, petróleo e ouro
Ninguém pode duvidar

E quem for pai de quatro filhos
O presidente manda premiar
É negócio casar!

Veja só!

Procurava-se, assim, ajustar o malandro ao novo universo do trabalho fordista e mobilizar as forças dos homens abandonados nos sertões, arrancá-los da tristeza em que viviam, os três séculos de solidão, para transformá-los em homens produtivos. No caso do campo, cabia enaltecer o esforço físico, o caráter quase bélico das fainas agrícolas (um pouco mais tarde falar-se-á em *soldados da borracha*, tal como na Itália fala-se então na *batalha do trigo*), embora permanecesse sempre presente um quadro de tristeza, bem ao contrário do dinamismo da cidade. Na música de Ary Barroso, com letra inicialmente de J. Carlos, de 1931, refeita por Lamartine Babo por volta de 1938, o imaginário urbano em expansão consolida a visão triste do campo a ser superada:

No rancho fundo
Bem prá lá do fim do mundo
Onde a dor e a saudade
Contam coisas da cidade...

No rancho fundo
De olhar triste e profundo
Um moreno canta as mágoa
Tendo os olhos rasos d'água...
Pobre moreno
Que de tarde no sereno
Espera a lua no terreiro
Tendo o cigarro por companheiro
Sem um aceno
Ele pega da viola
E a lua por esmola
Vem pro quintal deste moreno!

Dá-se aqui uma cesura importante com as visões produzidas sobre o campo, a partir da cidade, ao longo da República Velha. Naquele momento, para frações externas ao pacto oligárquico, o campo é pura e simplesmente o atraso. Doenças, rudeza, embotamento moral e físico estão presentes em Euclides da Cunha, Olavo Bilac, Alberto Torres e outros. Mesmo quando fortes, ou heroicos, como em *Os sertões*, a presença de legiões de caboclos, caribocas, mamelucos, caipiras e tabaréus é anacrônica e condenada à superação. Agora, o campo, embora conserve a tristeza e a solidão, também abriga um homem dinâmico, como na marchinha de Braguinha, capaz de ganhar um milhão para pagar o beijo da amada. A tristeza casa-se com um romantismo simples e heroico, não longe das idealizações, por exemplo, de um Sholokhov em o *Dom Silencioso*. É assim com o poema de Cassiano Ricardo intitulado *O lavrador*, talvez a mais perfeita visão do campo redimido no Estado Novo.

A tua mão é dura como casca de árvore.
Ríspida e grossa como um cacto.

Teu aperto de mão machuca a mão celeste,
de tão agreste – e naturalmente por falta de tacto.

A tua mão sabe o segredo
da lua e da floresta em seu explícito contato
com as leis ocultas da germinação.

Mão monstruosa, de tão áspera,
incapaz de qualquer carícia, órfão de sutileza,
indiferente ao cetim e ao veludo
....
Mão aumentada pela santidade do trabalho
Suja de terra e enorme, mas principalmente enorme
Como estar sempre num primeiro plano

na sucessão das coisas – frutos, árvores, lavouras –
que saem dela ao fim de cada ano.

Se Cristo regressar, ó lavrador, não é preciso que lhe mostres
como eu, as feridas do corpo e do pensamento.
Nem as condecorações faiscantes que os outros ostentam no peito.
Mostra-lhe a mão calejada.

Mostra-lhe a mão calejada,
enorme, a escorrer seiva, sol e orvalho.

São essas mãos enormes, os pés enormes, dos gigantes que constroem o Brasil que serão também retratados na pintura de Tarsila, desde a década de 1920, e muito claramente, nas décadas de 1930 e 1940, na produção de Cândido Portinari. A arte moderna brasileira, influenciada pelo cubismo, pelo expressionismo e pelo muralismo mexicano, se politiza. "A ambição do modernismo, ao querer exprimir o imaginário brasileiro, faz com que procure reconstituir esse imaginário a partir de suas origens".[45] O homem do povo, o trabalhador,

---

[45] Zilio, Carlos. *A querela do Brasil.* Rio de Janeiro: Relume Dumará, (1982), 1997, p. 78.

o pobre serão considerados a imagem mais genuína do brasileiro, identificando-se nos trabalhadores, rurais e urbanos, a própria brasilidade. Já na década de 1920, os temas urbanos e industriais, a incorporação da *máquina*, farão sua aparição na obra de Tarsila. *E.F.C.B.*, de 1924, *A gare*, do ano seguinte, e muito especialmente *Operários*, de 1933, marcarão a explosão do imaginário político no mundo das artes plásticas. *Operários* oferece surpreendente solução temática e técnica inextrincável, em que o conjunto de cabeças dos trabalhadores encaixam-se como peças da máquina da industrialização. Já Portinari, em diálogo intenso com o muralismo mexicano e o pós-cubismo de Picasso, opta por temas rurais que valorizam o trabalho, a força, a construção do país. O tema das mãos e pés enormes, massa frontal da tela, é repetido como imagem cotidiana do trabalho. É assim com *Café*, de 1935; novamente com *O café*, agora painel do MEC, de 1936-1944, e com a explosão de vigor e lirismo em *O lavrador de café*, de 1939. Algumas vezes torna-se tema obsedante como na figura da colona, que se repete no óleo *Café* e no painel *O café*, aparecendo ainda como óleo singular em 1935. A influência expressionista, o agigantamento de mãos e pés, é, para Zilio, trazida do muralismo mexicano. De qualquer forma, Tarsila já a havia exibido no impressionante *Abaporu*, de 1928, e, possivelmente, em decorrência dos prêmios de viagem, já os houvesse visto nas obras de Georg Grosz e Käthe Kollwitz. Essa representação mostra a ligação telúrica do trabalhador com a terra, acentuada pela escolha cromática nas obras, com predominância da *terra marrom/homem marrom/café marrom*, e lança ao primeiro plano o elogio do trabalho.

O cinema brasileiro, então em busca de uma linguagem própria, participa, na década de 1930, da construção do imaginário do campo e do homem rural. São vários os filmes sobre homens comuns, caipiras, que, chegados à cidade grande, perdem seus sonhos de vida melhor no jogo, na bebida ou nos braços de *vamps* maldosas, no mundo temático da perda da pureza já proposto na obra-prima de F. W. Murnau, *Sunrise* (Aurora), de 1927. É no caminho inverso, no retorno purificador ao campo, que surge a obra-prima da filmografia brasileira da década de 1930: *Ganga Bruta*, filme de Humberto Mauro, com argumento de Otávio Gabus Mendes e produção de Adhemar Gonzaga, rodado em 1933, o campo surge como purificação. Após crime terrível – o assassinato da noiva na lua-de-mel em decorrência da maldade e corrupção desta –, ele, engenheiro de profissão emblemática do novo Brasil, vai para o campo trabalhar com camponeses pobres e simples – a redenção –, onde encontra o verdadeiro amor, o perdão. Com imagens simples, líricas, de terrível solidão, *Ganga Bruta*, que no próprio título guarda, ainda uma vez, a recorrência telúrica ao solo, mostra um campo diferente da cidade, de gente simples, de muito trabalho e local de construção de uma vida nova.[46]

Embora o alvo principal da atuação política de Vargas fossem os operários urbanos, a partir de 1943 começam a surgir inúmeros atos que prenunciam a intenção de incorporar os trabalhadores rurais ao mundo do trabalho regulamentado.

A década de 1930 consolida, assim, parte substancial do imaginário que até hoje povoa a mente dos brasileiros sobre o seu passado rural e sobre a vida no campo. A elite intelectual defronta-se com a natureza multicultural e multirracial do

---

[46] *Ganga Bruta* foi o único filme brasileiro incluído pelo Festival do Filme de Berlim na lista dos 100 melhores filmes do mundo, em 1995, quando do centenário do cinema. Para uma análise do cinema brasileiro das décadas de 1920 e 1930, ver: Galvão, M. R. e Bernardet, J. C. *Cinema: o nacional e o popular na cultura brasileira*. São Paulo: Brasiliense, 1983 e Lino, Sonia. *História e cinema*: uma imagem do Brasil nos anos 30. Niterói: Tese de doutorado, 1995.

país: "a busca de resolução da ambiguidade fundamental, a de sermos um país latino, de herança cultural europeia, mas etnicamente mestiço, situado no trópico, influenciado por culturas primitivas, ameríndias e africanas".[47] Diretamente vinculada ao *modernismo*, na verdade desde a década de 1920, brotava uma literatura nova, que na falta de melhor expressão (no dizer de Antonio Candido) convencionou-se chamar de romance regionalista. Em 1928, José Américo de Almeida publicava *A bagaceira*; em 1930, Rachel de Queiroz atinge imediato sucesso com *O quinze*, épico dos miseráveis retirantes nordestinos, onde vidas são arrastadas pela voracidade de um mundo injusto e ultrapassado. Em 1932, Amando Fontes publica *Os corumbas* e, Jorge Amado, *Cacau*; em 1933, surge *Menino de engenho*, de José Lins do Rego, e *Caetés*, de Graciliano Ramos, em que um mundo morto de engenhos de fogo morto aprisionam homens e mulheres. Ao mesmo tempo, outros homens procuram explicar toda a tristeza e a solidão desse campo, avaliar a herança rural brasileira, seu peso sobre o presente e o futuro do Brasil. Surgem *Raízes do Brasil*, de Sérgio Buarque de Holanda; *Casa Grande & Senzala*, de Gilberto Freire, e *Formação do Brasil contemporâneo*, de Caio Prado Júnior.

Compreender o mundo rural, explicar suas origens e pensar a sua superação são tarefas imediatas.

Não há mais espaço para o bugre abestado de Bilac, o amarelo doentio de Belizário Penna, o Jeca Tatu incapaz de Monteiro Lobato ou o forte fanático de Euclides da Cunha. Agora são homens novos, muitos saídos das cidades, outros incorporados ao processo produtivo nacional, no mais das vezes por meio da rede de colônias agrícolas mantidas pelo

---

[47] Candido, Antonio. *Literatura e sociedade*. São Paulo: Editora Nacional, 1976, p. 117.

governo federal. A partir da experiência gaúcha de colonização, contava-se com o sistema de colônias como algo capaz de tirar a agricultura brasileira do atraso a que fora relegada. Deve-se destacar que o sistema colonial de povoamento era pensado como uma virtude e que o fato de os colonos gaúchos serem, em sua origem, estrangeiros em nada alterava o projeto pretendido. Na organização e na disciplina do trabalho, residia a esperança de mudanças, e não na raça ou no sangue. Mesmo abandonado, o homem do campo era capaz e laborioso.[48]

Esse novo dinamismo do campo, em oposição à República Velha, produz um importante *ersatz*, uma operação de substituição, pela qual o camponês privado de *status* participativo equivalente ao do trabalhador urbano passa a constituir imagem positivada à qual o Brasil agradeceria. Dessa forma, ao contrário do que se afirma comumente, o campo e seu homem não estão ausentes das preocupações do Estado nas décadas de 1930 e 1940. Na verdade, o homem do campo ocupa um espaço nobre, não como agente participativo, mas como imagem a ser construída e apropriada pelo conjunto da nação.

Ao mesmo tempo, devemos destacar outro fato comumente esquecido: mesmo sob a ditadura do Estado Novo não devemos ver o Estado como o único produtor do imaginário sobre o homem do campo. Desde o momento do rompimento da hegemonia agrário-conservadora, em 1930, outros produtores de imagens alinhavam-se ao Estado, ou se adiantavam a ele, como fontes de construção de *brasis*. Se o Estado recorreu ao DIP ou ao Ministério da Educação, ao tempo de Capanema, o conjunto da sociedade deu sinais evidentes de vigor e de capacidade imaginativa. Temos então o surgimento do samba-enredo,

---

[48] Schwartzman, Simon *et al.* Tempo de ação, *in: Tempos Capanema*. Rio de Janeiro: Paz e Terra/Edusp, 1984.

gênero novo que aborda diretamente a temática social; as marchinhas de carnaval; a historiografia moderna (com Sérgio Buarque de Holanda); a literatura e a crítica – todas instâncias capazes de elaborar imaginários autônomos, reexplicando as imagens propostas pelo Estado Novo.[49] Todos se nivelariam assim como produtores de imagens do Brasil, fazendo com que a ação estatal fosse apenas mais uma e não, como muitos desejariam, a única em cena, local exclusivo da enunciação de imagens sobre o campo, demonstrando a pluralidade dessas enunciações – poéticas, pictóricas, textuais de variados matizes da então identificada Questão Agrária.

Por parte do Estado, desenvolveu-se uma dinâmica que deveria mostrar à população uma ação intensa, diuturna, permanentemente dirigida para a redenção do homem do campo. Foi particularmente ativa a ação de Osvaldo Aranha no setor, promovendo inúmeros atos de apoio às novas colônias. Em um decreto de 1932, Aranha define claramente sua compreensão do que deveria ser o sistema de colonização sob a forma de cooperativas: "[...] as cooperativas de produção agrícola caracterizam-se pelo exercício coletivo do trabalho agrário (Artigo 21) [...] e são sociedades de pessoas e não de capitais".

A crise do regime autoritário e o campo

A atuação de Osvaldo Aranha se assemelha, em muito, aos programas colocados em prática nos Estados Unidos e na Alemanha, procurando estabelecer desempregados e subempregados das cidades em colônias agrícolas, visando assim eliminar as tensões decorrentes da crise de 1929 e, ao mesmo tempo,

---

[49] Sobre a autonomia do imaginário popular e sua constituição enquanto instância da resistência, ver Carlo Ginzburg. *História noturna*. São Paulo: Companhia das Letras, 1991 (em especial a Introdução).

fortalecer a ação do Estado em pontos remotos do país. Já em 1933, o governo inicia a distribuição de lotes de terra, fruto da partilha de propriedades sob sua administração ou de terras da União. Como, mesmo assim, há forte resistência ao processo de colonização, acaba por decretar a autorização de desapropriação de terras por utilidade pública (pela primeira vez no Brasil).

O decreto, ainda sob a égide de Osvaldo Aranha, primeiro à frente do Ministério do Interior e depois do Ministério da Fazenda, estabelece a colonização como urgência nacional e dá conta do atraso do mundo rural brasileiro, destacando em especial os efeitos perversos da malária e a resistência do povo do campo aos imperativos do desenvolvimento. Emana daí uma clara percepção da cidade como polo dinâmico frente ao campo, capaz de produzir heroísmos, mas, ao mesmo tempo, obstáculo ao desenvolvimento pretendido. O diagnóstico da tristeza, *do lugar para lá do fim do mundo*, aparece em toda sua expressividade.

Poderíamos, assim, dizer que a legislação agrária varguista marca claramente o surgimento de uma Questão Agrária no Brasil. Até então, o campo era tratado como a atividade natural, única possível do país; era a época do Brasil, país essencialmente agrícola; agora, o campo passa a ter uma função num programa, ainda difuso, de desenvolvimento nacional. E um pouco mais do que isso: o campo, com seu homem tradicional, passa a ser visto como um problema, uma questão, a do obstáculo ao pleno desenvolvimento do conjunto do país. Para os homens que assumem o poder na década de 1930, o desenvolvimento é sinônimo de indústria, de população bem alimentada, saudável e de erradicação do analfabetismo e de endemias. Poderíamos, agora, dizer que as ideias iniciais de Alberto Torres, Olavo Bilac e Belizário Penna encontravam, de certa forma, eco na ação política de um governo. Ora, nesse contexto surge uma *questão*:

como fazer o campo brasileiro ajudar e participar do desenvolvimento nacional?

Do ponto de vista político e do imaginário nacional, nascia, aí, a Questão Agrária.

Mesmo antes de chegar ao poder, ainda em 1930, Vargas definira, na plataforma da Aliança Liberal, como já vimos, funções para a agricultura brasileira, colocada agora no âmbito de um projeto nacional: servir de base para um desenvolvimento contínuo e autossustentável.

Pela primeira vez no Brasil, um governo se declarava claramente contrário à hegemonia agrário-exportadora e à monocultura, criticando a dependência externa do país e sua vinculação ao capitalismo mundial. O impacto da crise de 1929 sobre o Brasil, desvalorizando o café – produto básico da pauta de exportações – mostrara que todo o país poderia afundar junto com a monocultura. Assim, cabia lutar pela autonomia, na época dizia-se autarquia, da economia brasileira; nesse sentido, a agricultura desempenharia funções básicas: abastecer a população, financiar as importações, baratear o preço da produção industrial nascente, ocupar o território e gerar empregos. Como levar uma agricultura rotineira e atrasada a preencher tais papéis? Eis aí o miolo da Questão Agrária que nascia. A intervenção estatal será a resposta básica dada por Vargas, a mesma que daria no setor industrial e no da legislação trabalhista:

> A concepção econômica do Estado Novo não é uma questão de doutrina ou ponto de vista: é uma imposição da realidade contemporânea. E a necessidade é que faz a lei: tanto mais complexa se torna a vida no momento que passa tanto maior há-de

> ser a intervenção, porém, deverá processar-se sempre no sentido do interesse público e do desenvolvimento econômico do país.[50]

Para superar a condição de atraso, a intervenção do Estado é considerada indispensável, inclusive na agricultura. São tomadas várias medidas, voltadas para a *modernização das relações de trabalho no campo e para permitir o acesso à terra* de uma massa de miseráveis e despossuídos que se avolumara ao longo da República Velha. O decreto 24.606, de 1933, extingue o sistema de arrendamento de terras, inclusive das ordens e instituições religiosas. São, assim, banidos três séculos de existência deste instituto. Uma intrincada rede de direitos e recursos, que encarecia toda a movimentação de terras, ou mesmo a impossibilitava, e que resistira à Lei de Terras de 1.850 e ao Regulamento de Terras de 1913, ruía agora.

O Estado passava a exigir, ainda, o título de propriedade para a legitimação das posses, o que era já em si mesmo uma cassação dos pretensos direitos dos latifundiários (que haviam se apossado de terras públicas), e autorizava a desapropriação mediante o pagamento de 40 vezes o valor do último foro pago. Ora, a expropriação em função do valor do foro pago é um mecanismo de redução radical do preço do imóvel. Como o próprio setor agrário jamais consentiu em que se estabelecesse o valor venal dos imóveis e benfeitorias, o imposto ou foro pago eram sempre muito baixos. Mesmo o imposto territorial, de cunho estadual, era pago (quando o era) com atraso e a partir de um valor abastardado, para efeito de evasão fiscal. A esperteza de não se pagar impostos e de deprimir o aluguel das terras tomadas à União voltava-se contra os próprios latifundiários.

---

[50] Vargas, Getúlio. *O Estado Novo*, 1938. Rio de Janeiro: José Olympio, 1942, p. 282.

Como a resistência é intensa, inclusive junto à Justiça, o governo reforma e publica novamente o decreto em 1941. A nova versão apresenta-se ainda mais draconiana em relação aos velhos setores agrários: proíbe-se o recurso ao poder judiciário, ficando a decisão final sobre as expropriações exclusivamente no âmbito do poder executivo. Ou seja, se uma fazenda fosse desapropriada, o fazendeiro não poderia reclamar na justiça.

Ao mesmo tempo, o valor da indenização é reduzido para a variação de dez até vinte vezes o valor do último imposto pago. Travava-se uma guerra surda entre os velhos setores agrários do país e as novas ideias autoritário-modernizantes.

Decretos complementares – em 1934, 1937, 1938, 1939, 1940, 1942 e 1944 – mostram, bem ao contrário da República Velha, um lado pouco conhecido do Estado Novo: sua vocação de reformador do mundo agrário brasileiro. A União assume completamente o patrimônio das terras públicas que, por meio da Constituição de 1891, havia passado para os estados federados. Tal medida impede que as oligarquias locais continuem dominando os mecanismos de legitimação das imensas posses adquiridas ao longo da República Velha.

Uma situação especial surge com a publicação da CLT em 1º de maio de 1943. No seu artigo 7º, do Título 1, atendendo às pressões da oligarquia, o texto declara que os preceitos constantes da presente Consolidação não se aplicam:

> b) aos trabalhadores rurais, assim considerados aqueles que, exercendo funções diretamente ligadas à agricultura e à pecuária, não sejam empregados em atividades que, pelos métodos de execução dos respectivos trabalhos ou pela finalidade de suas operações, se classifiquem como industriais ou comerciais.

Entretanto, no Título II, artigo 13, estabelecia a obrigatoriedade da carteira de trabalho para o exercício de qualquer emprego, inclusive de natureza rural e ainda que em caráter temporário. O parágrafo 1º do mesmo artigo cita claramente o proprietário rural e mesmo aqueles que trabalham em regime de economia familiar. Criava-se, assim, uma clara tensão no texto, reflexo da tensão existente na comissão encarregada dos trabalhos de consolidação e do jogo político vigente. Se, de um lado, os trabalhadores eram excluídos dos benefícios da CLT, acentuando o caráter pontual do fordismo brasileiro, de outro, abria-se caminho para posterior extensão de tais benefícios, como ocorreria em 1945.

Essa exclusão não será, contudo, total e indiscutível. Mobilização de trabalhadores rurais e a atuação da justiça, mesmo que pontualmente, poderão, como veremos mais à frente, colocar em xeque os mecanismos tradicionais de patronagem no campo.

O Estado Novo opta, todavia, por uma ação muito mais enérgica no campo da colonização. Particularmente intensas são as ações do Estado, que no seu conjunto ampliam e redefinem os processos de colonização, sendo crescente a preocupação com a instalação de uma rede de escolas básicas ao lado de cada colônia. Ao mesmo tempo, o poderoso instrumento de redução do latifúndio, o decreto que permite a expropriação, é pouquíssimo usado. O Estado Novo interessa-se fundamentalmente em promover a colonização das áreas de fronteira, em especial o Brasil Central, e em ocupar a fronteira agrícola no Oeste, sobretudo nos novos territórios de Ponta-Porã, Guaporé e Rio Branco, com um novo modelo de exploração agrária. Prefere evitar conflitos abertos com o latifúndio tradicional ou intervir nas áreas velhas, de ocupação antiga, como o Nordeste. Nesse caso, a atuação varguista dirige-se principalmente para o desvio do excesso populacional de estados como Ceará, Rio Grande do Norte e Paraíba e para áreas de extrativismo da borracha, em plena Amazônia. Assim, resolviam-se dois objetivos estratégicos: não criar bolsões de resistência em áreas de apoio consolidado, o Nordeste, por exemplo, e, ao mesmo tempo, ocupar uma área vazia do território nacional. O Estado Novo intervém ainda por meio do que o Ministro da Agricultura, Fernando Costa, denominava órgãos de sistematização: uma série de institutos e departamentos que regulam a produção, a qualidade, permitem ou proíbem as exportações de vários gêneros agrícolas, como o Departamento Nacional do Café, o Instituto do Açúcar e do Álcool, o Instituto Nacional do Mate, o Serviço de Expansão do Trigo, o Instituto do Cacau da Bahia etc.

As antigas elites agrárias viam-se, assim, constrangidas a aceitar, em troca de financiamento e apoio técnico, a virtual perda do controle das políticas voltadas para sua produção e, inclusive, a cobrança de taxas por parte do Estado. Tais recursos arrecadados sobre as exportações, o confisco cambial, deveriam financiar as atividades do Estado, principalmente o esforço industrializante. Dava-se uma virtual transferência de renda do campo para a cidade. Assim, Vargas contrariava fortemente os interesses agrários, punha o latifúndio sob controle, incentivava a colonização interna, limitava a expansão latifundiária, promovia a pequena produção familiar na fronteira (o que, decerto, contrariava os antigos interesses agrários), mas abstinha-se de promover, no conjunto do país, a modernização da estrutura agrária ou mesmo uma reforma agrária, deixando, assim, o latifúndio tradicional intocado. O Estado Novo moldava dessa forma um compromisso precário entre modernização e acordo com o arcaísmo, avançando seus projetos nas áreas de fronteira e nas terras públicas, enquanto evitava uma reforma agrária ampla e radical.

Era um arranjo precário.

De qualquer forma, o conflito com a velha elite agrária se agudiza com a publicação, em 1944, do decreto n. 6.569, que determina a exibição de títulos pelos ocupantes de terras da União. O objetivo era quebrar as resistências ao processo de distribuição de terras, particularmente na fronteira, onde vários grandes proprietários declaravam-se *donos* de tudo que a vista alcançava. Tais reivindicações obstaculizavam os programas de colonização e paralisavam, assim, a ação do governo.

Ao ocorrer a deposição de Vargas, em 1945, o governo trabalhava na implantação de um sistema nacional de seguridade social para o campo, inclusive cobrindo acidentes de trabalho na agricultura e na pecuária (Decreto n. 18.809, de 1945) e, ao mesmo tempo, avançava na distribuição de terras (Decreto n. 7.916, de 1945), deixando entrever uma poderosa expansão da ação governamental em direção ao campo. Ao mesmo tempo, o equilíbrio precário anteriormente descrito desmoronava. As velhas oligarquias agrárias reagiam fortemente contra a intervenção estatal no campo.

Ao seu final, o Estado Novo multiplicava os projetos para o mundo agrário, deixando claro que o desenvolvimento industrial-urbano por si só não seria capaz de superar os entraves existentes. Mais ainda: temia-se que o próprio desenvolvimento industrial fosse estrangulado pelo imobilismo agrário. Tal mudança de política parece operar-se fundamentalmente entre o final de 1944 e junho de 1945, quando são publicados os decretos acima citados. Serão estes decretos que se tornarão alvo da reação pós-varguista, em especial dos deputados do PSD, umbilicalmente vinculados às oligarquias agrárias.

Alguns dos projetos agrários do Estado Novo, entretanto, faliram sozinhos, levando consigo milhares de homens comuns que acreditavam em uma vida melhor.

Foi assim com a *batalha da borracha*, ao deixar milhares de nordestinos – são cerca de 53 mil voluntários, denominados *soldados da borracha* – sem-terra saídos do Ceará, do Rio Grande do Norte e da Paraíba, entregues à própria sorte em meio à floresta amazônica. Outros milhares, cerca de 31 mil brasileiros, morreram de beribéri, malária e atacados por indígenas. Outros tantos foram entregues a seringalistas e reduzidos ao trabalho escravo, mesmo doentes e subalimentados.[51]

A maioria das medidas legais vigentes, em especial a legislação agrária do período Vargas, foi revogada pelos constituintes de 1946, gerando mal-estar e insegurança no campo. Grande parte das colônias foram abandonadas e os fazendeiros voltaram a avançar sobre as terras públicas e a expulsar camponeses.

Se a Assembleia Nacional Constituinte procurava, em 1946, sob a desculpa de *varrer o autoritarismo varguista*, eliminar toda a legislação agrária do Estado Novo – como hoje se procura, sob a mesma desculpa, eliminar a legislação trabalhista –, foi, por outro lado, dócil à propaganda do Departamento Nacional de Informações. Órgão eivado de ideologia fascista, criava pânico na Assembleia informando que:

> [...] os comunistas tentam aliciar as massas camponesas, numa propaganda febril que alarma os fazendeiros. Dando o troco, o próprio DNI vem distribuindo no interior milhares de cartazes e cartões postais mostrando o ateísmo, o regime de trabalhos forçados e o totalitarismo que caracterizam o credo vermelho.[52]

Ao mesmo tempo, tornavam-se visíveis sinais extremamente importantes de uma mudança estrutural na economia brasileira. A população rural começa a declinar percentualmente na década de 1940; enquanto neste último ano a população

---

[51] *O Globo*, 11/7/1947.

[52] *O Globo*, 3/8/1947.

rural representava 68,6%, dez anos depois, em 1950, esse índice cai para 63%. Em termos absolutos, isso quer dizer que a população brasileira passara de pouco mais de 41 para quase 52 milhões de habitantes, enquanto a população rural crescera apenas de 28 para 33 milhões de pessoas. Da mesma forma, as então grandes cidades, como Rio de Janeiro, São Paulo e Recife, mostravam grande dificuldade em prover sua população. As crises de abastecimento eram, é bem verdade, bastante antigas na história do Brasil.[53] Entretanto, agora tornavam-se mais intensas e frequentes e criavam forte pressão da opinião pública sobre o governo. Mais importante ainda é que várias das novas fábricas ficavam paradas por falta de matéria-prima, seja para os produtos propriamente ditos, seja para embalagens e empacotamento. Como o salário-mínimo, criado por Vargas, era baseado no preço suposto de uma cesta básica – as necessidades básicas em alimentos para uma família de trabalhadores sobreviver um mês –, a alta dos alimentos implicava aumento dos custos de produção ou em pressão dos trabalhadores sobre os patrões.

Emperrando as necessidades do arranque desenvolvimentista proposto por Vargas, no Brasil, a produtividade do trabalhador agrícola e da terra era uma das mais baixas do mundo. Nessa época, 10 milhões de trabalhadores cultivavam, no país, 20 milhões de hectares, enquanto nos Estados Unidos, 8 milhões cultivavam 190 milhões de hectares.[54] Não existia, tampouco, qualquer incentivo à melhoria da produtividade no trabalho: de 1920 a 1945, o salário médio sofrera uma pequena

---

[53] Ver Teixeira da Silva, Francisco Carlos. Fome e conflito social. *Ciência Hoje*, n. 100 (maio/jun. 1994).

[54] Castro, Josué de. *Geopolítica da fome*. São Paulo: Brasiliense, 1961, p. 49.

elevação mas, em 1945, dava-se um aumento geral, acompanhado, entretanto, da elevação constante do custo de vida.[55]

Constituía-se, assim, com todos os seus componentes modernos, a Questão Agrária no Brasil. Da mesma forma, uma prática de *intervenção oblíqua* na questão acompanhará as correntes políticas e, à frente de todas, o trabalhismo desenvolvimentista, derivado da experiência reformista de Vargas. Por isso mesmo, as forças vitoriosas em 1945 trataram, muito rapidamente, de identificar o regime que derrotavam com os derrotados da Europa, o fascismo. Assim, a Era Vargas, como seria conhecida mais tarde, passava a significar, para a nova situação liberal, corporativismo e, mesmo, fascismo – identificação fácil, feita pela comparação da Carta del Lavoro de Mussolini com a CLT brasileira, alvo principal dos empresários e políticos já então chamados de *modernos*.

Quanto à legislação agrária, ou mesmo os artigos e parágrafos que tocavam no trabalho rural da CLT, tratou-se rapidamente de esquecer.

Ora, a estratégia colocada em prática por Vargas – em movimentos sinuosos, com idas e vindas – não deve ser colada à experiência fascista-corporativista da década de 1930, mas englobada num conjunto de práticas quase universalmente aceitas à sua época. Levado ao poder no bojo da crise mundial de 1929, Vargas inicia políticas econômicas que governos em todo o mundo estavam, igualmente, praticando. Assim, sob a influência das ideias do economista John Keynes, acreditava-se que a doutrina de um mercado autorregulável capaz de sozinho, sem intervenção estatal, gerir crises no capitalismo levaria ao

---

[55] Para uma análise das crises de abastecimento no período, ver: Maria Yedda Linhares e Francisco Carlos Teixeira da Silva. *História política do abastecimento*, v. 2, Brasília, Binagri, 1981.

desastre econômico e social e, por fim, à própria derrocada do capitalismo.

Coube ao presidente Franklin Roosevelt (1882-1945) – cujo mandato ocorreu entre 1933 e 1945 – dos Estados Unidos, sem dúvida país fora da possibilidade de se apontar como antigo, corporativista ou fascista, inaugurar, no âmbito das grandes nações capitalistas, uma política de forte intervenção estatal – o *New Deal*. A chave de compreensão da nova política estaria no estabelecimento de um *tripé* de garantia para uma nova arrancada da economia americana face à crise econômica: a associação entre grande Capital, grande Estado e grande Trabalho – este entendido como as garantias dadas aos operários, mediante o reconhecimento dos sindicatos como interlocutores do Estado, quanto ao valor do salário, à criação de vários mecanismos de proteção social e à disponibilidade e distribuição de recursos do Estado. Criava-se, então, uma série de órgãos nos quais trabalhadores e operários sentavam-se lado a lado, intermediados pelos representantes do Estado. Tratava-se da associação clara de políticas keynesianas com práticas fordistas, de produção de massa, garantindo, assim, a transformação do mundo do trabalho em sustentação, por meio do consumo de massa, de uma expansão contínua da economia capitalista.[56] Estão aí as origens do que viria a ser denominado de sociedade ou Estado do Bem-Estar Social, *The Welfare State*.

Sem as condições similares às da América, com um movimento e uma classe operária apenas embrionária, incapazes de obrigar o empresariado nacional a voltar-se para o mercado interno, num momento de aguda depressão do mercado externo, sem uma poupança privada capaz de impulsionar

---

[56] Brinkley, Alan. *The End of Reform*. Nova York: Vintage Books, 1996, p. 48 e ss.

o processo de investimentos – quando não havia oferta externa de capitais –, Vargas utilizava-se do único mecanismo disponível: o Estado. Este surge como um demiurgo, criador das condições mais justas de desenvolvimento, incluindo-se aí a decidida intervenção na Questão Agrária, no interior do capitalismo; o *tripé* que Roosevelt organizou, Vargas deveria criar.[57]

As mudanças do clima político mundial, ao lado das inflexões da ação governamental (a lei malaia, a legislação trabalhista para o campo, o decreto sobre a distribuição de terras etc.), estreitaram, ainda mais, o espaço de manobra de Vargas, deixando antever claramente, como num samba cantado por Jorge Veiga, a exaustão do Estado Novo:

> Cabo Laurindo
>
> Laurindo voltou
> Coberto de glória
> Trazendo garboso no peito
> A Cruz da Vitória
> Ôi, Mangueira, Salgueiro,
> Estácio, Matriz estão agindo
> Para homenagear
> O bravo cabo Laurindo
> As duas divisas que ele ganhou,
> [mereceu
> Conheço os princípios que Laurindo
> [sempre defendeu:
> Amigo da verdade
> Defensor da igualdade
> Dizem que lá no morro vai haver
> [transformação

[57] Ver uma outra posição em Ferreira, Brasília. *Trabalhadores, sindicatos, cidadania*. Natal: UFRN, 1977.

Camarada Laurindo
Estamos à sua disposição.[58]

Ao final dessas argumentações, poderíamos apresentar alguns pontos decorrentes do que apontamos, no início deste texto, como tensão e ambivalência da política do Estado Novo face ao campo. O Estado gostaria, por exemplo, de manter a dualidade forçada entre *participação política versus participação imaginária*, guardando desta forma a integridade do projeto fordista-keynesiano periférico e deslocando para mais tarde uma ação decisiva em relação ao campo. Entretanto, o próprio avanço e a dinâmica da ação estatal, em especial as exigências da nova regulação econômica, abriam novas áreas de atrito e resistência por parte dos setores tradicionais, obrigando o Estado, assim, a superar tais resistências e ampliando sua ação para além de seus objetivos iniciais.

[58] Haroldo Lobo e Wilson Batista, disco RCA, 1945.

TERRA E DEMOCRACIA NA CONSTRUÇÃO DO BRASIL MODERNO (1945-1998)

A NOTÍCIA CITADA NO CAPÍTULO anterior, de *O Globo*, nos mostra claramente que as condições de trabalho e de vida da população rural entravam na cena política. A ideia de uma agitação comunista – nesse momento, lutam exércitos camponeses na China e ocorrem levantes camponeses na Índia, Indochina e Indonésia contra o domínio colonial do Ocidente – aparece, então, como componente importante da vida política brasileira. Na sua origem, com Vargas, a Questão Agrária constituíra-se em torno da ideia de desenvolvimento, que nucleava a busca da autonomia econômica, a produção de divisas, o financiamento da industrialização e a superação de uma condição de atraso – *os jecas ou bugres* – prevalecente no campo. Ora, a participação brasileira na Segunda Guerra Mundial, bem como nas conferências internacionais seguintes, politizará profundamente a questão do desenvolvimento econômico dos países ditos atrasados. Assim, a resolução da Questão Agrária assumirá ares de enfrentamento entre o Ocidente e o Oriente, entre projetos de desenvolvimento liberais e projetos considerados socialistas.

A chamada Questão Agrária e, muito especialmente, o regime de acesso e posse da terra, iria se tornar um dos fulcros da chamada questão colonial. Com a derrocada dos grandes impérios coloniais construídos no século XIX e consolidados no início do século XX, países como Inglaterra, França, Holanda ou Portugal não mais conseguiam manter o seu domínio sobre as antigas áreas coloniais. Assim, não se tratava simplesmente da soberania da Indochina, da Argélia ou da Índia. Em larga escala, os brancos de origem europeia haviam se tornado, ao lado de ínfima parcela de mestiços, monopolizadores de vastas extensões de terras agriculturáveis. Dessa forma, as grandes plantações de seringueiras da Malásia, da Indochina e de Bengala; as plantações de café de Angola; as grandes fazendas pecuaristas do Quênia e da Rodésia; as de amendoim e cacau em Gana etc. estavam nas mãos de colonos brancos, que evidentemente se recusavam a qualquer negociação com os movimentos de autonomia nacional surgidos nas regiões e que vinham se habilitando a uma eventual transferência de poder. Não era apenas a posse da terra que acirrava a luta anticolonial. Também as ricas jazidas de minério dos novos países surgiam como ponto de discórdia, particularmente quando eram administradas por consórcios multinacionais, como o petróleo da Líbia ou do Irã, ou o ouro, o urânio e o cobre de Catanga, no antigo Congo Belga.[1]

No caso da luta pela posse e uso da terra dava-se, entretanto, um nítido conflito não só econômico como, ainda, cultural. Baseados no poder político da metrópole, os colonos brancos apropriaram-se de milhares e milhares de hectares agriculturáveis das populações nativas, sob a justificativa de não serem terras em regime de propriedade privada. Ora, a maioria das populações nativas, em especial na África, desconhecia as normas ocidentais de propriedade e considerava a terra um bem comum. Outros povos, como na Índia, possuíam um milenar e complexo sistema de acesso à terra, inteiramente diverso dos

---

[1] Linhares, Maria Yedda. *A luta contra a metrópole*. São Paulo: Brasiliense, 1981, p. 23-29.

sistemas ocidentais. A imposição das normas ocidentais de propriedade privada representava, dessa forma, a pura e simples expropriação das populações locais. Tal foi o caso do Quênia, originando, por exemplo, a Revolta dos Mau-Mau. Os colonos brancos, de origem britânica, desapossaram mais de um milhão de hectares de terras dos nativos quicuios, a mais numerosa etnia local. O descontentamento dessa população, maioria de criadores transumantes (portanto, com uma visão livre das terras), leva, entre 1952 e 1957, ao levante contra os fazendeiros britânicos, ocasionando uma violenta repressão colonial.

Da junção do conflito pela terra com a luta contra a metrópole surgiu o caráter altamente explosivo da questão colonial ou da independência dos povos coloniais no pós-1945, reunindo em uma só questão a luta pela terra e a luta pela autonomia nacional.

Procurando construir uma hegemonia mundial, e esquecendo-se de seu próprio passado colonial, os Estados Unidos, já em clima de guerra fria, evoluíram rapidamente, entre 1945 e 1947, de uma posição nitidamente anticolonial, à de principal sustentáculo dos colonialismos decadentes, na Indonésia (em favor da Holanda), na Indochina, em especial no Vietnã (em favor da França), e em Angola (apoiando o ultracolonialismo português), ou de defensor dos regimes brancos racistas, como o da ex-Rodésia, atual Zimbábue, e o da África do Sul, o *apartheid*.

Nos programas da maioria dos movimentos de libertação nacional, como os do Vietnã, da Argélia, do Zimbábue ou da Nicarágua, constavam claramente itens declarando a reforma agrária medida emergencial e incontornável na luta pela emancipação nacional. Dessa forma, logo após a Segunda Guerra Mundial, a luta pela reforma agrária foi inextricavelmente enredada na guerra fria que dividia Ocidente e Oriente.[2]

---

[2] Morray, J. P. *Origens da guerra fria*. Rio de Janeiro: Zahar, 1961, p. 192 e ss.

Entre nós, na América Latina, a situação não foi diferente. A velha e já secular injustiça social derivada do monopólio da terra, no Brasil e no conjunto da América Latina, passará a compor parte do quadro da guerra fria – muito especialmente após a revolução cubana de 1959. A superação da exploração do homem do campo passará a ser vista, por alguns, como unicamente possível no contexto de uma revolução socialista, quiçá de caráter mundial. A extensa e cruel história do latifúndio inculcaria, em muitos *homens de esquerda*, a certeza de que uma reforma agrária num regime liberal seria impossível, incompleta ou, pior ainda, uma panaceia para enganar os camponeses. Ao mesmo tempo, surgia uma explicação universalista, capaz de dar conta da exploração como um avatar histórico, superável pela ação do próprio homem, na verdade por meio da ação organizada e consciente dos próprios trabalhadores.

Para outros, *homens de direita* ou simplesmente técnicos despolitizados e crédulos na eficácia da técnica, a reforma agrária viria apenas para desorganizar a produção, impedir a aplicação de grandes soluções (no mais, das vezes baseadas em investimentos maciços) ou constituir-se meramente em bandeira para a agitação *vermelha*.[3]

A Questão Agrária se tornará assim, muito rapidamente, ponto central no mapeamento das posturas de *esquerda* e de *direita* latino-americanas, daqueles a favor da ordem existente e daqueles outros que buscavam subvertê-la.

---

[3] Para o debate dos esquemas explicativos da agricultura brasileira remetemos ao livro *História da agricultura brasileira:* debates & controvérsias, de Maria Yedda Linhares e Francisco Carlos Teixeira da Silva. São Paulo: Brasiliense, 1981. Da mesma forma, gostaríamos de aclarar que utilizamos aqui, como ao longo de todo o livro, os conceitos de esquerda e direita conforme propostos pelo filósofo Norberto Bobbio. *Direita e esquerda.* Razões e significados de uma distinção política. São Paulo: Unesp, 1995.

A maior parte da história da Questão Agrária no Brasil, entre 1945 e os nossos dias, será marcada pela oposição de ideias de esquerda e de direita sobre um projeto de desenvolvimento conjunto, campo e cidade, para o país.

Tais diferentes projetos poderiam ser, inicialmente, resumidos com as seguintes características.

As visões da esquerda

O campo representa uma herança do passado colonial do país, guardando os traços da distribuição de renda injusta e atrasada. Não é possível construir-se um país moderno, desenvolvido e justo com a presença do latifúndio. Sua superação deve permitir, simultaneamente, ampliar a cidadania e o bem-estar dos trabalhadores rurais e um desenvolvimento contínuo do país, inclusive do seu setor industrial. Homens e partidos que abraçaram, e ainda abraçam, tais ideias se dividiam, entretanto, quanto aos meios de superação do atraso. Para uns, ligados ao Partido Comunista e ao Instituto Superior de Estudos Brasileiros (Iseb), o campo apresentava características feudais, de profundo atraso, diferenciando-se da cidade, moderna e capitalista; tal análise foi denominada dualismo estrutural, posto que entendia o país como composto de duas estruturas econômico-sociais distintas, feudalismo (no campo) e capitalismo (nas cidades industriais). A resposta buscada para a superação desse dualismo seria a realização de uma profunda reforma, ou revolução, nos moldes da Revolução Francesa ou Inglesa, unindo os setores da cidade com os trabalhadores rurais, para eliminar um inimigo comum, o latifúndio, e o atraso que ele apresentava, principalmente por meio de uma ampla distribuição de terras. Para outros, como o historiador marxista dissidente Caio Prado Júnior, o campo não era de modo algum feudal ou atrasado, sendo o conjunto das relações de trabalho então existentes inequivocamente capitalistas. Nesse caso, não caberia qualquer aliança com os capitalistas da cidade, posto que seus aliados naturais eram os proprietários de terras. A resposta à Questão Agrária residia na extensão da legislação trabalhista – carteira assinada, férias, salário mínimo etc. – ao campo, organizando os trabalhadores rurais por meio de sindicatos, conforme o modelo dos trabalhadores industriais, única forma de colocá-los em condições de lutar contra a exploração.[4]

Uma terceira posição, ainda no campo da esquerda, talvez pudesse ser buscada nos estudos do sociólogo José de Souza Martins (USP) que, de certa forma, influenciaram fortemente a Igreja Católica, a Teologia da Libertação e a Pastoral da Terra no país. Para Souza Martins, não haveria qualquer oposição insuperável entre as velhas estruturas agrárias vigentes no país e o moderno capitalismo industrial das grandes cidades como Rio e São Paulo. A própria dinâmica do capital o levaria a buscar a maximização dos lucros, apoderando-se, ou melhor, recriando relações sociais de trabalho historicamente anteriores a sua própria hegemonia. Assim, não seria o *velho* contra o *novo* a alma do conflito no campo. O *novo* – quer dizer, o capital –, no seu afã pelo maior lucro possível, criaria e recriaria velhas relações de trabalho – parceria, meação e, no limite, o trabalho escravo – conforme suas próprias necessidades de expansão. Desmentindo outro sociólogo, também da USP, Fernando Henrique Cardoso, que explicaria, em 1997, o conflito violento no campo como sobrevivência do arcaísmo, Souza Martins veria no arcaísmo a própria condição de reprodução ampliada do novo.

---

4 Devemos, para um aprofundamento do tema, recomendar a leitura do importante e original trabalho de Raimundo Santos. *Questão agrária e política*. Autores pecebistas. Rio de Janeiro: Edur, 1996, muito especialmente as p. 11-38.

De tais posições poderíamos, no estágio atual do debate, reter três aspectos conclusivos: a especificidade do desenvolvimento capitalista na América Latina e no Brasil gerou formas periféricas e subordinadas; essa especificidade provocou a necessidade de criar e/ou recriar formas não capitalistas de relações de produção (no caso da agricultura, o fato de existirem no processo produtivo manifestações de atraso ou de *subordinação formal do trabalho ao capital* – não generalização do assalariamento no campo – não comprovaria a permanência do velho nem da agricultura como obstáculo); o *atraso* não se explicaria, assim, como sobrevivência de uma herança colonial, do arcaísmo, mas como refuncionalização, dentro da própria racionalidade do capitalismo periférico, de formas sociais de produção à primeira vista, mas somente à primeira vista, inadequadas ao capitalismo:[5]

> O passado se esconde, e às vezes se esconde mal, por trás das aparências do moderno, fazendo da sociedade brasileira uma sociedade em que essa peculiaridade pesa mais do que à primeira vista se vê.[6]

As visões conservadoras

Ao contrário das análises reformistas de esquerda, nas quais a propriedade e as relações de trabalho desempenhavam papel-chave, as visões conservadoras da Questão Agrária davam ênfase, e ainda o fazem, aos aspectos técnicos, visando despolitizar o problema e, na maioria das vezes, transferir para o próprio trabalhador rural o ônus da sua pobreza. Assim, considerava-se que a mudança na estrutura fundiária não era

---

[5] Linhares, M. Yedda e Teixeira da Silva, Francisco C. A agricultura brasileira e seus esquemas explicativos, *in:* CPDNFGV. *Evolução recente e situação atual da agricultura brasileira*. Brasília: Binagri, 1979, p. 54.

[6] Martins, José de Souza. *O poder do atraso*. São Paulo: Hucitec, 1994, p. 11.

fundamental ao desenvolvimento do capitalismo no Brasil e, consequentemente, a reforma agrária tornava-se supérflua; mais do que distribuição ampla de terras, era necessário *aumentar a produtividade agrícola pela modernização tecnológica* e reorganização da produção em grandes cooperativas capitalistas ou simplesmente em grandes empresas, os complexos agroindustriais, constituindo a hegemonia do chamado *agro-business* sobre o campo; alguns ainda consideravam que a mentalidade predominante no campo, rotineira e atrasada, impedia, e ainda impede, a penetração de capitais e técnicas desenvolvidas, sendo necessário um amplo programa de ensino e orientação técnica. Para outros, o campo, ajudado pelo confisco cambial, havia realizado plenamente sua tarefa de apoiar a industrialização do país e não haveria por que acusar a agricultura de atrasada ou ineficiente; ineficientes seriam as pequenas e micropropriedades, incapazes de encontrar seu lugar no mercado; para esses, a penalização da agricultura teria sido a prática mais comum desde o primeiro governo Vargas, cabendo, agora, ao Estado, devolver, sob a forma de incentivos e crédito, tudo que a agricultura fizera pelo desenvolvimento do país. Os conflitos existentes no campo seriam uma síntese de agitação esquerdista e um reflexo da atuação de grupos ideológicos urbanos que, inclusive, lançariam sobre o campo as sobras de desempregados das cidades, *fantasiados de sem-terra*, segundo a argumentação da União Democrática Ruralista (UDR).

Tais posições estarão presentes, doravante, em todo debate sobre a Questão Agrária brasileira, em seus diversos matizes, marcando os grupos ainda hoje em conflito. Evidentemente, não nos mesmos termos. A necessidade de resolução da Questão Agrária no momento em que se constitui como tal, na década de 1930, possui aspectos inteiramente diversos da

Questão Agrária no auge da implantação truncada do *modelo de industrialização fordista-keynesiano* de tipo periférico, o *nosso chamado processo de substituição de importações*. No início daquela década, tratava-se de reverter os automatismos econômicos e financeiros do modelo plantacionista herdado do Império e aperfeiçoado pela dupla Campos Sales/Joaquim Murtinho. Naquele momento, a política agrícola visava colocar a agricultura em condições de subsidiar uma arrancada industrializante voltada para o mercado interno. Ao longo das décadas de 1950 e 1960 surgia uma nova política para a agricultura: tratava-se de sustentar um padrão de acumulação já claramente capitalista. Assim, podemos falar claramente em padrões de Questão Agrária – marcados, no tempo, por conjunturas específicas – que apontariam para reformas agrárias específicas. A questão do abastecimento interno, por exemplo, é um bom índice do tipo de Questão Agrária e, portanto, do tipo de reforma agrária que se pode identificar numa sociedade historicamente determinada. É claro que a produção de insumos e alimentos básicos foi, ao longo das décadas de 1940, 1950 e 1960, o grande elemento identificador de uma Questão Agrária no Brasil. Da sua resolução dependia, em larga escala, a própria continuidade do desenvolvimento do modelo industrial implantado. Assim, a reforma agrária então antevista deveria, claramente, dar conta de tais óbices ou estrangulamentos. A reforma agrária era, acima de tudo, um imperativo desenvolvimentista.

Para muitos, entretanto, mais *radicais em suas concepções de reforma agrária*, não haveria espaço para um desenvolvimentismo pleno nos quadros de uma sociedade em que as estruturas agrárias não tivessem passado por uma reforma agrária *radical*. Esta deveria, então, dar conta de um processo global de transformação da sociedade voltado para três objetivos básicos: rompimento com o poder político tradicional, ou seja, o domínio oligárquico; redistribuição da riqueza e da renda; e formação e autonomização do mercado interno.[7]

Da mesma forma, nos dias de hoje, em especial após a crise da década de 1980, surge claramente um novo padrão de Questão Agrária, muito especialmente após o esgotamento do modelo fordista-keynesiano periférico, ou do assim chamado *processo de substituição de importações*, e do ajuste estrutural das décadas de 1980-1990, subsequente à crise (quer dizer, o começo da implantação das novas medidas de regulação neoliberal).

O padrão minifúndio/latifúndio, típico das décadas de 1950 e 1960, parece definitivamente superado, com o avanço da industrialização do campo (para retomarmos uma expressão de Kautsky) a formação de amplos *complexos agroindustriais*, os chamados CAIs. Com a predominância dos CAIs, a velha oposição campo *versus* cidade desaparece, as taxas de investimentos tendem à unificação e a atividade agrícola assume o aspecto de grande indústria. Não é mais a velha ineficiência produtiva, a crise de abastecimento e a falta de insumos que dificultam o desenvolvimento econômico. A crise do novo padrão passa agora pela reprodução em larga escala do desemprego, muitas vezes unificando o urbano e o rural, da pauperização e da exclusão social. O novo padrão da Questão Agrária aponta, consequentemente, para um novo padrão de reforma agrária.

O único dado comum, reunindo os diversos padrões históricos da Questão Agrária entre nós, reside na permanência da questão política, ou seja, da dominação que exclui o homem do campo da cidadania, gera pobreza e extrema violência. Sendo um traço antigo da formação social brasileira, traz consigo a semente da confusão, como se desde sempre estivéssemos

---

[7] Tavares, Maria da Conceição. A Questão Agrária e as relações de poder no país. *Folha de S. Paulo*, 5/5/1996, p. 5, 2º caderno.

frente à mesma Questão Agrária, frente aos mesmos 500 anos de latifúndio.

Na verdade, a agricultura e suas respostas ao desenvolvimento do país não são arcaicas; arcaico é o sistema político de dominação que impede que os trabalhadores participem das riquezas que a cornucópia agrícola gera ou poderia gerar.

Poderíamos, assim, num esforço de periodização da Questão Agrária no Brasil, desde sua emergência na década de 1930, apontar três momentos fundamentais, quando alterações nos padrões de organização agrária incidiram claramente na constituição das características conjunturais da Questão Agrária no país:

- o *surgimento da Questão Agrária,* 1930-1945: a busca, sob o impacto das transformações internacionais do capitalismo (imposição do modelo fordista-keynesiano ou do chamado capitalismo administrado), da autarcia econômica por grandes potências e os efeitos imediatos da Segunda Guerra Mundial *geram e impõem, no Brasil, a alteração dos automatismos vigentes na economia desde o Império e reconsolidados no período Campos Sales/Joaquim Murtinho,* já sob a República; nesse momento, tratava-se de romper com a dependência em relação aos produtos primários e à pauta única de exportação (o café) e de superar a condição de *feitoria colonial; em suma, impunha-se a ultrapassagem do plantacionismo.* Os projetos implementados, principalmente a colonização interna, visavam a autossuficiência, em especial no plano do abastecimento alimentício, como suporte indispensável para o funcionamento de uma nova regulação econômica, agora de caráter urbano-industrial;
- *a Questão Agrária como óbice ao desenvolvimento,* 1945-1964/1966: aceleração de um modelo fordista-keynesiano

periférico, a chamada *substituição de importações*, criando-se *ilhas de desenvolvimento* (em especial no eixo Rio/São Paulo), de relativo bem-estar social, com a concessão de benefícios sociais para grupos inicialmente restritos, como os trabalhadores industriais urbanos; a manutenção dos baixos índices de produtividade agrícola, a recorrência das crises de abastecimento e a estreiteza do mercado de insumos – fatos recorrentes nas décadas de 1950 e 1960 – são, então, caracterizados como óbices ao desenvolvimento nacional. Ao mesmo tempo, a Questão Agrária identificada com a questão nacional, com a luta contra o atraso e pela soberania; o binômio minifúndio/latifúndio, com os vínculos de dependência e prestígio, distanciados do novo *éthos* da produtividade industrial, identifica raízes históricas na nossa Questão Agrária;

- *a modernização autoritária,* desde 1966: após o período inicial de 1964-1966, de reorganização liberal da economia, opta-se por um amplo processo de modernização técnica do campo, com a extensão do modelo fordista-keynesiano periférico ao meio rural (inclusive com vários mecanismos mitigados de bem-estar social para os trabalhadores rurais, como o Funrural etc.) e incentiva-se a completa industrialização do campo, com o surgimento dos CAIs, os *complexos agroindustriais.* O espaço de reprodução da pequena produção familiar rural é restringido ao máximo, lançando as massas camponesas para a fronteira agrícola, particularmente com a expansão da pecuária, dos grandes projetos agroexportadores (soja, laranja), ao mesmo tempo que a intensificação da mecanização atinge, também, os trabalhadores assalariados no interior das empresas agrícolas. Concomitantemente, os projetos pecuaristas

> e de madeireiras, ao se apropriarem (com incentivos governamentais) de amplíssimas áreas novas, avançam, ao final do período, em direção ao *fechamento da fronteira agrícola*, tornando eterno o movimento interno dos trabalhadores rurais, em busca da reprodução simples na fronteira, impossível. A Questão Agrária surge, agora, como item fundamental do desemprego no campo, inclusive em áreas tradicionais da pequena produção consolidada, como no Sul-Sudeste do país, inviabilizando o exercício pleno da cidadania, ampliando a miséria e politizando de forma inédita, pela sua intensidade e extensão, a Questão Agrária.

A nova paisagem rural brasileira, acompanhando uma tendência mundial, mostrava-se, desde então, marcada pelos complexos agroindustriais, os CAIs, que representam uma tendência crescente de integração dos diversos patamares de produção e serviços, reunindo as atividades dispersas de setores rurais e urbanos. Nessa composição, a produção primária torna-se somente parcela, e secundária, de um amplo processo industrial. Os CAIs integram-se profundamente ao sistema econômico mundial por meio dos insumos, das patentes (inclusive genéticas) e do consumo. O conjunto de atividades do setor é dominado pela lógica da concentração de capital e da exclusão dos antigos agentes produtivos.[8]

A Questão Agrária como problema nacional

Em 1945, viveu-se o fim da Segunda Guerra Mundial e o fim do Estado Novo, com mudanças fundamentais na so-

---

[8] Ver Gomez, Sérgio. Dilemas de la sociologia rural frente a la agricultura y el mundo rural en la América Latina de hoy. *Cadernos de Sociologia*. Porto Alegre: UFRGS, n. 6, 1994, p. 24 e ss.

ciedade brasileira. De um lado, a participação brasileira na guerra ocidentalizou o país e os grandes debates internacionais. A Guerra Fria passa, então, a ser internalizada, com desdobramentos nacionais de típicos processos em desenvolvimento na Europa Ocidental e Estados Unidos (supressão do PCB, formação de dois campos políticos opostos, identificação de todo movimento social com uma pretensa conspiração internacional etc.).

De outro lado, as mudanças introduzidas por Vargas, em especial a opção pela industrialização, mostravam-se – malgrado o papel conservador da Constituinte de 1946 – irreversíveis. O retorno de Vargas ao poder, entre 1951 e 1954, bem como a atuação de Juscelino Kubitschek, no fim da década, acelerariam as mudanças básicas da economia brasileira em direção a um modelo econômico baseado nos supostos do fordismo-keynesiano.[9]

A maior e mais importante de todas as mudanças iniciadas no pós-Guerra foi a inversão da relação campo/cidade, com a população rural passando de 64% da população total do país, em 1950, para 33%, em 1980, enquanto a população urbana passava, em igual período, de 36% para 67% do total. De 1980 até 1991 a população rural foi ainda mais reduzida, caindo para 24% do conjunto da população brasileira, sendo que apenas o estado do Maranhão mantém hoje uma população rural mais elevada do que a urbana.

O tema do abandono da terra natal, do rincão, se tornará doravante recorrente no imaginário popular brasileiro, quase sempre dando conta de sentimentos contraditórios, *saudade/adversidade*, *necessidade de ir/vontade de ficar*, exprimindo a

---

[9] Ver Mendonça, Sonia. *A industrialização brasileira*. São Paulo: Editora Moderna, 1995.

difícil decisão de milhões de homens e mulheres que se decidiam, enfim, por partir:

Serra da Boa Esperança
Esperança que encerra
No coração do Brasil
Um punhado de terra
No coração de quem vai
No coração de quem vem
Serra da Boa Esperança
Meu último bem.

O bem, o último bem, um punhado de terra, já não vale mais as agruras vividas; as condições gerais asfixiam a pequena propriedade, o pequeno posseiro, o intruso, obrigando-o a partir:

Parto levando saudades
Saudades deixando
Murchas caídas na serra
Lá perto de Deus
Ó minha serra, eis a hora
Do adeus vou-me embora [...][10]

No mesmo ano do sucesso, e morte, de Chico Viola, chegava de outro canto do país o mesmo lamento de abandono e de perda:

Hoje longe muitas léguas
Numa triste solidão
Espero a chuva cair de novo
Pra mim vortá pro meu sertão
Quando o verde dos teus óio
Se espraiá na prantação

---

[10] Lamartine Babo, *Serra da Boa Esperança*, disco RCA Victor, 1937; regravado por Francisco Alves, em disco RCA, 1952.

Eu te asseguro, não chore não, viu?
Que eu vortarei, viu, meu coração.[11]

Graciliano Ramos, descrevendo em página inesquecível o voo da arribaçã, a pomba-rola, última a deixar o sertão, já na véspera da seca, mostrará Fabiano, de *Vidas secas*, atirando a esmo na asa branca, na esperança de espantar, não a pobre ave, mas a própria seca.

Ainda pela sanfona de Luiz Gonzaga, o país era apresentado à fome, turvando o *sonho americanista* que as grandes metrópoles do sul viviam. Era como se Rio de Janeiro e São Paulo, voltados para os esplendores de Copacabana e do Turfe Club, das grandes festas e dos salões do *Copa* e do Quitandinha, dos espetáculos dos cassinos da Urca, de Icaraí e Atlântica, parassem para ouvir o lamento do sanfoneiro:[12]

Pois doutô dos vinte estado
Temos oito sem chuvê
Veja bem, quase metade
Do Brasil tá sem cumê

Dê serviço a nosso povo
Encha os rio de barrage
Dê cumida a preço bom
Não esqueça a açudage
Livre assim nóis da esmola
Que no fim dessa estiage
Lhe pagamo até os júru
Sem gastar nossa corage.[13]

---

[11] Luiz Gonzaga e Humberto Teixeira, *Asa Branca*, disco RCA Victor, 1952.

[12] Santos, Joaquim Ferreira dos. *Antônio Maria*. Noites de Copacabana. Rio de Janeiro: Relume Dumará, 1996.

[13] Luiz Gonzaga e Zé Dantas, *Vozes da Se*ca, disco RCA Victor, 1953.

Da mesma forma, em 1957, Dorival Caymmi chorará a *Saudade da Bahia*: *Bem, não vá deixar sua mãe aflita/A gente faz o que o coração dita/mas esse mundo é feito de maldade e ilusão.*

Claramente a Questão Agrária confundia-se com a impossibilidade de ficar no seu rincão, de viver e trabalhar na terra em que se nasceu e, ainda, com a fome no país. Não era apenas o êxodo rural causado pelas secas, seculares em sua repetição e descaso, mas também a tensão do binômio minifúndio/latifúndio, exercendo uma pressão insuportável sobre um punhado *de terra/meu último bem/no coração do Brasil.*

População urbana do Brasil

1940	31,2
1950	36,1
1960	45,0
1970	55,9
1980	67,5
1991	75,4

Fonte: IBGE, Censos Demográficos.

Em meio a tais transformações, o eixo das atividades econômicas do país deslocava-se do campo para a cidade e a velha afirmação do *Brasil, país essencialmente agrícola* deixava, pela primeira vez, de ser verdadeira. Surgiam, ao mesmo tempo, grandes megalópoles, como São Paulo, cujo município-sede abrigava, em 1991, 9,6 milhões de habitantes; Rio de Janeiro, com 5,4 milhões; Belo Horizonte e Salvador, com cerca de 2 milhões cada uma. Só a Grande São Paulo, cerca de 37 municípios, concentrava em 1991 mais de 15 milhões de habitantes, ou seja, 10% de toda a população do país. O Grande Rio, por sua vez, possuía, no mesmo ano, 10 milhões de habitantes. Em seu conjunto, essas cidades somam quase 43 milhões de brasileiros, produto das migrações mais intensas existentes no país. Tal fluxo origina-se, em grande parte, nos problemas decorrentes do monopólio da terra, na precariedade da vida no campo e na falta de oportunidades, principalmente de emprego, no setor agrícola.

Sem dúvida, o elemento básico responsável pelo crescimento das cidades encontra-se no forte êxodo rural, que chega a esvaziar o interior de alguns estados, como Rio de Janeiro e Espírito Santo, espelhando a falta de oportunidades e, mesmo, a falta de esperança existente no campo. Esse processo foi-se avolumando de tal forma que, segundo o IBGE, de 30 milhões de migrantes em 1970, total acumulado de residentes em municípios distintos daqueles em que nasceram, 21 milhões se dirigiram para as áreas urbanas.[14] Alguns autores, como George Martine, estimam que cerca de 13 milhões de migrantes abandonaram o campo pelas cidades na década de 1960; outros 16 milhões o fizeram na de 1970 e 11 milhões e 300 mil ao longo da década de 1980.[15]

Ao mesmo tempo, houve uma rápida generalização das relações do trabalho de tipo capitalista, o assalariamento, com um fantástico aumento da população operária, chegando a cerca de 500% entre 1950 e 1980, num total de mais de 14 milhões de indivíduos. No seu conjunto, nesse mesmo período, a economia brasileira conseguiu "...multiplicar por dez o valor do seu produto real e por quatro o de sua renda *per capita*" (IBGE, 1993).

O campo assistiria, daí em diante, a grandes mudanças. O processo desencadeado na década de 1930 não seria mais detido. A partir da década de 1970, o assalariamento generalizou-se largamente na agricultura brasileira. De um contingente de

---

[14] Palmeira, Moacir e Leite, Sérgio. *Debates econômicos, processos sociais e lutas políticas*. Rio de Janeiro: CPDN/UFRRJ, 1997, p. 15.

[15] Martine, George. Modernização agrícola e emprego rural no pós-guerra. *Anais do XXVII Congresso Brasileiro de Economia e Sociologia Rural*, 1989, p. 100-112.

15 milhões de trabalhadores, existentes em 1976, 4,9 milhões eram assalariados, sendo que a maior parte composta de trabalhadores temporários ou boias-frias, 3,3 milhões. Os demais, 1,6 milhão, eram assalariados permanentes. Enquanto isso, cerca de 10 milhões de camponeses dividiam-se entre minifundiários, 4 milhões; pequenos posseiros, 2,4 milhões; e rendeiros e parceiros, outros 4 milhões de indivíduos. Uma realidade nova, principalmente no Sudeste e no Centro-Oeste, era a expansão dos boias-frias, trabalhadores agrícolas formados, em sua maior parte, por população não rural. Ou seja, trabalham no campo – são cortadores de cana-de-açúcar, colhedores de café ou laranja, por exemplo, – mas moram em regiões urbanas, nas periferias de grandes cidades ou em entroncamentos rodoviários. Essa população apresentou a tendência de aumento em todo o país, passando, entre 1960 e 1980, de 15 milhões para mais de 21 milhões. Embora a população rural propriamente dita – morando e trabalhando no campo – seja maior do que a população agrícola – só trabalhando no campo –, a primeira cresceu menos do que a segunda, constituindo, em 1991, pouco mais de 36 milhões de habitantes (contra 110 milhões de brasileiros vivendo em cidades).[16]

O desenvolvimento dessa população agrícola – trabalhadores sem-terra; em especial, boias-frias – levou muitos autores, sobretudo aqueles vinculados à visão de esquerda defensora da ideia de que o trabalho assalariado havia se generalizado na agricultura (o famoso *slogan*: "a classe operária vai ao campo"), a considerar a reforma agrária desnecessária e ultrapassada. Caberia agora avançar em direção aos direitos trabalhistas. A origem variada dos trabalhadores agrícolas, um verdadeiro

[16] Para a análise da condição camponesa frente a tal impacto ver Garcia, Afrânio. *Sul: caminho do roçado*. Brasília: Ed. da Universidade de Brasília, 1989.

proletariado, seria a prova cabal da superação da questão do acesso à terra. No auge do debate, na década de 1970, os versos de um poeta dariam conta desse novo segmento social:

> Os boias-frias quando tomam umas biritas
> Espantando a tristeza
> Sonham com bife à cavalo e batata-frita
> E a sobremesa é goiabada cascão
> Com muito queijo
> Depois café, cigarros
> E um beijo de uma mulata
> Chamada Leonor ou Dagmar/ Amar
> O rádio de pilha
> O fogão jacaré/A marmita/O domingo/Um bar
> Onde tantos iguais se reúnem
> Contando mentiras
> Para poder suportar
> São pais de santos
> São paus de arara/São passistas/São flagelados/São pingentes/
> São balconistas [...][17]

Tal corrente, que poderíamos chamar de *tradição leninista*, em virtude do debate de Lenin, em torno de 1899/1900, contra os populistas russos, advogavam a tese da completa subordinação do trabalhador ao capital. O pretenso campesinato brasileiro teria, assim, perdido toda a sua autonomia, sua racionalidade econômica própria. A proposição leninista – tratar os trabalhadores rurais como operários industriais – foi, entretanto, duramente desmentida, quando a maioria dos trabalhadores agrícolas se identificou, entre nós, com a proposta de reforma agrária e engrossou as fileiras dos movimentos de reivindicação de terra. Repetia-se, no país, a mesma experiência vivida pelos movimentos sociais na Rússia pré-revolucionária.

---

[17] João Bosco e Aldir Blanc, *O Rancho da Goiabada*, 1978.

Lá, como aqui, a maioria das massas trabalhadoras no campo se identificava muito mais com a luta pelo acesso à terra – como reconstrução ou manutenção de um modo de viver, como na proposição de Chayanov – do que com a extensão de garantias trabalhistas no campo. Mesmo Lenin, após a publicação de sua obra básica sobre o tema – *O desenvolvimento do capitalismo na Rússia* (1899) – viria a reconhecer a premência da reforma agrária, e seu caráter revolucionário, ao lançar como lema da revolução de outubro a expressão *Paz e Terra*, unindo o acesso à terra ao fim da participação russa na Primeira Guerra Mundial.

A Revolução Russa nascia, assim, sob o signo de uma aliança operário-camponesa.[18] Quatro décadas depois, parecíamos condenados a repetir os termos do mesmo debate. Porém, desde logo, avançaria a percepção da especificidade da condição do trabalhador rural (mesmo no interior dos CAIs) e a necessidade de uma ampla aliança entre setores urbanos e agrários como única forma de mudança social. Mais do que carteira assinada, milhares de brasileiros queriam um pedaço de terra. Assim, a Questão Agrária no país, nesse seu segundo momento, ou padrão, desdobrava-se sobre as grandes metrópoles.

> Disso dão testemunho a concentração de rendimentos observada entre 1981 e 1990; a proliferação de novas favelas e o adensamento das antigas nos grandes centros do país; a ocupação crescente dos espaços públicos pelas chamadas populações de rua e a escalada, sem precedentes, da criminalidade urbana.[19]

Assim, não só se invertia a relação campo-cidade, com o avanço da urbanização, como ainda começava a se alterar

---

[18] Carr, E. H. La revolución bolchevique. V.1. *La conquista y organización del poder*. Madrid: Alianza, 1977, p. 17 e ss.

[19] Oliveira, Jane. *O traço da desigualdade social no Brasil*. Rio de Janeiro: IBGE, 1993, p. 7.

a paisagem urbana, com o surgimento de favelas e alagados povoados por gente expulsa do campo.

Desde muito cedo, tais condições de vida, em especial de moradia, faziam com que a Questão Agrária invadisse as cidades, tornando visível o drama de milhões de homens saídos das áreas rurais, particularmente no Rio de Janeiro e São Paulo:

> Se o senhor num tá lembrado
> Dá licença de contar
> É que onde agora está
> Esse edifício arto
> Era uma casa veia
> ....
> Foi aqui, seu moço
> Que eu, Mato Grosso e o Joca
> Construímos nossa maloca
> mas um dia, nóis nem pode se alembrar
> Veio os homes com as ferramenta:
> O dono mandou derrubar
> Peguemos todas as nossas coisa
> E fumos pro meio da rua
> Apreciá a demolição [...][20]

"Saudosa Maloca", com seus personagens de nomes emblemáticos, o Mato Grosso, por exemplo, mostrava o caráter nacional – e não só nordestino e vinculado à seca – dos imensos movimentos da população do interior do país – tal qual "Serra da Boa Esperança", com sua história cheia de mineirice – e ao mesmo tempo a constituição de uma imensa população que passava a viver precariamente, com a favela assumindo, bem antes da Bossa Nova, a poética do morro:

[20] Adoniran Barbosa, disco Continental, *Saudosa Maloca*, 1951.

Barracão de zinco
Sem telhado, sem pintura
Lá no morro
Barracão é bangalô
Lá não existe
Felicidade de arranha-céu
Pois quem mora lá no morro
Já vive pertinho do céu[21]

O mesmo tema será retomado por Orestes Barbosa em "Chão de Estrelas" e se tornaria recorrente, como elogio à coragem e à firmeza da gente pobre e humilde das favelas urbanas. Na Bossa Nova, e mais tarde na chamada *canção de protesto,* o tema encontrará novos ápices de sucesso. Ao mesmo tempo, o crime passional, a morte por amor, que tanto apaixonava a classe média leitora de jornais, dava lugar a uma nova forma de criminalidade: reportagem publicada, em 1937, no *Jornal da Tarde*, de Salvador, falava "[...] sobre a atividade criminosa dos capitães de areia, nome pelo qual é conhecido o grupo de meninos assaltantes e ladrões que infestam nossa urbe". Residirá aqui a origem de um vigoroso romance-denúncia sobre crianças abandonadas, menores de ruas, de rostos caboclos e sertanejos:

> [...] e foi dessa época que a cidade começou a ouvir falar nos Capitães da Areia, crianças abandonadas que viviam do furto. Nunca ninguém soube o número exato de meninos que assim viviam. Eram bem uns cem, desses mais de quarenta dormiam nas ruínas do velho trapiche. Vestidos de farrapos, sujos, semiesfomeados, agressivos, soltando palavrões e fumando pontas de cigarro, eram, em verdade, os donos da cidade, os que a conheciam totalmente, os que totalmente a amavam, os seus poetas.[22]

---

21 Herivelto Martins, disco Odeon, *Ave Maria do Morro*, Trio de Ouro, 1942.

22 Amado, Jorge. *Capitães d'areia*. Rio de Janeiro: Record, s/d, edição original de 1937 proibida e reeditada em 1944.

Não só as cidades conheciam um novo tipo de criminalidade. O cangaço, incendiando as imaginações, envergonhando a autoridade, e ameaçando a velha paz dos coronéis, e vez por outra matando pobres e infelizes, começava a despontar como expressão de um campo em conflito:

> – Coronel, como eu disse, estou em boa paz. Não ando matando e esfolando como os mata-cachorros. Agora quero também que me ajude. Eu mandei uma carta ao senhor para pedir proteção para um morador seu. Vejo que o senhor deixou o homem onde estava! Nele não se bole. Homem que merece a minha proteção eu protejo mesmo. Protejo na ponta do punhal, na boca do rifle. Isto, felizmente, o coronel sabe![23]

O rosto duro, a voz perigosamente educada, as verdades ditas como flechas, como no romance de José Lins do Rego, receberão cores e formas no pincel de Candido Portinari e, em apenas alguns anos, constituiriam gênero do cinema nacional.[24]

O campo encontrava-se em crise, um velho mundo se desarticulava, embora no horizonte nada apontasse para o novo.

Com tais transformações como pano de fundo, surgiam os grandes debates sobre a chamada *realidade nacional* e as condições de sua transformação. O modelo industrializante implantado por Vargas parecia ter chegado a um primeiro impasse: constatava-se forte tendência à concentração de renda, obstrução das formas indiretas de salários (política trabalhista), inflação elevada e queda do salário real, queda da taxa de acumulação no setor industrial, deterioração dos termos de intercâmbio internacional e a decorrente escassez de divisas. Detectava-se, então, um entrave no modelo de substituição de importações, no nosso fordismo periférico e incompleto.

---

[23] Lins do Rego, José. *Fogo morto*. Rio de Janeiro: José Olympio, 1943.

[24] Zilio, Carlos. *Op. cit.*, p. 90 e ss.

Duas soluções, de caráter oposto, surgiram como resposta à crise que atingia o modelo praticado. De um lado, buscar grandes fluxos de investimentos externos, abrindo o país ao capital internacional, em especial o americano; nesse caso, as opções estratégicas – infraestrutura, máquinas e equipamentos – dadas como prioridade desde Vargas deveriam ser abandonadas em face da livre escolha por parte dos capitais internacionais de áreas, a seu ver, mais lucrativas. Os que defendiam tal opção foram fartamente declarados *entreguistas*, e tal política denominada de *desnacionalização*. Seus defensores, em larga escala liberais anti-intervencionistas, identificavam-se, no plano da Guerra Fria, com o alinhamento automático aos Estados Unidos e com o modelo de livre mercado. Por outro lado, um segundo projeto propunha o alargamento do mercado interno como base e sustentação para o prosseguimento do modelo desenvolvimentista nacional; nesse caso, a agricultura teria um papel-chave a desempenhar, não só criando as condições básicas de sustentação do desenvolvimento, como coletando impostos sobre as exportações. Assim, o confisco cambial deveria financiar o esforço industrialista (evitando, assim, o recurso ao capital externo), seguindo-se a criação de mecanismos de reserva de mercado para a nascente indústria nacional.

Evidentemente, a segunda opção implicava buscar uma larga articulação política em que se procurava reunir em um só bloco os grupos de trabalhadores urbanos – que na ótica fordista periférica seriam contemplados com ganhos reais, de tipo direto (salários) e indireto (política previdenciária), capazes de trazê-los para o mercado como consumidores –, os grupos de trabalhadores rurais, a quem se entregaria a tarefa de aumentar a produção agrícola, em especial a de alimentos, e os empresários rurais e urbanos que necessitavam de proteção contra o avanço da internacionalização econômica comandada pelos Estados Unidos.

Um pouco mais tarde, alguns pesquisadores do Iseb denominarão tal bloco *polo-nação*, em oposição aos interesses *entreguistas* dos grandes importadores, dos industriais associados ao capital estrangeiro e do latifúndio, interessados na livre capacidade de exportar e de receber divisas.[25]

A Questão Agrária era, dessa forma, englobada num amplo debate sobre o desenvolvimento nacional e a própria soberania do país, com fortes tintas da Guerra Fria.

Reforma agrária e crise política no Brasil (1950-1964)

O debate que se iniciara sob Vargas, acerca do caráter que deveria assumir o desenvolvimento brasileiro, torna-se o grande catalisador da política brasileira nas décadas de 1950 e 1960. Dar continuidade, ou não, ao modelo implantado nos anos anteriores e, ao mesmo tempo, corrigir desvios e implementar novas medidas implicaria mudar, com decisão, o cenário econômico e social brasileiro. Nessas condições, defrontava-se: a industrialização com uma situação de impasse: ou expandir o mercado interno ou abrir-se ao mercado externo, por meio de uma política mais agressiva de exportações, com a aceitação, é claro, de capitais estrangeiros como financiadores da industrialização. A primeira opção, considerada *nacional-desenvolvimentista*, envolvia a questão fundamental do apoio político e social no sentido de um amplo movimento de mudanças estruturais, elevando o poder aquisitivo da população e investindo em gêneros de consumo que melhorassem as condições de abastecimento e nutricionais da população brasileira; a segunda opção, partindo da premissa de que a poupança interna não atenderia

---

[25] Jaguaribe, Hélio. *Condições institucionais do desenvolvimento*. Rio de Janeiro: Iseb, 1958. Para uma análise crítica ver: Toledo, Caio Navarro. *Iseb: fábrica de ideologias*. São Paulo: Ática, 1977.

às necessidades da industrialização (tecnologia, infraestrutura etc.), via nos capitais internacionais (descartando, assim, a ação estatal, como queria o nacional-desenvolvimentismo) o único caminho para sustentar o desenvolvimento industrial brasileiro.

Assim, à polarização internacional, no plano da Guerra Fria, corresponderia a polarização interna, no plano da análise da realidade e das propostas, em termos de *nacionalismo* e *entreguismo*, numa ótica de comunismo e democracia, respectivamente. Foi, entretanto, a primeira opção – ou seja, expandir o mercado interno –, que colocou os termos do debate sobre desenvolvimento capitalista, durante as décadas de 1950 e 1960, partindo das noções básicas de que o desenvolvimento, ou seja, a industrialização, era obstaculizado pelo atraso da agricultura e, muito especialmente, pela estrutura fundiária. Data desse momento a elaboração de toda uma ideologia que se convencionou chamar de *nacional-desenvolvimentismo*, cujo principal mecanismo de condensação foi o Instituto Superior de Estudos Brasileiros (Iseb), durante os governos Juscelino Kubitschek e João Goulart, o qual incorporava as análises dualistas, da convivência do moderno e do tradicional, e da necessidade – para a realização do desenvolvimento – de sua superação.

O campo brasileiro tornava-se, assim, o centro das questões referentes ao desenvolvimento do país. Não só por uma questão de justiça social se exigia a reforma agrária. Num debate fortemente impregnado por análises econômicas, por vezes precárias, a reforma agrária era vista como indispensável para superar o estrangulamento da industrialização do país. Produzir mais alimentos e matérias-primas e, assim, baratear salários e produtos era a resposta para o desenvolvimento brasileiro. O desenvolvimento, por sua vez, era a única garantia da soberania nacional.

A tensão política existente no campo espelhava, por sua vez, o acúmulo das tensões trabalhistas. Não era apenas a velha injustiça, arrogância e desmandos que desde sempre caracterizavam o campo brasileiro. Agora, o novo padrão de desenvolvimento econômico implantado desorganizava os mecanismos tradicionais de exploração e do mandonismo local. A desesperança e a conformidade do homem do campo cediam espaço, aos poucos é verdade, a uma atitude mais ativa e exigente, em especial após a divulgação da CLT e da propaganda varguista sobre o homem do campo.

Uma das conquistas mais perenes da política do Estado Novo para o campo foi, a nosso ver, a imposição da integração produtiva do homem do campo como condição prévia para o desenvolvimento. O imaginário popular brasileiro fora sobrecarregado por representações de um trabalhador rural forte, habilidoso e oprimido. Tal construção mental implicava a suposição, assumida quase como senso comum, da necessidade da superação da injustiça social como tarefa imediata da sociedade brasileira.

Já assinalamos, um pouco antes, a tensão que permeava o texto da CLT sobre os trabalhadores rurais, ora com sua exclusão dos benefícios enumerados, ora impondo ao empregador rural, as mesmas exigências feitas ao empregador urbano. Essa ambiguidade dará margem, em situações específicas, a exigências, perante a justiça, de direitos supostos a partir da existência da CLT. Embora a maioria absoluta da literatura brasileira, em especial aquela de origem na ciência política, insista na exclusão do trabalhador rural, a CLT passou, desde 1943, a ter um papel de extrema relevância nos conflitos rurais.

Em dependência direta do grau de mobilização do trabalhador – em especial do papel que a CLT desempenhava no imaginário do trabalhador – e do entendimento das instâncias jurídicas, inúmeros casos – em montante sempre crescente – e conflitos entre trabalhador rural e empregador foram considerados pertinentes e assim julgados. Essa ação deve-se, ainda, ao princípio de ausência de vácuo jurídico, ou seja, da prática de direito brasileiro de buscar sempre amparo em um texto legal face a um conflito. Nesse sentido, em inúmeras comarcas, em especial onde a justiça do trabalho ainda não havia sido implantada, promotores e juízes consideraram como queixas pertinentes as reclamações de trabalhadores contra seus empregadores.

O recolhimento da documentação jurídica da comarca de Assis, em São Paulo, nos permitiu, pela primeira vez, visualizar a atuação da justiça local face aos conflitos de terra e trabalho, à luz da CLT. Em grande parte, a documentação é constituída por reclamações trabalhistas e tratam de conflitos envolvendo relações de parceria, de arrendamento e de colonato. Alguns trabalhos em curso dão conta da mesma ação da justiça, do trabalho ou não, nas comarcas de Ribeirão Preto, ainda em São Paulo, e em Maringá, no Paraná.[26]

Muitas vezes a reclamação trabalhista originária convertia-se em ação ordinária, como processo cível. Mas, de qualquer forma, tanto a justiça acolhia a reclamação como buscava na CLT os institutos jurídicos básicos para julgamento. Assim, a reclamação trabalhista de Rodolfo Onofre da Silva, de 1947, tratava de rompimento de contrato verbal de trabalho entre o reclamante e o proprietário da fazenda Santo Antônio, em Cândido Mota: desde 1945, Silva cuidava dos animais da fazenda em troca do direito de plantar na propriedade; o pagamento era o produto da roça por ele plantada. *Na queixa o reclamante alegava que o fazendeiro deixou de dar suficiente tempo para*

[26] Ver Priori, Angelo. *Legislação social e sindicalismo*: um estudo sobre os trabalhadores rurais do norte do Paraná (1956-1963). Assis: Pós-História, v. 3, p. 223-227, 1995, bem como Welch, C. *Rural labor and the Brazilian Revolution in São Paulo*, 1930-1964. Ph.D. dissertation, Department of History, Duke University, 1990.

cuidar das plantações, que o patrão estabeleceu uma família no local e que as criações da fazenda destruíram as lavouras de arroz e feijão. Além da indenização solicitada, o promotor local exigiu o pagamento de férias devidas, levando o reclamante a ganhar a causa e ser indenizado em Cr$ 500,00.[27] Em outra reclamação trabalhista, feita contra Luiz Penga, dono de uma fazenda de café, Benedito de Matos, em Echaporã, relata que plantou suas roças nas fileiras de cafezais que estavam sob seus cuidados. O proprietário, entretanto, o despediu, não efetuando qualquer pagamento e impedindo a colheita do roçado. Na audiência de conciliação, o proprietário ofereceu Cr$ 600,00 como quitação, sendo, entretanto, compelido a pagar indenização de Cr$ 3.500,00. Outra ação, dessa feita em Matão, redondezas de Assis, envolve contrato verbal de subarrendamento de terras, com pagamento de Cr$ 125,00 por alqueire plantado de algodão e direito de plantio de *cereais de boca*. A contenda, levada perante a justiça, resultara em indenização do reclamante.[28] Poderíamos multiplicar os exemplos, nas comarcas de Assis, Ribeirão Preto e Maringá, com evidências idênticas, comprovando, de um lado, a mobilização dos trabalhadores rurais sob o impacto da CLT e, de outro, o acolhimento pela justiça de ações deste tipo:

> [...] trata-se de casos pouco excepcionais, sobre trabalho pago em espécie, a cultura intercalar no cafezal e o subarrendamento de terras para o plantio de algodão [...] O fato de ser mostrado num processo significa que os limites na negociação entre patrão

[27] Arquivo do Fórum da Comarca de Assis, Cartório do Primeiro Ofício, Caixa 206, Reclamação Trabalhista, Proc. n. 232, 29/9/1947, Cedap/Unesp/Assis. Todo o material aqui citado foi transcrito por Brannstrom, Christian. Documentos do Arquivo do Fórum da Comarca de Assis. Pós-História: Assis-São Paulo, v.5, p. 217-236, 1997.

[28] Arquivo do Fórum da Comarca de Assis, Cartório de Primeiro Ofício, Caixa 153, Reclamação Trabalhista, 25/3/1946, Cedap/Unesp, Assis.

> e trabalhador foram atingidos e que chegou no ponto de ser discutido no contexto jurídico.[29]

Embora concordando, fundamentalmente, com o autor acima, acrescentaríamos que os processos havidos eram, entretanto, bastante excepcionais, posto que formalmente não encontravam amparo na CLT. Contratos verbais, férias e indenizações ou não eram previstos ou eram previstos – férias, por exemplo – exclusivamente para trabalhadores urbanos, formatados no modelo fordista. Tratava-se aqui de evidente extrapolação legal capaz de dar conta da força que a CLT exerceu sobre as mentalidades coletivas, em especial dos trabalhadores – bastante bem informados – e de alguns funcionários da justiça convencidos da possibilidade de extensão da lei.

Surgia, assim, claramente um significativo medo entre proprietários rurais da possibilidade de um retorno da política varguista, ou de seus sucessores vinculados ao PTB, ao destruir, definitivamente, o mundo do mandonismo rural, a velha tradição que regulava com exclusividade as relações sociais no campo. As relações de poder, as formas tradicionais de exploração, começavam a ser postas em xeque e os proprietários entendiam perfeitamente que a CLT era o instrumento de modernização operado pelo Estado. Na verdade, alteravam-se, desta forma, os próprios fundamentos da dominação tradicional no campo, com o esvaziamento dos mecanismos de exploração e também, não devemos esquecer, de proteção que haviam, por tanto tempo, mediado as práticas sociais rurais. O Estado, agora mais forte e dotado de uma ideologia modernizante, interpunha-se entre proprietário e trabalhador, impondo normas de relacionamento que desconheciam os costumes e a tradição do campo brasileiro.

---

[29] *Ibid.*, p. 229.

Para manter as relações de dominação no campo, tornava-se necessária, agora, a conquista do Estado ou a anulação de sua atuação como cunha entre proprietários e trabalhadores rurais. É nesse sentido que Elisa Reis nos fala da constituição de novos *padrões de práticas sociais* e do surgimento, ao seu lado, de *patrões alternativos*, instâncias de recurso que competem com o velho binômio patronagem/clientela rural e o desmoralizam, esvaziando os conteúdos de poder e prestígio da elite agrária e chocando-se com a cultura política brasileira até então dominante.[30]

Esse debate atingiu o conjunto da sociedade brasileira. Se, de início, o imaginário popular registrou de forma poética, porém ingênua, a saga de retirantes, favelados e de todos os abandonados pela sorte, logo em seguida caberia ao mundo intelectual e artístico a enunciação da Questão Agrária como linguagem estética do desenvolvimento nacional. A Questão Agrária popularizava-se nos meios urbanos e claramente tornava-se uma exigência da política nacional.

Uma série de obras literárias e artísticas voltava-se para o mundo rural brasileiro e produzia um retrato dramático e comovente do país. José Lins do Rego (1901-1957), como já vimos, produzia uma obra centrada no mundo dos engenhos decadentes, de *fogo morto*, povoados por meninos e lobisomens; cangaceiros capazes de gestos generosos de proteção e de requintes de crueldade percorriam as páginas de *Menino de engenho*; Graciliano Ramos (1892-1953) transformava o drama social em experiências existenciais insuperáveis, quase sempre sem saída, como em *São Bernardo*, de 1934, ou *Vidas secas*, de 1938. O sucesso dessas obras é cada vez maior e as edições

---

30 Reis, Elisa. "Mudança e continuidade na política rural brasileira". *Dados*, Rio de Janeiro, 31, n. 2, 1988, p. 32.

sucessivas comprovam a existência de um crescente público urbano voltado para a injustiça no campo.

O cinema, que toma neste momento uma feição definitivamente brasileira, assume os temas sociais, épicos e rurais como um filão novo. Após *Ganga Bruta*, de 1933 – já analisado por nós –, a ideia-força do campo como local de redenção, ou purgação, se tornaria hegemônica, com ênfase nos valores positivos – como lealdade e simplicidade – pretensamente inatos ao homem do campo. O trabalho na terra, o entregar-se à natureza, é retratado como um momento em que o homem (mesmo o urbano, desenganado) encontra-se consigo mesmo. É quase como a superação do estranhamento, tão típico da multidão anônima das cidades. Poderíamos, aqui, falar num *classicismo fílmico brasileiro sobre o campo*. Classicismo nutrido tanto pela temática (campo = redenção) quanto pelos recursos técnicos, pelo aprimoramento da linguagem fílmica e dos roteiros, quase sempre buscados no melhor da literatura dramática brasileira. *Sinhá-moça*, de 1953, dirigido por Tom Payne e Oswaldo Sampaio, produzido pela Vera Cruz, é, ao mesmo tempo, um trabalho inovador, iniciador de uma vertente fílmica, e um clássico. Retratando a escravidão no século XIX, *Sinhá-moça* consagra, ainda, a jovem atriz negra Ruth de Souza. O filme, no seu cuidado técnico e na excelência da direção, acompanha um dos primeiros sucessos da Vera Cruz, *Caiçara*, de 1950, dirigido por Adolfo Celi. O sucesso de *Sinhá-moça* já havia sido ensaiado pelo próprio Tom Payne, 1951, com o filme *Terra é sempre terra*, onde um jovem da cidade se redime em contato com a fazenda familiar e as obrigações daí resultantes. O filme abre caminho para grandes adaptações de textos sobre o mundo rural para o ambiente do cinema. Nesse caso, tratava-se da peça teatral *Paiol velho*, de Abílio Pereira de Almeida. Em todos esses exemplos, dá-se clara idealização do trabalho no campo e do homem rural, com a valorização de uma vida rústica, porém não miserável.

A Companhia Cinematográfica Vera Cruz, surgida em 1949, como iniciativa de Franco Zampani, este por sua vez com larga experiência no Teatro Brasileiro de Comédia (TBC), trará técnicos e diretores internacionais, principalmente italianos, para a cidade de São Bernardo, sede da companhia. Essa importação dará às suas produções traços marcantes do neorrealismo e da sátira, anárquica, amarga e, simultaneamente, otimista do cinema italiano.

O sucesso, de crítica e público, abre caminho para a Vera Cruz investir em dois gêneros, agora definitivamente brasileiros, e profundamente ambientados no campo. Embora com tratamentos diferenciados e visões de mundo opostas, parte-se, ainda uma vez, do homem do campo como ícone de retidão, lealdade e força. De um lado, surge o chamado *Ciclo do Cangaço*, particularmente com Lima Barreto. Não mais ambientado no interior paulista – próspero e asséptico –, mas no Nordeste, com a seca e a fome. Por outro lado, Amácio Mazzaropi (1912-1981) cria não exatamente um gênero, mas um tipo, o *jeca*. O ambiente, no caso, ainda é São Paulo, mas os conflitos já estão presentes, embora sua resolução seja branda, recorrendo à ternura brasileira, a uma certa esperteza mesclada com ingenuidade nata.

Misturando as estéticas do *western*, da vanguarda soviética e do neorrealismo italiano, em filmes como *O cangaceiro* (1953), de Vítor Lima Barreto (1906-1982), produzido pela Vera Cruz (Prêmio do Festival de Cannes), inauguraria um gênero na cinematografia nacional: o *Ciclo do Cangaço*. Ao contrário da fase *classicista* da Vera Cruz, marcada pela redenção, ou da tipagem social do *jeca*, marcado pela ideia de uma *ternura brasileira*, o cangaço, ao dedicar-se à exposição do banditismo social rural, aproxima-se da ideia do *homem cordial*, como em Sérgio Buarque de Holanda. Justo, duro e mesmo cruel, defende seus direitos e protege amigos e iguais. Carlos Coimbra, em 1960, prosseguiria nesse caminho com *A morte comanda o cangaço*, onde um episódio de banditismo permite um panorama das injustiças sociais no campo; o próprio Coimbra se encarregaria de fornecer uma imagem idealizada, romântica e socialmente correta do cangaço em *Lampião, o rei do cangaço*, de 1963. Aqui, já diferindo da visão rica e multifacetada de Lins do Rego, Lampião é mostrado de forma esquerdizante, como um bandoleiro que protege os pobres e traz justiça ao campo, mesmo que por meio de extrema violência. Tratava-se, tanto em termos de linguagem fílmica quanto em termos de enunciação ideológica, de um amplo rompimento com as visões negativas, ou, ao menos, pouco abonadoras do homem do campo. Em especial rompia-se, agora, com o estereótipo do homem preguiçoso, negaceador; indolente e conformado com seu destino triste expresso, por exemplo, no fanático ou no caipira. Claro, tal *revolução estética* nunca foi total. Por vezes, persistia a tipagem do homem conservador e preguiçoso, como por exemplo em *Jeca-Tatu*, de Milton Amaral, rodado em 1959, com Amácio Mazzaropi, e retomado por ele mesmo em 1961, com *Tristeza do Jeca*. Eram visões distintas do homem do campo e, em corolário, da própria história do Brasil. O imenso sucesso urbano, particularmente em São Paulo/Minas Gerais, revela, em plena fase desenvolvimentista de JK, os preconceitos urbanos face ao trabalhador rural, sua recepção na cidade como alguém que não faz parte do esforço nacional de construção de um país novo, industrial e urbano.

Ambos os gêneros, em suas formas típicas, seriam superados, entretanto, pela eclosão de uma série de obras profundamente originais e inquietantes. Com a tomada de consciência da condição nacional, do subdesenvolvimento, da então denominada dependência e das estruturas sociais injustas, em especial, o latifúndio, o cinema apresentará um amplo painel da vida no campo brasileiro.

O novo cinema, ou melhor, o Cinema Novo, procurava ao máximo se distanciar da tradição da comédia-paródia, onde tudo acabava em samba e carnaval. No longo *ciclo dos jecas*, a linguagem fílmica guardava larga semelhança com a *chanchada*, muitas vezes com sequências cantadas, quase que posadas frente à câmara, mantendo uma nítida continuidade, odiada pelos jovens realizadores, entre as duas tendências. Já o *Ciclo do Cangaço* construía-se sobre uma linguagem que evocava o *western*, seu ambiente heroico próximo ao épico. Bons ou maus, os sertanejos eram sinceros, diretos e fortes, não venciam, – quando venciam –, pelo ardil ou pelo conchavo com o senhor de terras, nem ascendiam pelo casamento do filho com a filha do rico proprietário, como nas comédias de Amácio Mazzaropi. As relações entre trabalhador rural e senhor de terras expressava abertamente o conflito de classes e negava o velho *jeitinho brasileiro* e a tendência à conciliação, dominantes nos filmes de *Jeca*, no quais, mesmo num final feliz, mantinha-se certo tom de tristeza existencial, de melancolia de Brasil. Iniciara-se, na linguagem do filme de cangaço, uma revisão do homem brasileiro; cordial, é verdade, mas capaz de resistir à injustiça e incapaz de esquecer uma injúria. O campo não seria mais o espaço do sinhô e das sinhazinhas, da varanda da Casa-Grande; agora, a cada injustiça, espreitava a revolta e a vingança. A solidão e a melancolia serão deslocadas estrategicamente: triste é agora o grande proprietário, como nas páginas de Graciliano Ramos e nas imagens de Leon Hirszman, materializando *São Bernardo* (de 1973).

Em verdade, a Questão Agrária construía, como em outros países, seus heróis e ícones.

O pagador de promessas (1962), de Anselmo Duarte (Palma de Ouro em Cannes, indicado para o Oscar de Melhor Filme Estrangeiro), e *Vidas secas* (1963), de Nélson Pereira dos Santos – que dava sequência a *Mandacaru vermelho*, do mesmo Nélson Pereira, de 1960 – culminaram no explosivo cinema de Glauber Rocha, com *Deus e o diabo na terra do sol* (1964) e *O dragão da maldade contra o santo guerreiro* (1969), também prêmio do Festival de Cannes, compondo um imenso afresco combativo sobre o campo brasileiro. Ainda no ano de 1964, outros filmes mostram um Brasil agrário desconhecido até então do público médio, apreciador do filme de entretenimento americano: Ruy Guerra apresenta *Os fuzis*, no qual o descaso dos governantes e a ganância das elites enseja, de um lado, a fome e, de outro, a revolta e os saques. Mais de 30 anos depois, *Os fuzis* é uma advertência amarga à elite brasileira; *Ganga Zumba*, de Carlos Diegues, traz para o primeiro plano a luta heroica e a estética positivada do negro brasileiro, protagonista de sua própria libertação. Em *Deus e o diabo na terra do sol,* no mesmo ano, Glauber Rocha abre espaço para uma linguagem própria, única: a combinação, ou fusão, de influências universais, como a peça *O diabo e o bom Deus*, de Sartre, com a herança do cinema de cangaço de Lima Barreto; o erudito e o popular, somados, na trilha sonora de Heitor Villa-Lobos e Sérgio Ricardo – tudo, enfim, dá ao filme, apesar do seu realismo, uma aura mágica.

Decretava-se, assim, a morte da ingênua comédia rural brasileira. Não havia espaço para dois estereótipos tão distintos do homem do campo.[31]

---

[31] Ver Dias, Rosângela O. e Teixeira da Silva, Francisco Carlos. 100 anos de cinema. *Ciência Hoje*, 20, n. 116, 1995.

O teatro, a poesia e mesmo a canção popular (agora denominada MPB) assumiam forte papel de denúncia e de canal de *protesto* dos setores progressistas da sociedade, em especial após o golpe de 1964. Em *Morte e vida Severina*, de 1965, João Cabral de Mello Neto expõe toda a dor do drama dos camponeses que lutam pela terra, em especial nos versos de *Funeral de um lavrador* (musicado por Chico Buarque de Holanda):

> Esta cova em que estás
> Com palmos medida
> É a parte menor
> Que tiraste em vida
> É de bom tamanho
> Nem largo nem fundo
> É a parte que te cabe
> Deste latifúndio
> Não é cova grande
> É cova medida
> É a terra que querias
> Ver dividida...

Um retrato da estrutura fundiária do país mostrava então, 1960, o grau de concentração fundiária a que se chegara. As 3 milhões e 350 mil propriedades agrícolas que ocupavam 31% de toda a área do país encontravam-se divididas da seguinte forma:

- pequenas propriedades (menos de cem hectares): aproximadamente 700 mil propriedades eram minifúndios, com cerca de dez hectares cada, com uso intensivo de mão de obra; já as granjas, de dez a cinquenta hectares, representavam 36,5% das propriedades, 10,8% da área total e 32,3% da área cultivada do país; os sítios, de cinquenta até cem hectares, utilizavam mão de obra assalariada e respondiam por grande parte da produção de alimentos no país. Tais empresas seriam responsáveis pelo abastecimento alimentar e compunham o núcleo das lavouras temporárias do país; em seu conjunto, sítios e granjas representavam, em 1960, 44,6% das propriedades, cobrindo 44,7% da área cultivada, embora só ocupassem 17% da área apropriada;

- médias propriedades (de cem até mil hectares): representavam 9,5% das propriedades, dominando, entretanto, 32,5% da área cadastrada. Caracterizavam-se pela grande inversão de capitais e alto grau de comercialização de sua produção, além do recurso permanente ao assalariamento;
- o latifúndio (com mais de mil hectares e com grande variação de dimensões de região para região): representava apenas 0,9% das propriedades, ocupando, todavia, 47,3% do total das terras, embora cultivasse apenas 2,3% dessa área, contribuindo com somente 11,5% da produção e ocupando 7% da mão de obra rural ativa. A maior parte dos latifúndios encontrava-se, como ainda hoje, improdutiva, com pastos naturais e arrendando terras a terceiros.

Vemos, assim, que as pequenas propriedades concentravam o grosso do número de trabalhadores e respondiam pela maior parte da produção, em especial de alimentos, enquanto o latifúndio pouco representava economicamente para o país. A ideia de que o latifúndio representava um obstáculo ao desenvolvimento encontrava, em tais análises, amplo respaldo estatístico.

Brasil: Concentração Fundiária: Índice de Gini 1920-1980

Ano	Índice	Leitura do índice de Gini (graus de concentração)	
1920	0,804		
1940	0,831	Nula	0,000-0,100
1950	0,843	Fraca	0,101-0,250

1960	0,841	Média	0,251-0,500
1970	0,843	Forte	0,501-0,700
1975	0,851	Muito forte	0,701-0,900
1980	0,859	Absoluta	0,901-1,000
1985	0,858		

Fonte: Associação Brasileira de Reforma Agrária (Abra).

Da mesma forma, o início da década de 1960 assiste a uma longa e profunda crise de abastecimento. As grandes cidades brasileiras, em especial Rio de Janeiro, São Paulo e Recife, sofrem com a falta de gêneros básicos. Ora o feijão, o pão e o açúcar; ora o leite, a manteiga e a carne desaparecem da mesa dos consumidores. Os intermediários, conhecidos no dizer popular como *tubarões*, especulam com gêneros de primeira necessidade. Em pouco tempo eclodem explosões de ira popular, com saques a supermercados, armazéns e caminhões de transporte de alimentos:

> [...] as condições econômicas gerais do país eram extremamente graves, com a produção agrícola crescendo menos do que o índice demográfico (2% contra 3,5% ao ano), ao mesmo tempo que a inflação se elevava rapidamente – em 1955, se situava em 20%; em 1959, à custa de vários mecanismos oficiais, mantinha-se em 38,9%; atingindo, em 1961, 65%; em 1962, chegaria a 66%, e, em 1963, já registrava 83%.[32]

O debate central que se colocava para as cabeças pensantes do desenvolvimento brasileiro girava em torno da questão: como garantir o desenvolvimento do país – única saída em direção ao bem-estar e à soberania nacional – face ao estrangulamento que a agricultura gerava? E, em consequência: como manter a estabilidade política e social – pressão por aumentos salariais, greves, agitação de rua – se os alimentos não cum-

[32] Linhares, M. Yedda e Teixeira da Silva, Francisco C. *História política do abastecimento* (1918-1974). Brasília, Binagri, 1979, p. 157.

priam seu papel histórico de baratear os custos do trabalho industrial? Assim, possuía-se um diagnóstico fundamental da agricultura brasileira, baseado nas experiências históricas da Revolução Industrial e da Revolução Francesa, onde o campo servira de base para a arrancada do desenvolvimento capitalista. No caso brasileiro, a intelectualidade e os políticos da década de 1960 consideravam que a agricultura, atrasada e rotineira, bloqueava e impedia o grande arranque para a construção do Brasil moderno.

As medidas que os governos tomaram, desde 1961 até 1964, se inserem num elenco que deveria viabilizar um desenvolvimento contínuo do país, levando em conta as experiências históricas anteriores. Nada apontava, naquele momento, para uma transformação revolucionária do campo – quer dizer, fim da propriedade privada da terra, formação de cooperativas socialistas, tal qual vinha ocorrendo em Cuba desde 1959. As propostas em pauta visavam fundamentalmente a desbloquear o desenvolvimento capitalista no país, promover melhor distribuição de renda e eliminar uma série de injustiças sociais gritantes.

A força e o peso do latifúndio na política brasileira irá se fazer, entretanto, sentir.

Desde 1961, com a agudização das crises de abastecimento e a inflação galopante, parcelas das camadas médias urbanas pressionavam o governo para pôr em prática uma política de controle eficiente de preços e aluguéis que estancasse a perda crescente de poder aquisitivo. Simultaneamente, o jovem proletariado industrial brasileiro exigia aumentos salariais que repusessem o valor real do salário, aprofundando-se o caráter popular do modelo fordista-keynesiano periférico adotado desde a década de 1930. Ora, grande parte das forças políticas que lutavam contra uma maior intervenção do Estado na economia – os liberais da UDN, União Democrática Nacional, partido urbano, de feições modernas, defensor dos interesses empresariais, e uma parcela do Partido Social-Democrático (PSD), agremiação mais conservadora, com bases rurais profundas no Nordeste e em Minas Gerais – temiam as iniciativas do governo reformista de João Goulart. Particularmente, temia-se a extensão de direitos trabalhistas e sociais aos assalariados do campo, uma junção entre os grupos urbanos e rurais que lutarão e pelas chamadas *reformas de base*.

Tal projeto procuraria varrer de nossa história todas as velhas estruturas que impediam o desenvolvimento e o bem-estar social, garantindo ampla participação política e melhoria do padrão de vida. Eram *reformas de base:* a reforma agrária, a reforma bancária (combate à inflação), a reforma universitária (democratização da universidade e da escola) etc. O Brasil deveria, assim, passar a limpo sua herança colonial.

Era isso que as forças conservadoras do país, tendo à frente os latifundiários, temiam.

O primeiro passo em direção às *reformas de base* foi o Estatuto do Trabalhador Rural, aprovado em 1963. Era produto direto da criação, em 1962, da Supra, Superintendência de Política Agrária, e estendia aos trabalhadores do campo uma série de garantias e direitos já usufruídos pelos trabalhadores urbanos, retomando medidas adotadas por Getúlio Vargas em 1944 e 1945 e suprimidas pela Assembleia Nacional Constituinte de 1946. O teor básico do Estatuto do Trabalhador Rural consistia em assumir as teses referentes à generalização do assalariamento no campo, considerando – como já vimos no debate teórico – a questão central do campo, não a distribuição de terras, mas a extensão dos direitos trabalhistas. No velho debate entre Lenin e Chayanov, descampesinistas *versus* campesinistas, a tendência era adotar as considerações leninistas, ou seja, anticampesinistas.

Na verdade, as atenções do governo Goulart estavam voltadas, naquele momento, para a situação do campo no Nordeste. A partir de Pernambuco, desde 1955, formara-se entre canavieiros – trabalhadores empregados no corte da cana-de--açúcar – um forte movimento de luta contra os desmandos e o arbítrio secular dos latifundiários locais. Sua liderança era o advogado e deputado pelo Partido Socialista Brasileiro (PSB), Francisco Julião. Considerava-se, bem conforme um ponto de vista jurídico, a extensão dos direitos trabalhistas ao campo e a formação de cooperativas autônomas os elementos centrais da luta, acompanhados da desapropriação de terras. Em 1960, o *The New York Times,* influente jornal americano, publica longas matérias sobre as *ligas camponesas* organizadas por Francisco Julião, dando a entender que o Nordeste brasileiro estava pronto para se transformar em uma nova Cuba. Nesse momento, o movimento dos trabalhadores rurais já reunia 250 mil associados e projetava-se em direção à Paraíba, Sergipe e Alagoas. O PSD, partido que em plano nacional apoiava João Goulart, minado em suas bases e seriamente preocupado com a expansão das *ligas* no Nordeste, começa a se voltar para a oposição. Ao mesmo tempo, Julião considera as propostas reformistas do governo federal tímidas e por demais moderadas.

A situação agrária era particularmente explosiva no Nordeste brasileiro. Somavam-se a uma estrutura fundiária altamente concentradora, questões conjunturais de preços do açúcar e o eterno problema das secas. Toda a região sofria com a ausência de interesse dos grandes proprietários em dinamizar a produção. Um hectare de terra de boa qualidade no Nordeste produzia, no início da década de 1960, 38t de açúcar, enquanto esse mesmo hectare em São Paulo chegava a 47t e, em Porto Rico, no Caribe, a 68t. Especialmente em Pernambuco, dezenas de engenhos, com suas amplas terras, estavam abandonados devido tanto a secas sucessivas quanto à baixa generalizada do preço do açúcar, o que levava a população sem-terra, mais de 200 mil localizados pelo próprio governo estadual, a olhar com mais ódio as extensões de terras incultas. Os planos governamentais para o setor eram pífios e mal escondiam uma descarada política de indenização aos grandes proprietários. Assim, a Companhia de Revenda e Colonização (CRC) de terras do estado de Pernambuco tinha por meta assentar mil colonos por ano, o que lhe assegurava uma existência mínima de dois séculos de trabalho. Talvez esses 200 anos fossem mesmo necessários, dado que a comissão encarregada de localizar engenhos para expropriação, mediante pagamento imediato, estava constituída de um representante do estado, um da CRC e um do dono da terra. Em suma, mesmo anunciando um plano de reforma agrária, conseguia-se, em verdade, indenizar os proprietários falidos por sua incúria. Um lote de terra avaliado, em moeda da época, em no máximo Cr$ 6 milhões, era comprado pela CRC por no mínimo Cr$ 16 milhões.[33]

As forças mais conservadoras do país, por sua vez, percebiam a agudeza da crise e, conscientemente, a superavaliavam do ponto de vista político, para tirar proveito imediato. O general Costa e Silva, então comandante do IV Exército (Nordeste) e, mais tarde, líder da linha dura e responsável pelo enrijecimento da Ditadura Militar, insistia permanentemente junto ao ministro da Guerra para aumentar o contingente militar na região. Para o general, havia dois exércitos a postos: de um lado, o IV Exército, com um efetivo de 15 mil homens e, de outro lado, as *ligas*, com mais de 80 mil homens em condição de luta. Numa típica atitude de lutador da Guerra Fria, como nas lições do *War College*, Costa e Silva considerava a frontei-

[33] *O Cruzeiro*, 25/11/1961, p. 54.

ra Sul (com a Argentina) pacificada e sem riscos, enquanto a *fronteira interna* (a luta contrarrevolucionária) estava desguarnecida. Da mesma forma, imaginava um Nordeste pronto, pela ação subversiva (a então versão dos quinta-coluna), para qualquer aventura de conquista externa vinda do Atlântico (numa clara referência a uma ação cubana). Assim, o general do futuro AI-5 pretendia esvaziar a Questão Agrária por meio do alistamento em massa de jovens camponeses, que deveriam ser englobados em batalhões de engenharia. Sob o pretexto de que no exército ao menos teriam o que comer (reconhecendo implicitamente a fome como causa do clima de revolta na região), tais jovens deveriam ser utilizados em trabalhos públicos como a construção de rodovias e açudes. Assim, jovens camponeses expropriados, alistados e envolvidos pelo poder público, deveriam prestar trabalho semiescravo para melhorar as condições de produção e circulação dos produtos da grande propriedade. Ao mesmo tempo, deveria ser dada uma solução militar à Questão Agrária. Os serviços secretos do Exército estavam constantemente atentos, invadindo sedes das *ligas*, confiscando mimeógrafos, folhetos, livros, máquinas fotográficas etc. sem nenhum mandado legal, somente sob presunção de risco à segurança nacional.[34]

A política federal para a região, guiada em larga escala pela Sudene, presidida por Celso Furtado, via na agroindústria açucareira um óbice à reforma agrária. Eram terras demais produzindo açúcar de menos. Assim, a Sudene pensava poder obrigar os proprietários de terras a trocar apoio técnico por terras, restringindo a área plantada – que incidiria sobre os preços internacionais – e utilizando as demais terras para a realização da reforma agrária, com a distribuição de lotes para a policultura de alimentos. Dessa

---

[34] *O Cruzeiro*, 25/11/1961, p. 55.

forma, a reforma agrária deveria gerar mais recursos, em divisas vindas do açúcar revalorizado, e aumentar a produção de alimentos, combatendo assim a inflação e as crises de abastecimento. O Plano Diretor da Sudene, previsto para cinco anos (a partir de 1961) foi, entretanto, bloqueado no Congresso Nacional. Aí, uma forte presença do PSD, aliado à UDN, já em firme oposição ao PTB de Jango, procurava impedir qualquer liderança no *status quo* fundiário do país. O PSD foi o partido que mais votos forneceu contra qualquer projeto de mudança agrária apresentado no Congresso Nacional. Os avanços sindicalistas e previdenciários do PTB no tocante ao trabalhador fabril e urbano, ao lado de um insistente alinhamento político atlantista (ou seja, ao lado dos Estados Unidos) em política externa, lançava a UDN – de poucos interesses agrários contrariados – nos braços da oposição, do PSD.

Os governadores nordestinos, tendo à frente Cid Sampaio, de Pernambuco, manifestavam-se claramente contra a atuação da Sudene, vista não só como contrária aos interesses de classes dominantes na região, mas ainda como entidade que concorria com o poder político dos governadores. Estes desejavam uma Sudene sob controle do poder local, capaz de executar políticas iguais à da CRC de Pernambuco, ou seja, de fazer valer instrumentos de dominação local.

Nesse clima, as *ligas* surgiam como a própria face do comunismo, o mesmo que se apoderara da ilha de Cuba:

> Peão – Coroné, o que é esse tal de comunismo?
>
> Coronel – Comunismo é um regime que toma o que é dos outros, faz mal à filha dos outros e empata a religião dos outros.
>
> Ao ouvir a explicação o camponês, calejado de experiências nos três casos com o próprio patrão, teve esta resposta imediata:
>
> – Mas, se é assim, doutor, já tamos nele![35]

[35] Piada recolhida em Pernambuco, em 1961, e narrada por Mauritânia Meira.

No momento em que a oposição conservadora se une contra as *reformas de base*, as forças progressistas se dividem quanto aos seus objetivos e ao ritmo das reformas.

O governo, pressionado pela direita e pela esquerda, avança em direção às *reformas*. Bloqueado o caminho inicial no Congresso Nacional, por meio dos projetos regionais de desenvolvimento, Celso Furtado elabora as bases do Plano Trienal, que, no tocante à agricultura, propunha:

- a imunidade de pagamento de renda sobre a terra economicamente utilizada para o trabalhador que, durante um ciclo agrícola completo, tivesse ocupado terras virgens e nelas permanecido sem contestação;
- garantia de terras para trabalhar, ou de trabalho para o trabalhador agrícola, foreiro ou arrendatário, por dois ou mais anos em uma propriedade;
- imunidade de pagamento de renda sobre a terra para o trabalhador que dela auferisse rendimento igual ou inferior ao salário-mínimo a ser fixado regionalmente;
- desapropriação, para pagamento a longo prazo, de todas as terras consideradas necessárias à produção de alimentos que não estivessem sendo utilizadas ou que o estivessem sendo para outros fins.

As medidas previstas no Estatuto do Trabalhador Rural e as proposições do Plano Trienal geraram dois tipos de reação dos grupos contrários à reforma agrária:

- os que temiam os encargos trabalhistas que recairiam sobre o uso da mão de obra rural – e que em algumas regiões, como vimos anteriormente, já mostravam sua presença – procuraram expulsar seus trabalhadores, queimar suas casas, destruir suas roças e mandá-los para fora de suas terras. A quase maioria dos trabalhadores rurais canavieiros, por exemplo, era constituída de *moradores* e os usineiros temiam que tivessem acesso a salários mensais regulares, 13º salário, férias e carteira assinada, o que consideravam um absurdo. A maioria era paga com litros de cachaça, produzidos pelas próprias usinas, e obrigados ao cambão, trabalho gratuito devido aos senhores de terras. Muitas usinas procuraram, a partir de então, mecanizar suas rotinas de trabalho, já que a superexploração do trabalho ameaçava desaparecer;

- a maioria dos senhores de terras passa rapidamente para uma feroz oposição ao governo Goulart, acusado de pisar nos direitos dos proprietários de terras, e começa a exigir uma mudança de governo, mesmo por meio de medidas violentas e ilegais.

O Estatuto do Trabalhador Rural tornava a existência do trabalhador rural política, posto que estendia até ele, agora com toda a proteção jurídica devida e não mais à mercê de interpretações, a cidadania oferecida aos grupos de trabalhadores urbanos pela CLT. Exercia-se, assim, uma dinâmica perfeita das lutas sociais em torno da amplitude dos direitos sociais e políticos: uma vez iniciado o processo de incorporação civil, este assume lógica e dinâmica próprias e crescentes, buscando a amplitude máxima. A questão que se coloca é saber se, ao formular a política de incorporação de trabalhadores, de forma limitada e controlada, o Estado Novo e seus ideólogos previram o rastilho de pólvora deixado para trás. Para muitos, talvez a maioria dos nossos cientistas políticos, o projeto varguista fora sempre limitado, autoritário e escamoteador da participação popular. Talvez pudéssemos nuançar tal posição. A própria luta de Vargas contra a oposição crescente ao seu projeto de poder e o caráter de tal oposição enquanto uma coligação liberal-conservadora impunham uma lógica de incorporação crescente dos grupos trabalhadores – seja como apoio, seja como chantagem política ao processo político nacional. Os últimos meses de Vargas no poder em 1945, com uma série de medidas anuladas pela constituinte de 1946, seriam evidências de tal popularização da política varguista. Mais tarde, a exclusão dos segmentos conservadores e sua preferência pelos grupos populares, desde 1951, apontariam para o mesmo processo e, dramaticamente, para o mesmo desfecho.[36]

Talvez o que os ideólogos do modelo construído a partir da década de 1930 não tivessem percebido, e aí teríamos a chave para a compreensão do avolumar da crise, fosse que o modelo fordista-keynesiano periférico não podia, não tinha condições de abarcar o conjunto da sociedade. Como modelo de desenvolvimento regulado do capitalismo, mesmo na América e Europa, tivera sempre fronteiras bem definidas. No caso americano, era evidente que a incorporação de vastos contingentes negros, bem como a equiparação do trabalho da mulher ao trabalho masculino, estavam fora de questão.[37] No caso europeu, em plena vigência dos chamados *trinta gloriosos anos* – o auge da construção do Estado de Bem-estar Social –, imigrantes, a grande massa da reconstrução europeia, também deveriam estar fora das estritas fronteiras do Estado providência. É exatamente a explosão das exigências de tais setores que inicia a crise de modelo; no momento em que ele é confrontado com exigências antifiscalistas como meta de redinamizar os mecanismos de acumulação capitalista (Thatcher, Reagan, por exemplo).

---

[36] Para um amplo debate sobre o tema ver: Werneck da Silva, J. L. (org.). *O feixe e o prisma*. Rio de Janeiro: Zahar, 1991.

[37] Leuchtenburg, William. As dores de parto do liberalismo americano, *in:* Leuchtenburg, William. *O século inacabado*. Rio de Janeiro: Zahar, v. 2, p. 831-925; para o caso europeu ver: Benz, Wolfgang. Feindbild und Vorurteil. Munique, DTV, 1996.

Ora, num país como o nosso, com exigências sociais abismais, a ampliação da cidadania só poderia ser vista como uma crise entre o Estado e os segmentos sociais que tradicionalmente controlavam a riqueza do país. Sem tentar exagerar as cores do quadro, poderíamos dizer que a incorporação dos trabalhadores rurais, entendida naquele momento pelo Estado e amplos setores reformistas da sociedade como extensão da legislação social ao campo, constituía o fulcro da crise que eclodiria na década de 1960.

Não é estranho que seja no Nordeste do país, em especial na zona canavieira, que a Questão Agrária, naquele momento, se torne mais crítica. Aí, a tênue linha que separava o trabalhador rural do trabalhador fabril estava esgarçada; ao mesmo tempo, as exigências técnicas da produção e da concorrência, numa economia cada vez mais competitiva, implicavam cortar gastos suntuários e de representação e investir na modernização dos processos produtivos. Os segmentos dominantes do mundo rural preferiram, contudo, aplicar a solução antiga: a reprodução extensiva, o devorar de terras e o dominar do trabalho:

> O branco açúcar que adoçará meu café
> nesta manhã de Ipanema
> não foi produzido por mim
> nem surgiu dentro do açucareiro por milagre.
>
> Vejo-o puro
> e afável ao paladar
> como beijo de moça, água
> na pele, flor
> que se dissolve na boca. Mas este açúcar
> não foi feito por mim.
> Este açúcar veio
> da mercearia da esquina e tampouco o fez o Oliveira,
> dono da mercearia.
> Este açúcar veio

de uma usina de açúcar de Pernambuco
ou no Estado do Rio
e tampouco o fez o dono da usina.

Este açúcar era cana
e veio dos canaviais extensos
que não nascem por acaso
no regaço do vale.

Em lugares distantes, onde não há hospital
nem escola,
homens que não sabem ler e morrem de fome
aos 27 anos
plantaram e colheram a cana
que viraria açúcar.

Em usinas escuras,
homens de vida amarga
e dura
produziram este açúcar
branco e puro
com que adoço meu café esta manhã em Ipanema.[38]

É interessante insistir que exatamente no Nordeste se concentrava o mais baixo índice de incorporação de tecnologia agrícola. Era mais fácil explorar a mão de obra abundante do que investir capitais na modernização das suas usinas. Só quando são tomadas medidas drásticas contra a superexploração é que os usineiros procuram investir em máquinas e equipamentos.

> Quando Miguel Arraes [governador progressista de Pernambuco] negociou com os usineiros o pagamento do salário mínimo aos cortadores de cana, esgotou-se o estoque de camas de vento no

[38] Ferreira Gullar, *Açúcar*, 1963.

comércio de Pernambuco. Antes, os cortadores de cana dormiam no chão![39]

Por fim, visando a completar uma das reformas básicas da sociedade brasileira, seria enviado ao Congresso Nacional um projeto de reforma agrária. Tal projeto vinha diretamente da promessa feita pelo presidente da República, em um comício popular na estação ferroviária Central do Brasil, no Rio de Janeiro, onde, ao lado de Miguel Arraes e Leonel Brizola, Goulart propusera-se a erradicar do país a *estrutura econômica superada, injusta e desumana existente.* A proposta de Goulart, constante da mensagem presidencial de 15 de março de 1964, baseava-se no pressuposto de que *não era lícito manter terra improdutiva por força do direito de propriedade*; assim, na sua mensagem ao Congresso, propunha o direito do Estado de desapropriar as terras não exploradas, a prioridade para a produção de alimentos para o mercado interno e o rodízio de cultivos em todas as terras, sendo a quarta plantação necessariamente de gêneros alimentícios. Os grandes comícios e o apelo às massas urbanas faziam parte da estratégia de Jango para contornar o bloqueio que o Congresso Nacional exercia sobre qualquer política de reforma social. Com o domínio das ruas, o apoio dos sindicatos e de um imaginário *esquema militar*, o presidente acreditava dobrar a maioria conservadora da representação nacional.

O projeto da reforma agrária não chegou a ser votado. Na madrugada, entre 31 de março e 1º de abril de 1964, os tanques do Exército rolaram pelas estradas de Minas Gerais e de Pernambuco. Em conspiração com os governadores Magalhães Pinto (MG), Carlos Lacerda (RJ), Ademar de Barros (SP) e

---

[39] Márcio Moreira Alves, *O Globo*, 21/3/1996.

amplo apoio logístico dos Estados Unidos, as Forças Armadas derrubavam o governo democrático de João Goulart.

Iniciava-se a Ditadura Militar no Brasil (1964-1984), abrindo-se uma nova etapa na luta pela terra:

> O tempo é de cuidado, companheiro.
> É tempo sobretudo de vigília.
> O inimigo está solto e se disfarça,
> mas como usa botinas, fica fácil
> distinguir-lhe o tacão grosso e lustroso
> que pisa as forças claras da verdade
> e esmaga os verdes que dão vida ao chão.[40]

Questão agrária e exclusão social no Brasil contemporâneo

Durante o regime militar, quaisquer manifestações em favor da reforma agrária ou tentativas de organização dos trabalhadores rurais eram, de imediato, identificadas com a subversão. Assim, grandes empresas madeireiras, pecuaristas e grandes projetos agroflorestais puderam livremente – a maioria utilizando-se dos incentivos fiscais oferecidos pelo governo – se apoderar de terras e explorar o trabalho agrícola sem temer punições. Mesmo então, sob pressão ora de posseiros que resistiam à expropriação imposta por pecuaristas e madeireiras, na nova fronteira amazônica, ora sob pressão da explosão demográfica das áreas tradicionais da pequena produção familiar (como no Nordeste, no Paraná e no Rio Grande do Sul), o Estado militar foi obrigado a ocupar-se com a Questão Agrária.

Ao contrário do ocorrido no período *nacional-desenvolvimentista*, quando a Questão Agrária era prioridade econômica e social do governo, a agricultura é, agora, relegada a segundo plano e o interesse do governo volta-se, em relação ao campo,

---

[40] Thiago de Mello, *Canto em tempos de cuidados*, Lisboa, 1974.

quase que exclusivamente para a chamada *segurança nacional.* No conjunto da América Latina, ao longo da década de 1950, haviam eclodido vários conflitos agrários, em especial a revolução boliviana e, a partir de 1959, a revolução cubana. Da mesma forma, o mais importante conflito da Guerra Fria, a Guerra do Vietnã, mostrava-se um profundo conflito camponês. Ora, a chamada *ideologia da segurança nacional* preocupava-se fundamentalmente com a possibilidade do surgimento de guerrilhas rurais que ameaçassem o regime militar. Na mesma época, o lendário Ernesto Che Guevara movimentava-se pela América Latina propondo o foquismo (*a criação de diversos focos de guerrilha*). Esta era a teoria revolucionária que incentivava a eclosão de *um, dois, três Vietnãs* na América Latina para combater o *imperialismo ianque.* Partia-se do suposto de que os Estados Unidos não seriam capazes de enfrentar várias frentes concomitantes de guerrilhas populares, o que levaria o *gigante* a dobrar-se.

Da mesma forma, os núcleos de poder conservadores estavam conscientes de que a situação de pobreza crônica do país colocava em risco qualquer processo de modernização imposto:

> A força do comunismo na América Latina nasce e reside nas massas, entre os camponeses e gente marginalizada sem terra, favelados e trabalhadores com salários baixos – em outras palavras, na pobreza... na miséria do povo.[41]

Seguindo a orientação dos estudos realizados na Escola Superior de Guerra (ESG), no Rio de Janeiro, propunha-se a consideração da *paz social* como premissa do desenvolvimento. Queria-se diminuir as desigualdades regionais e, em cada região, estreitar as profundas diferenças sociais. O Nordeste

---

[41] Amaral Gurgel, J. A. *Segurança e democracia*. Rio de Janeiro: José Olympio, 1976, p. 55.

pré-1964 servia como exemplo de sociedade potencialmente explosiva. As lições aí aprendidas, entretanto, apontavam para caminhos diferentes daqueles anteriormente percorridos.

Assim, a preocupação maior do novo regime não era nem econômica nem social. Do ponto de vista econômico considerava-se a entrada de capitais estrangeiros e a modernização forçada do campo (vinculação do crédito agrícola à aquisição de máquinas e implementos, em grande parte produzidos pelo capital multinacional) como resposta adequada às questões referentes ao estrangulamento do processo de desenvolvimento (fornecimento de matérias-primas, alimentos etc.). Do ponto de vista social, articulava-se poderosa repressão às representações populares e à crença na articulação dos movimentos populares com uma conspiração internacional do comunismo. Dessa forma, a preocupação central do regime militar com o campo originava-se na busca da *segurança* e consolidação do novo modelo econômico. A visão conservadora dominante então considerava, bem ao contrário da esquerda, que a agricultura cumpria bem seu papel no desenvolvimento do país, não constituindo nenhum entrave. Para Delfim Netto, por exemplo, a chave do processo de desenvolvimento residiria numa melhoria técnica da produtividade do setor agrícola, o que, a um só tempo, liberaria mão de obra e elevaria os rendimentos dos que ficassem no campo, aumentando o volume da produção inclusive para as cidades. Propunha-se, assim, uma abordagem *técnica* da Questão Agrária e sua despolitização, claramente explicitada na *teoria do bolo*, ou seja, *primeiro era necessário fazer o bolo (a riqueza nacional) crescer, para então dividi-lo.*

Logo em 1964, o primeiro general-presidente, Humberto Castelo Branco, procurou colocar em prática uma política que desse conta das novas necessidades de consolidação do modelo econômico proposto e, ao mesmo tempo, evitar qualquer clima de descontentamento. Deveria, assim, atender às pressões que advinham do campo (principalmente para evitar os conflitos agrários) e superar o estrangulamento do crescimento industrial provocado pelas crises de abastecimento (o que era também importante para sua política de contenção de salários, chamada, então, de *arrocho salarial*). As principais ações do governo militar visavam colocar à disposição dos produtores rurais dinheiro fácil e barato, por meio de mecanismos bancários e financeiros voltados para a agricultura. Deveria se atender, dessa forma, à demanda por uma agricultura mais eficiente. Era a resposta técnica à Questão Agrária, como a visão conservadora pretendia. Dava-se, aqui, uma guinada radical na percepção da Questão Agrária no Brasil. Tratava-se de passar de um *padrão agrário*, montado sobre a exploração do trabalhador e o sufocamento do minifúndio pelo latifúndio, para um padrão baseado no acesso a financiamentos e insumos, o que certamente beneficiava a conjugação dos interesses financeiros do grande capital multinacional (química, para adubos e corretores de solo; máquinas e equipamentos, para instrumentos e implementos agrícolas).

Embora alguns militares e tecnocratas partilhassem de alguma forma o diagnóstico dos economistas nacional-desenvolvimentistas (a agricultura estrangulava o desenvolvimento industrial do país), as soluções agora apontadas eram outras. A solução técnica deveria, fundamentalmente, superar a visão dos reformistas, que procuravam alterar a estrutura fundiária do país, vista como a origem do atraso técnico e social no campo. Os novos tecnocratas, por sua vez, *economicamente liberais e politicamente conservadores*, consideravam que o atraso existente no campo se devia à baixa capitalização – ou seja, a ausência de recursos disponíveis – da agricultura. Assim, colocar a agricultura em contato com fontes de financiamento, dispor de crédito fácil e incentivar a compra de máquinas agrícolas e fertilizantes deveria aumentar a produtividade, sem a necessidade de se realizar uma reforma agrária. Ao mesmo tempo, ampliava-se o mercado de bens industriais com seu fornecimento ao campo. A garantia de geração de renda no setor deveria estar ancorada nas exportações (como soja, laranja, café etc.), o que, por sua vez, assegurava o repasse para a indústria de cunho multinacional e para o capital financeiro de recursos gerados na agricultura. Ambas as pontas do mesmo processo deveriam desbloquear o crescimento do país:

> Em 1964, o Marechal Castelo Branco atacou o problema [a Questão Agrária] com um racionalismo capitalista inteligente e global: criou a Coordenação Nacional do Crédito Rural; liberou os depósitos compulsórios dos bancos comerciais para financiamento agrícola; criou o Fundo Nacional de Refinanciamento Rural, com o dinheiro da Usaid [organismo americano de ajuda externa); financiou a importação de fertilizantes; abriu uma linha de crédito a 11% ao ano para o financiamento da compra de tratores, quando a inflação era de 84%; reformulou, melhorando, a política de preços mínimos para os principais cereais e o algodão.[42]

O ponto mais importante das medidas voltadas para a Questão Agrária foi, do ponto de vista das relações de trabalho, o Estatuto da Terra, criado pelo Decreto n. 4.504, de 30 de novembro de 1964. Tratava-se de um conjunto de disposições que definiam o que era a propriedade da terra no Brasil e suas modalidades, impunha a desapropriação por interesse social nos casos considerados necessários, bem como a compra de terras pela União para efeito de reforma agrária. Ao mesmo tempo, a lei criava um organismo, Instituto Brasileiro de Reforma Agrária (Ibra), dedicado a efetuar a reforma em áreas prioritárias predefinidas, que deveriam ser alvo de estudos e medidas de infraestrutura básica.

---

[42] Márcio Moreira Alves, Reforma Agrária, *O Globo*, 21/3/1996.

Pela primeira vez, chegava-se a uma clara definição –, ao menos no plano jurídico – do que era latifúndio no Brasil. O Estatuto da Terra considerava a existência de dois critérios: *latifúndio por dimensão* (ou extensão) e *latifúndio por exploração*, a saber:

- *latifúndio por dimensão* – quando o imóvel, em duas hipóteses, estenda sua área da seguinte maneira: na área agriculturável, a 600 vezes o seu próprio módulo (Art. 6, IV, a, 1ª Parte); na dimensão da sua área agriculturável, a 600 vezes a área média dos imóveis rurais da sua região;
- *latifúndio por (in)exploração* – quando o imóvel, ainda que não excedendo os limites das 600 vezes, seja mantido inexplorado, com fins especulativos, ou seja deficiente ou inadequadamente explorado.[43]

O Estatuto da Terra surgia exatamente como o reconhecimento pela ditadura de uma Questão Agrária no país ou, como já foi dito, *como o reconhecimento de um longo processo de lutas sociais e políticas*.[44] Entretanto, a própria interpretação do Estatuto da Terra foi feita de tal forma que se possibilitou que o processo de resolução da Questão Agrária, tal qual imaginava-se naquele momento, fosse montado sobre a ideia-chave de modernização do latifúndio. Tal associação, estreitíssima, entre propriedade da terra, bancos e grande capital (no mais, multinacional) abria caminho para a *industrialização do campo*, a formação dos CAIs e a indiferenciação campo/cidade.

No tocante à política fundiária do regime militar – embora baseada em firmes estudos técnicos –, sua ação foi tímida e

---

[43] Laranjeira, Raymundo. *Colonização e reforma agrária no Brasil*. Rio de Janeiro: Civilização brasileira, 1983, p. 103-104.

[44] Ver sobre este debate: Bruno, Regina. O Estatuto da Terra: entre a conciliação e o confronto. *Estudos: sociedade e agricultura*, n. 5, 1995.

compassada, sendo aplicada de forma quase homeopática. Nos anos subsequentes, a legislação pertinente ao Ibra foi rarissimamente aplicada e, mesmo assim, em áreas onde não eram contrariados os interesses latifundiários.

Em 1970, o governo transformou o Ibra no Incra, Instituto Nacional de Colonização e Reforma Agrária, onde se reuniram inúmeros especialistas na Questão Agrária. Dotados de boa vontade, e em grande parte contrários à política oficial, desenvolveram planos e políticas específicas para o setor, em especial o primeiro cadastro de imóveis rurais, base para qualquer análise da Questão Agrária no país. Devemos destacar que somente na década de 1970 chegou-se, no Brasil, ao estabelecimento de um cadastro da propriedade da terra. Para um país tão longamente considerado essencialmente agrícola é extraordinário que somente então tenha-se produzido documento tão básico. A ausência de registro nos diz exemplarmente da força dos senhores de terra, temerosos de qualquer possibilidade de controle ou de tributação. Intentado várias vezes na colônia, decretado em 1850, retomado na República Velha e exigido por Vargas, só a Ditadura Militar logrou estabelecer tal cadastro. Devemos, entretanto, destacar que mesmo assim seu caráter básico era declaratório, baseado na informação do proprietário. Assim, se confiarmos plenamente nas declarações apresentadas, podemos nos deparar, como no caso da região de Petrolina (PE), com até cinco andares de estrutura fundiária declarada.

Em compensação, desde os seus primeiros dias a Ditadura Militar praticou uma firme política de repressão contra os sindicatos de trabalhadores rurais, contra as lideranças camponesas, dissolvendo suas organizações, prendendo e exilando suas lideranças. Mais grave ainda, fechou os olhos para o desenvolvimento de grupos armados de jagunços que perseguiam as principais lideranças sindicais e incendiavam as casas dos trabalhadores que resistiam às exigências dos senhores de terras.

Tratava-se, além de dar um salto no padrão agrário vigente, de esvaziar a luta pela terra como tema nacional. Assim, a modernização, e não o conflito de classes, deveria superar o atraso. Evidentemente, a resistência, ainda quando possível, se fez acirrada contra o modelo imposto pela Ditadura Militar. A cultura política gerada no âmbito do desenvolvimentismo, nacional e popular, reage vigorosamente e procura denunciar o conluio entre o latifúndio e os militares.

Um fenômeno novo ocupava, simultaneamente, espaço na política nacional. Acompanhando o acelerado processo de industrialização e a explosão das megalópoles brasileiras, grande parte da produção intelectual e artística nacional já apontava, no início da década de 1960, para uma preocupação cada vez mais urbana, fabril, voltada para os dramas dos trabalhadores da cidade. A difusão do marxismo entre as elites universitárias, particularmente sua versão da Terceira Internacional, seriamente obreirista e voltada para um proletariado industrial como sujeito transcendente da história, renegará o camponês como classe revolucionária.

Um bom exemplo da priorização do espaço urbano enquanto espaço principal do conflito é a produção cinematográfica inovadora de Nelson Pereira dos Santos, com *Rio 40 graus*, 1955, e *Rio zona norte*, 1957, e de Ruy Guerra, com *Os cafajestes*, 1962. Entretanto, a dura repressão desencadeada pela ditadura, ao lado da persistência da Questão Agrária, levará, às vezes, os mesmos produtores a se voltarem ainda uma vez para o mundo rural, como no caso exemplar do próprio Nelson Pereira dos Santos. Assim, com o golpe militar, o caminho do campo foi refeito, *nos remetendo de volta*, para tomarmos uma expressão que Arnaldo Contier utilizou para a música popular brasileira, ao mundo rural: "ao longo dos anos 60 até meados dos 70, o mais primitivo era o mais genuíno; o Brasil interior era visto como mais puro. O Brasil urbano era, nessa leitura, o do Imperialismo, do capital multinacional e do autoritarismo".[45] A Guerra do Vietnã e a aventura do Che nas selvas bolivianas aprofundaria uma visão do campo como polo oposto da dominação ocidental e imperialista. Para muitos brasileiros, em ·especial os jovens, foi um período de *se descobrir latino-americanos*; de amar as canções de Víctor Jara e Violeta Parra, de embalar-se ao ritmo do tambor de Mercedes Sosa, de ler Pablo Neruda, García Marquez e Manuel Scorza e acompanhar com esperanças o experimento democrático e socialista de Salvador Allende.

Surgia a ideia de uma política cultural como sinônimo de resistência política; o Centro Popular de Cultura (CPC), da União Nacional dos Estudantes (UNE), constituíra, desde antes do golpe militar, fonte inesgotável de temáticas de recuperação do nacional e do popular como trincheiras contra o *entreguismo*. Em vários momentos temas dos modernistas das décadas de 1920 e 1930, como Tarsila, Oswald e Mário de Andrade, serão retomados; motivos da cultura oficial do Estado Novo serão revalorizados e surgirá uma imensa temática do campo como *locus* da resistência, do autenticamente brasileiro, com uma ingênua e simpática valorização da arte popular. Em seu conjunto, a cultura brasileira iria se mostrar bastante original e capaz de se apropriar com êxito dos novos meios técnicos, principalmente o disco, os *shows* populares e a TV, como instrumentos de resistência.

---

[45] Furtado, João Pinto. A música popular brasileira dos anos 60 aos 90. *Pós-História*, Assis, v. 5, p. 127, 1997.

O *show Opinião,* no Rio de Janeiro, em 1964, dará a tônica da resistência: canções, ritmos e poesia valorizarão a temática agrária, coletivista e militante. "Carcará", do nordestino João do Vale (1964), ao descrever cenas típicas do semiárido nordestino, se tornaria ícone do latifúndio, construindo a imagem da ave de rapina que *avoa feito gavião* como metáfora do latifúndio.

Os *festivais da canção*, patrocinados em série por emissoras de TV concorrentes, divulgaram temáticas que merecerão atenção plebiscitária do público: o coletivo, nacional e popular, será aclamado; ao intimista, pessoal e urbano, as vaias. Assim, Edu Lobo e Vinícius de Moraes vencerão o Primeiro Festival da TV Excelsior, do Rio de Janeiro, com "Arrastão", consagrando Elis Regina, tal qual "Carcará" havia consagrado Maria Bethânia.

A mobilização política das cidades contra a Ditadura Militar foi respondida com o endurecimento do regime e o recrudescimento das prisões e torturas. O modelo de luta armada, o *foquismo*, ganha de imediato extraordinária oportunidade. Os exemplos de Cuba e do Vietnã são colocados na ordem do dia. Novamente o campo, por um curto espaço de tempo eclipsado como *locus* principal do conflito social no país, ultrapassa as cidades. Assim, a Questão Agrária tem um encontro marcado com a guerrilha rural.

Vemos, então, que a Questão Agrária só se tornou alvo importante do governo quando eclodiram as guerrilhas rurais no país. Primeiro na Serra do Caparaó e, depois, na região do Araguaia, grupos de militantes de esquerda tentaram repetir, no país, a experiência revolucionária cubana. Temeroso, o governo, ao lado de brutal repressão armada, tomou uma série de medidas de apoio ao que então se denominava populações de baixa renda. De cunho assistencialista, e desvinculadas de qualquer proposta estrutural de mudança, essas políticas não impediram o acúmulo de uma imensa dívida social.

Sérgio Leite, do CPDA/UFRRJ, resumiu com muita clareza as características centrais da chamada modernização conservadora da agricultura brasileira sob o regime militar:[46]

> adoção do padrão tecnológico moderno, calcado basicamente no binômio química mineral-mecanização;
> aumento da produção e da produtividade, sem correspondente aumento de renda dos trabalhadores;
> manutenção da estrutura fundiária, com aumento da tendência à concentração;
> expansão do crédito rural, privilegiando grandes produtores localizados na região Centro-Sul;
> juros rurais baixos e mesmo negativos, chegando a igualar e superar o produto interno bruto do setor;
> formação dos CAIs, com ampla integração industrial, inclusive dos setores agropecuários;
> integração do capital financeiro com os capitais agroindustriais e agrocomerciais;
> transformação dos bens agrários, terra e gado principalmente, como resultado dessa integração, em poderosos ativos financeiros, homogeneizando as taxas e interesses do capital no campo e na cidade;
> territorialização da burguesia, com investimentos maciços de grandes grupos financeiros e industriais em terras, sob a cobertura de incentivos fiscais dados pelos Estados;
> internacionalização da agricultura brasileira, com a entrada em grande quantidade de vários itens, além do café, no comércio mundial (soja, laranja, sucos, aves, enlatados etc.).

O Incra, que deveria ser um órgão presidencial diretamente encarregado da questão, foi, logo em 1970, subordinado ao ministério da agricultura, onde imperavam os interesses agrários, acarretando incrível morosidade nos processos e muitas vezes

[46] Leite, Sérgio. Padrões de desenvolvimento e agricultura no Brasil: Estatuto da Terra, dinâmica agrária e modernização conservadora. *Reforma Agrária*: Campinas, n. 1, v. 25, 1995, p. 137-152.

erros que levavam todo um procedimento de desapropriação de terra a ser anulado na justiça.

No governo do general Figueiredo, após inúmeros assassinatos, em especial na região do Bico do Papagaio, ao norte de Goiás, e face a uma crescente tendência reorganizadora do movimento camponês, foi criado o Grupo Especial de Trabalho da Agricultura e Terras (Getat), que deveria promover a reorganização fundiária numa área de 200 mil quilômetros quadrados. Ao mesmo tempo, o general-presidente cria o Ministério Extraordinário para Assuntos Fundiários, reconhecendo claramente que o eixo dos conflitos sociais no país passava perigosamente pelo campo. Nada, entretanto, resultou daí. Ao contrário, a violência no campo alastrou-se perigosamente:

> Nos anos de 1975 até 1979 deram-se 203 assassinatos de camponeses, numa média de 40 trabalhadores assassinados a cada ano no campo no Brasil. Nos anos 1980/84, esse número dobrou: 473 mortes, numa média de 95 assassinatos por ano. E ainda mais recentemente o número de mortes voltou a duplicar-se: 180 trabalhadores rurais assassinados em cada um dos dois últimos anos (1985/86). No total, mais de mil mortos nos últimos dez anos nos campos brasileiros...[47]

Nos últimos dias da Ditadura Militar, a Questão Agrária avolumava-se como um dos mais complexos problemas nacionais.[48] A oferta de alimentos continuava baixa e, pior, descobria-se que cerca de 30 milhões de brasileiros viviam no limiar da fome. Caso cada brasileiro pudesse comprar alimentos decentemente, nossa produção não suportaria a demanda. Ao mesmo tempo, a ideia básica das teses conservadoras, de que a penetração do capital no campo modernizaria o setor,

---

47 *Boletim da Associação Brasileira de Reforma Agrária*, n. 3, 1988, p. 19.

48 Martins, José de Souza. *A militarização da Questão Agrária no Brasil*. Petrópolis: Vozes, 1984.

inclusive sua estrutura fundiária, mostrava-se totalmente errônea. O Censo Agrícola de 1985 – um ano após o fim da ditadura – mostrava um perfil, entre 1980 e 1985, ainda mais concentrador da terra no país:

> Os dados referentes à participação relativa dos 50% menores (proprietários) mostram que a metade inferior dos estabelecimentos agropecuários brasileiros que detinham apenas 2,5% das terras agrícolas em 1975, reduziram ainda mais a sua participação relativa, ficando tão somente com 2,2% em 1985. Por outro lado, os 5% dos estabelecimentos maiores, que já se apropriavam de quase 70% da área total, mantiveram sua participação relativa [...] tendo inclusive um pequeno aumento.[49]

Assim, o saldo deixado, no campo, por 20 anos de regime autoritário mostrava claramente o perfil da profunda desigualdade existente no país:

Distribuição da terra, 1975 e 1985

Categorias	1975	1980	1985
Milhões de estabelecimentos	5,0	5,2	5,8
Área total (ha)	323,1	369,6	376,3
Os 50% menores	2,5	2,4	2,2
Os 50% maiores	68,7	69,7	69,2

Fonte: Boletim da Abra

Mesmo o que se considerava sinal evidente de sucesso do regime militar, a modernização técnica da agricultura, com a expansão do processo de incorporação de insumos e implementos, mostrava-se um processo em evidente esgotamento. O ritmo de transformação da base técnica da agricultura, entre 1980 e 1985, foi significativamente mais lento do que entre 1970 e 1975. O número, por exemplo, de estabelecimentos com tratores passou, em cinco anos, de 7% para 7,2%, apesar de todos os esforços

---

[49] Graziano da Silva, José e Arruda Sampaio, Plínio. A Questão Agrária no Brasil. *Boletim da Abra*, n. 3, 1988, p. 12.

do governo. A incorporação de novas terras – a fronteira em expansão – também se mostrou muito lenta, principalmente face à expansão das grandes cidades e ao aumento da demanda de alimentos, apontando claramente para o *deficit* alimentar que explode no início da década de 1990. Da mesma forma, o sistema de silos para armazenagem de cereais entrava em colapso, com perdas catastróficas de grãos, enquanto a fome aumentava na periferia das cidades. As rodovias, verdadeira calamidade nacional, impunham também grandes perdas, revelando enorme incapacidade de transformar uma população subalimentada em mercado e incentivo para uma agricultura concentrada e com altíssima monopolização da terra.

As visões conservadoras, com sua crença otimista no progresso automático das forças econômicas, resultavam, ao se iniciar a Nova República, num fantástico processo de exclusão social.

A Nova República e o novo movimento de luta pela terra

O governo Sarney, logo em sua primeira fase, herdeiro das intenções da ampla coligação que elegera Tancredo Neves, estabeleceu o Plano Nacional de Reforma Agrária (PNRA). Foi criado o Ministério da Reforma e Desenvolvimento Agrário (Mirad), com especialistas e políticos voltados para a questão. Previa-se que pelo menos 1,5 milhões de famílias (de um total de 4,5 milhões de *sem-terra*, num conjunto de 12 milhões de trabalhadores rurais expropriados) deveriam ser assentadas, dispondo-se de uma área de 130 milhões de hectares. Criava-se um aparente consenso em torno da imperiosidade da reforma agrária e, mais claramente ainda, do profundo nexo entre reforma agrária e redemocratização do país.[50] Ao mesmo tempo

---

[50] Ver Medeiros, Leonilde S. *História dos movimentos sociais no campo*. Rio de Janeiro: Fase, 1989.

que a Constituição de 1988 criava os mecanismos necessários para se proceder a uma grande reforma agrária no país (definia claramente a desapropriação de terras por motivos sociais e o pagamento das terras com títulos da dívida pública), o próprio presidente da República capitaneava uma ampla frente conservadora, o *centrão*, de bloqueio a qualquer mudança estrutural da sociedade brasileira.

Consolidava-se, nesse momento, um dos mais poderosos *lobbies* de proprietários de terras que o país já vira, a União Democrática Ruralista (UDR). Utilizando recursos financeiros abundantes, com forte representação parlamentar e apoio dos grandes grupos industriais, os chamados ruralistas constituirão uma das bancadas parlamentares, de caráter interpartidário, com capacidade de definir votações fundamentais, inclusive a duração do mandato do presidente, principal tema político do governo de então. Um dos seus objetivos, por sinal vitorioso, será impedir, por meio da barganha política, o uso dos mecanismos constitucionais de implementação da reforma agrária.

Devemos lembrar que, em 1963-1964, a inexistência de instrumentos desse tipo foi uma das causas do conflito entre o Congresso Nacional e o governo João Goulart e o que possibilitou o bloqueio das medidas reformistas. Agora, mesmo existindo o instrumental necessário, o próprio Congresso Nacional travava o avanço das forças sociais que haviam organizado a campanha das *Diretas, já!* e promovido a eleição de Tancredo Neves.

Após inúmeras peripécias, desapropriações inócuas e avaliações erradas, e a morte de um ministro com toda a sua equipe, formada de homens sinceramente devotados à Questão Agrária, o plano estancou. Menos de 70 mil famílias chegaram a ser assentadas. Até os nossos dias, desde a criação do Incra, em 1970, só foram assentadas 145 mil famílias.

A paralisia do processo gerou, por sua vez, a explosão da violência. A melhor organização dos trabalhadores rurais, agora assessorados por advogados e parlamentares, permitiu que se exigisse de pecuaristas e madeireiras, na justiça, a apresentação dos títulos que dariam direito às expropriações dos posseiros. Ou seja, agora não só a força garantia a legitimidade dos grandes proprietários locais. Deveriam provar o que alegavam como direitos e, ao mesmo tempo, conformá-los à legislação em vigor.

A resposta veio rápida: por todo o país, no Maranhão, em Rondônia, no Acre, no Rio de Janeiro, em São Paulo e no Rio Grande do Sul, jagunços assassinavam líderes sindicais, advogados e padres envolvidos na defesa dos *sem-terra*. Hoje, mais de setenta líderes sindicais são assassinados anualmente no Brasil, provocando protestos internacionais e criando condições para conflitos ainda mais violentos.

Um dos crimes mais chocantes foi o assassinato do Padre Josimo Morais Tavares, vigário de São Sebastião do Tocantins, morto enquanto defendia posseiros de um ataque de jagunços, em 1986. Pouco tempo depois, às vésperas do Natal de 1988, era assassinado, em sua casa, o líder dos seringueiros de Xapuri, no Acre. Chico Mendes presidia o Sindicato dos Trabalhadores Rurais de Xapuri e sustentava uma ampla luta contra os pecuaristas locais que, interessados em ampliar seus rebanhos, tocavam fogo sistematicamente nas florestas (como ainda fazem por toda a Amazônia). Com a perda das matas de seringueiras – os seringais –, a vida dos trabalhadores era reduzida à miséria; ao mesmo tempo, indígenas, animais e plantas – alguns ainda desconhecidos da ciência – eram destruídos. A defesa da floresta valera a Chico Mendes prêmios internacionais e a ajuda de várias instituições. Contrariados, o pecuarista Darly Alves e seus filhos assassinaram o líder seringueiro. Presos, são julgados e condenados. Entretanto, surpreendentemente, conseguem escapar.

Em face da impunidade, a violência continua. O ano de 1991 é marcado pelo assassinato do presidente do Sindicato dos Trabalhadores Rurais de Rio Maria, no Pará, e do líder do sindicato de Nova Iguaçu, no Rio de Janeiro. Nos últimos dez anos, houve 976 crimes, a maioria deles cometidos por policiais, militares e civis, a soldo de fazendeiros. Foram 5.567 conflitos violentos, envolvendo 5.539.000 pessoas. Rondônia, na fronteira agrícola, surge como uma das áreas mais violentas do país. Foi lá que, em 8 de agosto de 1995, a PM, ao desalojar 700 famílias que ocupavam a fazenda Santa Elina, em Corumbiara, matou cerca de 40 sem-terra (o número permanece incerto em virtude da dificuldade das investigações). Alguns eram crianças e foram mortas pelas costas. Em dezembro do mesmo ano, um vereador do Partido dos Trabalhadores (PT) que investigava o caso, foi assassinado.

> A invasão da fazenda Santa Elina por 187 policiais militares em 8 de agosto, ocorreu por decisão do juiz da comarca de Colorado do Oeste, Glodner Luiz Pauleto. Por três horas, a área se transformou num campo de batalha. Os sem-terra, surpreendidos ainda de madrugada pela invasão dos policiais, tiveram poucas chances para reagir aos tiros e às bombas de gás lacrimogêneo. Os relatos da guerra são terríveis: execuções de pessoas desarmadas e torturas. Um dos corpos encontrados estava com a cabeça esmagada. Morreram dois policiais e nove sem-terra, entre eles uma menina de 6 anos atingida com um tiro nas costas. Lideranças rurais garantem que há outros mortos enterrados em valas comuns, no meio do mato. A perícia está tendo dificuldades em apurar as circunstâncias do massacre, porque a Polícia Militar teria colocado fogo no acampamento depois da invasão.[51]

A explosão da violência no campo, ao lado da paralisia do governo federal (tanto em promover a reforma agrária quanto em punir os crimes de fazendeiros e jagunços), levou os *sem-*

---

[51] *Jornal do Brasil*, 18/12/1995.

-terra a se organizar. Reunidos no Movimento dos Trabalhadores Rurais Sem Terra (MST), e com o apoio de sindicatos e da Igreja Católica, criaram um amplo movimento de ocupações de terras improdutivas, quer do Estado, quer de particulares. Essa é a estratégia para forçar o governo a acelerar o assentamento de famílias. A justiça, entretanto, tem-se mostrado rápida em reprimir o MST. Juízes e delegados locais, muitos deles grandes proprietários, emitem alvarás de reintegração de posse, ordenando que a polícia cumpra as decisões da justiça, gerando atos de extrema violência com cobertura jurídica. Assim, as autoridades locais, vinculadas aos grandes proprietários, agem rapidamente na repressão às lideranças sindicais, levando para a cadeia líderes como José Rainha e sua esposa Diolinda Alves de Souza, por duas vezes internada no infernal presídio do Carandiru:

> O juiz Beraldo já concedeu três mandados de prisão contra seis líderes do MST, incluindo Rainha, revogados pelo Superior Tribunal de Justiça. O STJ advertiu Beraldo de que só a Corte Superior pode quebrar a fiança dos líderes, mas o juiz alega que não está impedido de decretar a prisão num novo inquérito.[52]

José Rainha se notabilizou ao liderar as ocupações de terras no Pontal de Paranapanema, SP, onde inúmeros fazendeiros se apoderaram de terras públicas e impedem o assentamento dos sem-terra. Na Paraíba, frei Anastácio Ribeiro, coordenador da Comissão Pastoral da Terra (CPT), foi preso por ordem judicial por formação de quadrilha, enquanto inúmeros crimes contra trabalhadores rurais permanecem sem solução. No estado do Acre, onde a PM escapou inteiramente ao controle do governo local, o uso desproporcional da violência é uma constante:

---

[52] *O Globo*, 15/8/1997.

> Armados com fuzis, escopetas e cassetetes, policiais militares promoveram duas horas de terror sob lentes de fotógrafos e cinegrafistas. Homens, mulheres grávidas e crianças foram espancados porque tentaram impedir que seus barracos de palha fossem derrubados com motosserras... O conflito ocorreu numa área de capoeira e mata-virgem comprovadamente improdutiva, pertencente ao empresário... dono de uma concessionária Lada. O tenente que comandou a operação alegou que foi obrigado a usar a força porque a corporação não tem algemas.[53]

O mais chocante dos conflitos se deu em 1996, em Eldorado dos Carajás, uma área ao Sul do Pará, onde pequenos proprietários e trabalhadores rurais resistiam há vários anos a uma verdadeira maré montante do latifúndio. Na região, 1.500 sem-terra bloqueavam a rodovia PA-150 em protesto contra a ausência de qualquer política, estadual ou federal, para o assentamento de trabalhadores. A PM local, com a ajuda de jagunços dos fazendeiros, diante das câmeras de TV, abre fogo contra homens, mulheres e crianças:

> Quando os corpos começaram a surgir, jogados como sacos de grãos em caminhões e, mais tarde, espalhados pelo chão do Instituto Médico-Legal de Marabá, o que se via eram cabeças estouradas por tiros de curta distância, perfurações feitas à bala em testas, nucas e corações.[54]

Em seu conjunto, os conflitos por terra, entre 1991 e 1995, aumentaram de 383 para 440, com 41 assassinatos (número já ultrapassado no primeiro semestre de 1996), envolvendo mais de 318 mil pessoas. Na maioria dos casos, as polícias civil e militar, abatidas por salários aviltantes, alugam seus serviços ao latifúndio:

> A situação [no campo] também está fora do controle em Mato Grosso do Sul, onde policiais de férias, envolvidos com a pistola-

---

[53] *Jornal do Brasil*, 25/7/1996.

[54] *Isto é*, n. 1386, 1996, p. 20.

> gem, estão trabalhando como jagunços. Um relatório da Polícia Civil de Dourados informa que seis PMs do estado estão trabalhando como jagunços em fazendas do Pontal de Paranapanema (SP). Outras fazendas, 15 no total, utilizam seguranças de duas firmas clandestinas contratadas em Paranavaí...[55]

Em abril de 1998, quase na mesma região do massacre de Eldorado dos Carajás, ainda impune, jagunços e policiais abrem fogo contra camponeses que se retiravam, conforme ordem judicial, de uma fazenda ocupada. Dois líderes do MST, Onalício Araújo Barros e Valentim Serra, são assassinados. Ambos haviam notificado às autoridades que vinham sendo seguidos e ameaçados por jagunços contratados por fazendeiros locais. A imprensa, sem grande esforço, identifica o ponto de partida dos grupos de extermínio:

> A Polícia Civil do Pará tem indícios de que os 11 policiais militares que participaram da desocupação ilegal dos sem-terra da fazenda Goiás-II, em Paraupebas, receberam R$ 2.000 dos fazendeiros. O pagamento teria sido intermediado por um dos dois oficiais de justiça que notificaram os sem-terra, há dez dias, da decisão judicial de reintegração de posse.[56]

O clima de violência e tensão é claramente atribuído ao MST, enquanto as mortes de camponeses e líderes sindicais ficam sem qualquer elucidação. No Dia do Trabalhador Rural, em 25 de julho de 1997, o ministro da Justiça advertia para o fato de que *a área militar estava atenta aos movimentos camponeses* e, ao mesmo tempo, colocava o Exército à disposição dos governos estaduais, num claro retorno ao clima pós-1964. O porta-voz da presidência, por sua vez, afirmava que "a ordem pública será mantida a todo custo, contra as tentativas

---

[55] *O Globo*, 10/10/1997.

[56] *Folha de S. Paulo*, 4/4/1998.

de desordem sem motivos claramente definidos",[57] como se o monopólio da terra, a completar seus 500 anos, não fosse um motivo claramente definido.

Diversas organizações de proprietários de terras, por sua vez, agem abertamente, organizando marchas e carreatas pedindo o *fim da baderna*, numa linguagem em nada diferente daquela ouvida em 1963-1964 contra a reforma agrária. Em encontro com o ministro da Justiça, exigiram "a punição criminal para os cabeças das arruaças, proibição dos acampamentos e maior respeito com as lideranças rurais patronais, que não estão sendo ouvidas".[58]

Na mesma ocasião, sem qualquer condenação do Ministério da Justiça, a UDR, reunida em Presidente Prudente, São Paulo, anuncia a criação de uma milícia e a invasão de escritórios e acampamentos dos sem-terra. O Ministro da Agricultura, grande ausente nos debates nacionais sobre o campo, achou-se, entretanto, no dever de declarar:

> Eu lamento que tenham de haver manifestações de produtores para conter as invasões. Espero que os líderes dos sem-terra entendam e respeitem a propriedade privada. Mas, se isso não acontecer, acho que o setor tem de se mobilizar. Acho legítimo. [59]

Tal desequilíbrio de forças e decisões retrata, de certa forma, a expressão política da chamada bancada ruralista, conjunto de deputados suprapartidário que age como fiel da balança no Congresso Nacional. Em condições de definir votações, com mais de setenta deputados, a *bancada ruralista* arranca do governo apoio e concessões toda vez que o governo federal precisa aprovar medidas de interesse nacional. Com

[57] *O Globo*, 25/7/1997.

[58] *Folha de S. Paulo*, 5/8/1997.

[59] *Folha de S. Paulo*, 15/8/1997.

condições de bancar campanhas eleitorais dispendiosas, dirigem seu ódio contra o Incra, considerado corrupto e leviano, e acusam seus funcionários de *vermelhos*.[60] Os recursos contra a seca acabam por percorrer os mesmos caminhos políticos. Dois exemplos, levantados pela *Folha de S. Paulo*, são bastante eloquentes: enquanto mais de 10 milhões de brasileiros passam fome em razão da ausência de um programa eficaz contra a seca, a propriedade de um deputado, em Pernambuco, está completamente irrigada, inclusive os jardins, com recursos da Sudene (o deputado em questão é o autor da emenda da reeleição do Presidente da República), as quatro fazendas de outro deputado, também em Pernambuco, estão a salvo da seca, graças a um amplo sistema de poços, barragens e açudes, feitos pelo Dnocs. Do conjunto de poços cavados no Sertão, por exemplo, em 1993, 422 o foram em áreas particulares e 288 em áreas públicas. Em uma das fazendas em questão, Cacimba de Baixo, o jornal encontrou crianças e adolescentes trabalhando sem documentos e de graça.[61] Não é diferente no conjunto do Nordeste. Ao mesmo tempo, o governador do Ceará, um dos estados mais atingidos pela seca, considera que os principais tumultos são causados pelo MST, comparando-o a um corpo guerrilheiro armado.

Outro triste episódio foi a expansão, mais de cem anos depois da abolição da escravidão no país, do trabalho escravo e, em especial, do trabalho escravo infantil, envolvendo, hoje, 26.047 casos registrados. Num só estado, o Espírito Santo, 172 pessoas trabalham como escravos em 12 carvoarias. Da população residente, 34% tem menos de dez anos de idade, 75% nunca frequentou uma escola e, entre as crianças, este

---

[60] *O Globo*, 28/3/1998.

[61] *Folha de S. Paulo*, 10/5/1998.

índice sobe para 100%; nenhuma das casas tem banheiro, água ou piso, todos trabalham onze horas por dia, inclusive sábados, domingos e feriados.[62] No Norte Fluminense, em pleno estado do Rio de Janeiro, os canaviais ocupam 7.860 crianças, num trabalho duro e perigoso. O corte da cana-de-açúcar, a facão, deixa marcas definitivas, com a perda de dedos ou mãos. Desse conjunto, 2.116 estão na faixa de 7 a 14 anos, não frequentam escolas ou recebem qualquer assistência médica. A remuneração mensal dessas crianças não chega a U$ 60, conforme pesquisa realizada pela ação governamental Comunidade Solidária.

O próprio presidente da República à epoca, em seu programa de rádio (no dia 17/6/1995), reconhecia a existência no país de homens, mulheres e crianças escravizadas, que *trocam de dono e nunca sabem o que esperam no dia seguinte.* Assim, desde o início da década de 1980, uma série de empreiteiros, os *gatos,* se responsabilizava por fornecer trabalhadores a uma determinada propriedade, desobrigando, dessa forma, o proprietário dos custos e obrigações trabalhistas. Alistados nas estradas e entroncamentos, eram postos em caminhões (que muitas vezes causavam acidentes com dezenas de vítimas) e levados para dezenas de milhares de quilômetros de distância. Frequentemente, pessoas saídas da Paraíba ou da Bahia iam parar em cafezais de Minas Gerais ou laranjais de São Paulo. Muitos, abandonados pelos empreiteiros, ou conscientemente entregues aos capatazes, eram impedidos de retornar e viam-se, assim, obrigados ao trabalho permanente, *por casa e comida,* nas fazendas. Esses empreiteiros, em verdade firmas fantasmas, jamais são encontrados.

---

62 *Jornal do Brasil,* 23/7/1996.

Os povos da floresta: a acelerada extinção dos indígenas no Brasil

A população indígena do país, no momento da chegada dos europeus, elevava-se a vários milhões. Hoje essa população se encontra reduzida a cerca de 326 mil pessoas, divididos em 204 povos.[63] Além dos processos históricos de extinção, como o contágio por doenças do branco ou o puro assassinato, um elemento básico para o desaparecimento dos povos da floresta é a apropriação de suas terras. Sob a Ditadura Militar, com a Constituição de 1967, as terras indígenas foram declaradas propriedades da União, sob usufruto, exclusivo, dos indígenas. A partir daí, a questão fundamental centrou-se na demarcação destas terras. A falta do governo federal, representado pela Funai, em tomar a rápida iniciativa de demarcar as terras possibilitava que companhias madeireiras, pecuaristas e garimpeiros – sempre armados – invadissem as terras indígenas. Muitas vezes, tais ocupações resultaram em genocídios, como os dos indígenas cintas-largas, avá canoeiros e ianomâmis.

Depois de um longo tempo sem grandes iniciativas, o governo Collor, conforme o estabelecido pela Constituição de 1988, tomou uma de suas únicas iniciativas louváveis: demarcou 71 áreas de reserva indígena, com 48 mil indígenas residentes, cobrindo uma extensão de 11 milhões de hectares. Essas medidas provocaram uma série de reações violentas por parte daqueles que se sentiram prejudicados. Desde o início fazendeiros e companhias mineradoras, interessados nas terras indígenas como pastos, para extração de madeira ou para exploração de metais preciosos, procuraram inviabilizar a constituição das reservas. Muito particularmente em Roraima a questão se tornou violenta, posto que nas terras dos yanomami havia sido encontrado ouro.

---

[63] *O Globo*, 11/12/1997.

Muitos acharam, então, que o melhor meio para evitar uma reserva indígena era acabar com os indígenas: no Amapá, quatorze ticunas foram mortos em 1988; em 1983, Marçal Tupã, líder guarani foi morto em Mato Grosso do Sul; em 1993, dezenas de yanomamis foram fuzilados por garimpeiros e, em 1997, o indígena pataxó Galdino Jesus dos Santos foi queimado vivo em Brasília, após as comemorações do dia do indígena. Apesar de todas as advertências, em 20 de maio de 1998, o cacique xucuru, Francisco de Assis Araújo, que lutava pela demarcação das terras indígenas no Nordeste, foi morto em uma emboscada. Nos últimos três anos, 42 indígenas, na maioria lideranças tribais, foram mortos por não indígenas.

Uma forte pressão é feita, também, pelos militares. Como muitas reservas indígenas ficam nas fronteiras amazônicas do país, os militares temem que por aí possa passar uma imperscrutável invasão do território nacional.

Obedecendo a essas pressões, o então ministro da Justiça, Nelson Jobim, por meio do decreto 1.775, de 1996, estabeleceu que 307 reservas indígenas, das 554 existentes, poderão ser revistas se questionadas pelos fazendeiros que alegam serem proprietários na área. A ação do governo representa, assim, um fantástico retrocesso na luta pela preservação da população indígena brasileira. O decreto 1.775 permitiu a reabertura de inúmeras disputas entre indígenas e fazendeiros, questionando as reservas existentes e impedindo a demarcação daquelas em processo de identificação. Só na cidade de Pesqueira, em Pernambuco, após a publicação do decreto, foram impetradas 272 ações e cerca de 30 títulos concedidos a particulares no interior da reserva.

A violência contra as lideranças indígenas também aumentou, na tentativa de impedir a organização e defesa dos interesses das tribos espoliadas. Em 1995, um advogado da Funai foi assassinado a mando de fazendeiros enquanto cuidava do processo de demarcação de terras.

O grande argumento contra as reservas indígenas é que foram concedidas terras demais para indígenas de menos. O argumento, grosseiro na sua formulação (afinal, por que a população indígena decresceu?), não se dá conta do uso em *continuum*, como já estudamos anteriormente, da terra pelos indígenas. Para o efeito de caça e coleta, as áreas naturais devem ser amplas, evitando que o grupo indígena sobrecarregue uma parcela única da floresta e, assim, em poucos anos destrua seu meio de vida. Da mesma forma, os cultivos nativos são extensivos, utilizam vários campos, plantando em pequenas clareiras que evitam o desmatamento. Na verdade, a agricultura indígena, já praticada antes de os europeus chegarem, é uma forma de uso não predatório da floresta.

Essa política fez do ano de 1996 um marco trágico na história dos indígenas brasileiros: ocorreram 109 novas invasões de reservas indígenas, 500 mortes e 138.161 episódios de doenças, em especial doenças sexualmente transmissíveis. Muitas vezes, a falta de terras e a proletarização forçada, como no caso dos guarani kaiowá, originam ondas de suicídios. Só nessa nação, o ano de 1997 assistiu a 27 suicídios, entre 24 mil indígenas concentrados em uma reserva de 39 mil hectares.

O Brasil não conhece o Brasil

O surgimento, na década de 1990, de um forte movimento social, autônomo, desvinculado de partidos políticos e de governos, como o Movimento dos Trabalhadores Rurais Sem Terra (MST), constitui, talvez, a maior novidade política e social do cenário brasileiro.

Num momento de refluxo das organizações sindicais, com queda do número dos trabalhadores sindicalizados, recuo eleitoral dos partidos de esquerda (como PT, PDT, PS e PCs) e um avassalador desemprego, o MST surge como fenômeno único. Não aceita a cartilha neoliberal à qual os segmentos conservadores brasileiros, e mesmo os sociais-democratas, aderiram (no que se aproximam, por exemplo, da política de resistência zapatista no México), exige maior intervenção do Estado na economia, não considera a propriedade privada um dogma sacrossanto e critica a tática sindicalista das duas maiores centrais do país, a CUT, vinculada ao PT, e a Força Sindical (FS), engajada na cooperação com o governo. Considera fundamental exibir alguma força, as ocupações das terras improdutivas, para depois negociar, repudiando tanto o sindicalismo atuante da CUT quanto o sindicalismo de resultados da FS. Exibe, ainda, um poder de mobilização invejável, conseguindo juntar, em um só dia de protesto, trabalhadores, desde uma pequena vila no Pará até as ruas de Porto Alegre, sempre dispostos a acatar a orientação central do movimento.

A direita, entre assustada e reconfortada – na expectativa de mais repressão –, promove comparações entre o MST e a guerrilha zapatista no México, ou mesmo os movimentos insurrecionais da década de 1950, falando em verdadeira guerra civil no campo, fazendo apelo a medidas como as propostas pelo Exército contra as ligas camponesas nos idos de 1960. Essas posições acabam por justificar, ao menos para alguns, massacres como os de Corumbiara e Eldorado dos Carajás.

Ora, o que é o MST e quem são os sem-terra?

Gilmar Mauro, um dos líderes do MST, dá algumas das características básicas do Movimento: "O objetivo básico do MST seria a integração de uma parcela dos excluídos ao processo de cidadania. Esta é a revolução que a elite rural teme. Não é preciso pegar em armas".[64] A força do movimento re-

[64] *Jornal do Brasil,* 23/7/1996.

sidiria num princípio básico, que o diferenciaria dos partidos políticos e sindicatos de esquerda: "Nós mantemos a utopia. Cada militante sabe que está fazendo uma revolução dentro dele mesmo". O que Gilmar Mauro está nos dizendo é que, enquanto os partidos de esquerda perderam seus projetos de futuro, a utopia, principalmente após a derrubada do muro de Berlim, em 1989, os sem-terra possuem um projeto concreto e ao alcance das mãos: o acesso à terra. Assim, o inimigo está à vista, os amigos ao lado, os companheiros em volta e, como na velha canção, a certeza na frente: "O latifundiário de hoje ainda será o senhor de escravos de ontem" (Gilmar Mauro), ou seja, um personagem superado pela história.

Já João Pedro Stedile, outra liderança do MST, considera que a luta pela reforma agrária não é uma luta exclusiva dos trabalhadores rurais: "A luta pela terra se dá no campo mas se ganha nas cidades".[65] Tal qual na Revolução Francesa ou na experiência em curso no México, para o MST a luta política e urbana é o dado fundamental. Stedile define o MST como

> um movimento de massas, de caráter sindical mas, também, um movimento popular porque nossas reivindicações não se esgotam na terra. Depois de consegui-la é necessário lutar por estradas, escolas, saúde... E somos ainda um movimento político que briga contra o Estado e o latifúndio.

Ao mesmo tempo, responde com ironia, e de forma direta, aos que querem confundir o MST com um movimento guerrilheiro tipo zapatista: "Nossa luta sempre foi radical e nunca foi pacífica. Mas seria burrice aderir às armas, com o nível de enfrentamento que temos com o Estado e as PMs. Estaríamos fazendo o jogo do inimigo". Gilmar Mauro, por sua vez, formula uma clara análise das condições reais do MST: "Isso é

[65] *Atenção*, 6, 1996.

um sonho alimentado tanto pela esquerda quanto pela direita. A esquerda imagina que podemos formar um exército como o dos zapatistas e a direita quer um motivo para nos reprimir".[66]

O MST seria hoje composto por 150 mil famílias (alguns falam em 250 mil), distribuídas por 168 acampamentos, nos quais pelo menos 40 mil famílias vivem em barracas de lona, embora a população sem-terra chegue, no conjunto do país, a 4,5 milhões de trabalhadores. O movimento é dirigido por um *encontro nacional*, que se realiza a cada dois anos, com 180 delegados, que escolhem um diretório de 15 nomes de pessoas que vivem em acampamentos, três deles públicos: Gilmar Mauro, José Rainha e Stedile. Para esses homens, a reforma agrária não é apenas uma forma, ou via, de desenvolvimento: *consideram a reforma agrária uma necessidade dos trabalhadores para reduzir a concentração da terra, mudar a forma de utilizá-la e diminuir o êxodo rural. A reforma agrária nos aproximaria de um regime mais democrático, popular. Para o MST, a reforma agrária seria um acúmulo de forças para coisas maiores.*

Para esses homens e mulheres, a cidadania plena só será alcançada com o acesso à terra, com a democratização das condições de trabalho. Em seus dados, são 4 milhões de famílias que aguardam dias melhores, ao lado de outros 5,2 milhões de assalariados rurais, dos quais apenas 27,3% possuem carteira de trabalho assinada, enquanto os demais não detêm qualquer direito trabalhista, inclusive a aposentadoria. Trabalham em média 12 a 14 horas por dia e 2,96 milhões são crianças e adolescentes entre 10 e 17 anos de idade.

Em meio a todo o conflito existente, e desconhecendo trabalhos e estudos realizados pelo próprio Incra, o presidente da República, que já identificara no funcionário público a fonte de

---

[66] *Jornal do Brasil*, 11/8/1996.

todos os males do país, declara que "os sem-terra são os funcionários do campo".[67] Sem condições de deter a violência no campo, o desemprego urbano e a baixa da produção agrícola, FHC afirma: "Não adianta dar acesso à terra para criar uma clientela rural do Estado... o que foi feito no Brasil, em nome da reforma agrária, foi ampliar a quantidade de pessoas que dependem do governo federal..."[68]

Matéria publicada pouco depois, em *O Globo* de 30 de novembro de 1997, noticiava que "Assentamentos produzem geração de professoras", dando conta da fantástica melhoria das condições de ensino nos assentamentos de sem-terra no sul do Pará, mesma região do massacre de Eldorado dos Carajás, ainda impune. Uma pesquisa financiada pela FAO comprova, desde 1991, o sucesso básico dos assentamentos realizados no país: a renda média mensal de uma família, nos assentamentos, é de 3,7 salários mínimos, valor bastante superior à média obtida por qualquer categoria de trabalhadores rurais e, por outro lado, bem mais do que o meio salário pago pelo governo nas frentes de trabalho contra a seca. Quando avaliada por regiões geográficas do país, a relação de rendimentos, fortemente diferenciada, apresenta resultados ainda mais positivos. Na região Norte atinge 4,18 salários, no Centro-Oeste 3,85, no Sudeste 4,13, no Sul 5,62 e no Nordeste, confirmando as disparidades e desigualdades históricas, 2,33. De qualquer forma, em todos os assentamentos estudados, a maioria dos trabalhadores (90%) declarou que sua situação melhorou em relação à época anterior ao assentamento, suplantando o patamar da linha de pobreza do país. As condições de vida acompanharam, no geral, as mudan-

---

[67] *Folha de S. Paulo*, 14/8/1997.

[68] *Folha de S. Paulo*, 14/8/1997.

ças advindas da nova condição de camponês-proprietário: a média de mortes de crianças nos assentamentos é inferior à média do país. Nas áreas pesquisadas, foram encontradas ainda 142 escolas e 16 postos de saúde, onde antes nunca houvera qualquer instituição social. A maioria funciona sob a forma de cooperativas.

As condições gerais de infraestrutura também superam as existentes anteriormente, ou as ainda existentes nas regiões de não assentados, possibilitando maior resistência às secas e inundações. Nos 44 assentamentos estudados, foram encontrados 143 açudes, seis represas, um reservatório, 15 poços artesianos, 520 poços comuns, 344 barragens, 208 barreiros, 45 cisternas, cinco pontes e 1.521 km de estradas. O fundamental disso tudo é que os beneficiários dos assentamentos tiveram, como fonte principal de financiamento, recursos próprios decorrentes de suas atividades, provando que estariam gerando o seu próprio capital. Bem longe de uma clientela de funcionários públicos, os assentamentos promovem empresas familiares autônomas e com condições de vida superiores à média nacional de seus companheiros não assentados.[69]

Assim, podemos afirmar que a reforma agrária é uma experiência comprovadamente de sucesso e que permitiria, se transformada em política de Estado, a erradicação da maior parte das causas da pobreza e da injustiça social no país.

---

69 Os dados aqui citados são decorrentes da publicação da pesquisa coordenada por Carlos Guanziroli. "Surpresas da reforma agrária", *in*: Teixeira da Silva, Francisco Carlos. "Fome: até quando?" *Edição especial de Ciência Hoje*, n. 17, p. 100, 1994.